1ª edição
3.000 exemplares
Julho/2017

© 2017 by Boa Nova Editora

Capa
Rafael Sanches

Projeto gráfico e diagramação
Juliana Mollinari

Revisão
Alessandra Miranda de Sá

Tradução
Dimitry Suhogusoff

Assistente editorial
Ana Maria Rael Gambarinil

Coordenação editorial
Ronaldo A. Sperdutti

Todos os direitos estão reservados. Nenhuma parte desta obra pode ser reproduzida ou transmitida por qualquer forma e/ou quaisquer meios (eletrônico ou mecânico, incluindo fotocópia e gravação) ou arquivada em qualquer sistema ou banco de dados sem permissão escrita da Editora.

O produto da venda desta obra é destinado à manutenção das atividades assistenciais da e da Sociedade Espírita Boa Nova, de Catanduva, SP.

1ª edição: Julho de 2017 – 3.000 exemplares

Livro 2

OS MAGOS

J.W. Rochester
WERA KRIJANOWSKAIA

Instituto Beneficente Boa Nova
Entidade coligada à Sociedade Espírita Boa Nova
Av. Porto Ferreira, 1.031 | Parque Iracema
Catanduva/SP | CEP 15809-020
www.boanova.net | boanova@boanova.net
Fone: (17) 3531-4444 | Fax: (17) 3531-4443

Dados Internacionais de Catalogação na Publicação (CIP)
(Câmara Brasileira do Livro, SP, Brasil)

Rochester, John Wilmot, Conde de (Espírito).
   Os magos / J. W. Rochester, [obra psicografada por] Wera Krijanowskaia ; [tradução Dimitry Suhogusoff]. -- Catanduva, SP : Instituto Beneficente Boa Nova, 2017.

   Título original: Маги
   ISBN: 978-85-8353-081-7

   1. Espiritismo 2. Romance espírita
I. Krijanowskaia, Wera. II. Suhogusoff, Dimitry.
III. Título.

17-05478   CDD-133.9

Índices para catálogo sistemático:

1. Romance espírita : Espiritismo   133.9

SÉRIE
J.W. ROCHESTER

Livro 1 - O elixir da longa vida

Livro 2 - Os magos

Livro 3 - A ira divina

Livro 4 - A morte do planeta

Livro 5 - Os legisladores

SUMÁRIO

Capítulo 1 _____ 9

Capítulo 2 _____ 31

Capítulo 3 _____ 53

Capítulo 4 _____ 79

Capítulo 5 _____ 99

Capítulo 6 _____ 117

Capítulo 7 _____ 141

Capítulo 8 _____ 155

Capítulo 9 _____ 181

Capítulo 10 _____ 197

Capítulo 11 _____ 227

Capítulo 12 _____ 241

CAPÍTULO 1

Existem lugares que transmitem a impressão de que a natureza os criou num momento de tristeza. Eles emanam algo melancólico, e esta sensação vaga, mas indescritivelmente tirânica, transmite-se a todos aqueles que estão próximos.

Um lugar semelhante encontra-se no norte da Escócia. As margens ali são de altas escarpas, entrecortadas por profundos fiordes. Feito um cinturão zangado e ameaçador, cercam aquele local hostil para os marinheiros as ondas ruidosas que fervilham entre os recifes e as escarpas pontiagudas.

No cume de uma das montanhas mais altas, ergue-se um antigo castelo, cujo aspecto lúgubre e austero se harmoniza com a monótona e desértica paisagem em volta.

A julgar pela pesada e compacta arquitetura, pela espessura das paredes enegrecidas, pelas estreitas e fundas janelas em forma de seteiras, ele bem que poderia ser atribuído ao século XIII; mas, devido a seu aspecto extremamente conservado, começava-se a duvidar de se aquilo não seria um capricho de algum ricaço, maníaco por obras da Idade Média.

De fato, nas duas espessas torres redondas, nenhuma ameia faltava. Os muros da fortificação estavam totalmente intactos, e o largo fosso, do lado do planalto que cercava o antigo castelo, estava cheio de água, protegido por pequenas torres e uma ponte levadiça com grade de proteção. Mas essa sensação de modernidade só se sentia enquanto o castelo era visto de longe; ao se aproximar, o viajante convencia-se de que, por debaixo de rochas maciças, aqui e ali, irrompiam o líquen e o musgo, e de que somente os muitos séculos poderiam dar uma coloração negro-cinzenta àquela antiga fortaleza rude e retirada, que parecia grudar-se à montanha como um ninho de águia esculpido.

Do lado do continente, os arredores também apresentavam um aspecto tristonho e pouco agradável. Aos pés do castelo estendia-se um vale, coberto de urze e recortado por profundos barrancos, e, só ao longe, numa elevação, divisavam-se o campanário pontiagudo de uma igreja e as casinhas de uma aldeia, mergulhadas na vegetação. Do mesmo lado, de dentro das paredes do castelo, podia-se enxergar o verde dos seculares carvalhos e olmos.

Mas, se o aspecto externo do castelo parecia transportar o viajante para alguns séculos antes, a ampla e magnífica estrada, que recortava o altiplano, acabava por demolir a ilusão e fazia voltar à realidade da cultura do século XIX.

Num dia encoberto de agosto, por essa estrada bem mantida e arborizada, vinham duas carruagens. Na primeira, de tamanho menor e aberta, estavam sentados um jovem e uma jovem que trajava um vestido azul-escuro e um chapéu da mesma cor. Essa tonalidade escura acentuava ainda mais a brancura ofuscante de sua tez e a excepcional cor pálida de seus cabelos loiros, que poderiam ser tomados por brancos, não fosse um leve matiz dourado que lhe conferia um toque especial. A segunda carruagem era uma espécie de um grande e amplo furgão, provido na dianteira de um assento baixo, no qual estavam acomodados um homem de meia-idade e uma camareira idosa, de pouca conversa.

Os nossos leitores provavelmente reconheceram nos dois primeiros viajantes Ralf Morgan ou, por outra, o príncipe Supramati e a sua esposa Nara, que iam ao seu castelo escocês para se consagrar ao trabalho da *iniciação*.

Eles levavam consigo uma arrumadeira idosa, cegamente fiel a Nara – Tourtoze, de cuja dedicação, discrição e humildade todos podiam ficar certos. Os jovens estavam calados, contemplando ora aquela paisagem tristonha, que se abria diante de seus olhos, ora a silhueta escura do castelo, que se desenhava em massa negra no fundo cinzento do firmamento. O tempo piorou. Do oceano assobiavam rajadas de vento; o horizonte cobriu-se de nuvens negras e o rugir da tempestade tornava-se cada vez mais audível.

– Pelo jeito o velho castelo quer nos recepcionar com um furacão não muito amigável – observou sorrindo Supramati.

– Oh! Já estaremos em casa quando a tempestade desabar. Desta altitude, a visão do mar bravio é terrificante, ainda que um espetáculo grandioso – observou Nara.

– Narayana, pelo visto, apreciava este local. Em sua pasta eu encontrei uma foto do castelo – prosseguiu Supramati. – Entretanto, para o incorrigível pândego, que só se sentia bem em meio da algazarra e agitação da sociedade, este local desértico e retirado, respirando tristeza, não possui nenhum atrativo.

– Você se esquece de que Narayana era um imortal! Era justamente uma vida desregrada que o deixava abatido espiritualmente, e, nessas horas, nada se harmonizava melhor com as suas tempestades morais do que o caos dos elementos desenfreados. Ele realmente apreciava este abrigo em momentos difíceis. Os adereços internos do castelo e a sua conservação são uma obra de Narayana. Foi por isso que eu lhe sugeri vir para cá e estudar a magia inferior. Nenhum local é melhor adaptado do que este, pois ele era um mestre em assuntos de decoração e instalações, quer se trate de um buquê de flores ou de um laboratório – concluiu Nara rindo.

Entrementes, a carruagem, atrelada a cavalos puro-sangue, percorreu rapidamente a distância que os separava do castelo, atravessou a ponte levadiça, passou por baixo dos portões abobadados e parou junto à entrada, coberta por lajes de pedra.

Na ampla e escura antessala, que, pelo visto, outrora servia de sala de armas, eles foram recepcionados por administradores: um velho calvo de barba prateada, uma governanta idosa e alguns criados de rostos enrugados e carrancudos.

– Somos recebidos por um verdadeiro acervo de antiguidades. Estou começando a achar que Narayana reuniu aqui essas pessoas por coquetice – observou Supramati, subindo a escada e a muito custo contendo a vontade de dar uma gargalhada.

– Narayana não gostava de pessoas indiscretas. Ao encontrar pessoas leais, que viam e ouviam somente o que podiam ver e ouvir, para esquecer tudo em seguida, ele tentava prolongar ao máximo a vida delas. A maioria dos criados já alcançou uma centena de anos – assegurou Nara com um leve sorriso nos lábios.

Não obstante a idade avançada, os criados do castelo deixaram tudo maravilhosamente preparado para a recepção do senhorio. Em todas as imensas lareiras, decoradas por brasão, ardiam chamas vivas, pois sob as grossas abóbadas do castelo o ar era úmido e frio. Na sala de jantar, a mesa estava posta com todo o requinte. Quanto ao almoço, este foi um ponto de honra do cozinheiro, sendo magnífico tanto em seu cardápio como na maneira de servir.

Supramati expressou o seu contentamento ao administrador e após o almoço inspecionou os cômodos.

Toda a mobília era antiga e destacava-se por seu luxo sóbrio e simples. As paredes eram revestidas de entalhes escurecidos de carvalho ou de tapetes caros. Os móveis entalhados que ficavam nos quartos do príncipe eram, provavelmente, do fim do século XIV, enquanto os dos aposentos de Nara pareciam contemporâneos à rainha Elisabeth. A única coisa que destoava do estilo geral daquela moradia da Idade Média eram os tapetes orientais que cobriam o chão.

A porta do gabinete de Supramati levava a uma pequena varanda cercada por balaustrada de pedra, que, feito um ninho de andorinha, ficava suspensa sobre o abismo.

Trêmulo de fascinação e medo, ele debruçou-se sobre a balaustrada.

Abaixo dele e ao redor, desencadeava-se, ao longe, uma tempestade. Raios cintilantes riscavam o céu negro e iluminavam com a luz pálida as ondas enfurecidas que, espumando e inflando feito montanhas, parecia irem em ataque às escarpas, quebrando-se ruidosamente sobre os penhascos da margem.

O vento rugia e assobiava, os trovões rolavam, enquanto Supramati, em pé no balcão, parecia pairar sobre todo aquele caos.

Estava ele totalmente absorto por aquele grandioso e terrificante espetáculo quando uma pequena mão se encaixou na sua e a cabecinha loira recostou-se no seu ombro.

Supramati abraçou, calado, a esposa, e eles ficaram contemplando o lúgubre abismo que se estendia a seus pés. Subitamente, não se sabe de onde, apareceu um largo feixe luminoso que rasgou a escuridão, jogando uma luz suave e brilhante sobre as ondas revoltas, reverberando em prata as cristas que coroavam a espuma branca.

Ao notar a surpresa do esposo, Nara explicou:

— Não muito longe daqui há um farol. Nenhum infeliz marinheiro que esteja navegando hoje ficará tão reconhecido ao encontrar essa luz benfazeja, que lhe servirá de orientação em seu caminho perigoso. Esse farol faz-me lembrar a marca de sua vida, Supramati! À semelhança do marinheiro que enfrenta o mar revolto, você se lançou ao oceano incógnito de misteriosos e terríveis conhecimentos. Em meio à escuridão que o cerca e dos elementos da natureza que o aguardam para a luta, seu único albergue será a sua força de vontade, e a esperança da iluminação será o farol em que você conseguir concentrar todos os seus esforços; assim, a luz ofuscante da magia superior, feito uma estrela brilhante, será seu guia e iluminar-lhe-á o caminho.

– É você que será o meu guia, minha estrela brilhante no caminho espinhoso do meu estranho destino – murmurou ele, apertando a esposa ao peito. – Você me dará o seu amor, que me apoiará, iluminará as minhas dúvidas e me acalmará a angústia da expectativa de difíceis provações vindouras.

– Sim, Supramati! Eu lhe darei o meu amor, mas não terreno, não carnal, e sim um amor puro, inexaurível e enobrecedor, que une as nossas almas por séculos e que as arrasta pelo infinito caminho de aperfeiçoamento e conhecimentos.

Sem dizer uma palavra, ele deu um beijo ardente na mão de Nara, mas uma forte emoção selava os lábios de ambos, e eles admiravam em silêncio o grandioso espetáculo. Quando uma chuva torrencial teve início, Supramati sugeriu à esposa voltar aos quartos.

O gabinete estava iluminado com um abajur azul. Na lareira crepitava alegremente o fogo, difundindo o calor. O conforto luxuoso do recinto era um contraste agradável com a tempestade que esbravejava lá fora.

O elevado estado de ânimo de Nara, que ria e brincava ao servir o chá, aumentava ainda mais essa sensação deleitável. O restante da noite passou muito alegre. No entanto, como os cônjuges se sentiam um pouco cansados devido à viagem, ou talvez quisessem ficar sozinhos para se entregarem aos seus pensamentos, eles se retiraram cedo para os seus aposentos.

Supramati deitou-se na cama, mas o sono fugia-lhe. As incertezas da iniciação para a qual ele estava se preparando oprimiam-no; e, aquilo que ele havia visto até então do mundo do além, mais o repelia do que atraía. Além do mais, o temporal, que continuava desenfreado, dava nos nervos. Na profunda paz da noite, ouvia-se, com nitidez mórbida, o assobiar e o gemer do vento na lareira, o rugir do oceano; as ondas furiosas que batiam na margem parecia sacudirem o penhasco e faziam tremer o velho castelo nele localizado.

Para mudar o rumo dos pensamentos, Supramati começou a examinar os objetos em volta. Nos tapetes que cobriam as paredes estava representado um combate: o vencedor, de joelhos aos pés de uma dama, era agraciado por ela com uma corrente de ouro. O desenho deixava muito a desejar: o rosto pálido da senhora do castelo e do cavaleiro eram terrivelmente feios. Supramati desviou o olhar para um retrato pendurado bem em frente dele, iluminado por uma lâmpada que pendia do teto. O retrato fora pintado sobre madeira e representava uma mulher vestida de preto, com véu na cabeça. O trabalho do retrato era imperfeito, no entanto percebia-se que era obra de um verdadeiro artista, pois, no rosto achatado e branco, saltavam dois olhos azuis, aos quais o pintor conseguira imprimir uma expressão desesperadora de amargura, que despertava piedade por aquela mulher, agora cinzas de muitos séculos atrás.

Sim, tudo aqui falava do passado fenecido e da fragilidade da vida humana. As alegrias e as tristezas de tantas gerações extintas tinham sido tragadas pelo misterioso mundo invisível. Subitamente, uma angústia e medo diante da vida infinita, que se estendia à sua frente, apertaram dolorosamente o coração de Supramati. Esquecido de tudo, ele começou a pensar sobre os acontecimentos inusitados que haviam dado um rumo tão estranho à sua vida.

Feito um caleidoscópio, projetavam-se diante dele os anos de sua vida pobre e laboriosa na qualidade de médico, suas pesquisas científicas e o medo involuntário da morte, que ele sentia devido à tuberculose, a minar-lhe a saúde. Logo depois, feito um verdadeiro gênio das *Mil e uma noites*, surgira Narayana e transformara o pobre e moribundo Ralf Morgan no príncipe Supramati – um milionário imortal.

Ele refez mentalmente uma nova viagem às geleiras junto com o seu misterioso acompanhante, ouvindo a sua narrativa sobre as maravilhosas propriedades do elixir da longa vida. Relembrou o seu primeiro encontro com Nara, seus encontros com os outros imortais e o ingresso na irmandade dos cavaleiros da "Távola Redonda da Eternidade", no feérico palácio de Graal. Por fim, ele se recordou de sua viagem à Índia e de quando conheceu o mago Ebramar, que se tornou o seu protetor por muitos séculos. Ao se recordar do último, a inquietante angústia que lhe oprimia a alma dissipou-se imediatamente. Poderia ele desanimar quando tinha um protetor tão poderoso, uma esposa fiel que o amava e um amigo como Dakhir – seu irmão pela imortalidade?

Por que não passar por aquilo que os outros passaram? Sem dúvida, a carne é impotente e treme só de tocar em forças ocultistas. Mas não estava ele dotado de vontade para derrotar aquela fraqueza? No mesmo instante, ele foi dominado por um forte desejo de aconselhar-se com Ebramar, confessar-lhe os seus receios e pedir-lhe apoio e conselho.

Supramati levantou-se rapidamente e decidiu experimentar o presente que lhe dera o mago no dia em que ele deixava o castelo no Himalaia. Ebramar havia-lhe dito que com o auxílio daquele objeto ele poderia chamá-lo, se sentisse uma necessidade imperiosa.

No sofá, encontrava-se uma pequena mala com diversos objetos ocultistas que sempre gostava de ter à mão e que ele próprio arrumava e não deixava que outros tocassem.

Ao abrir a mala, retirou uma caixa redonda, de tamanho de um prato e com cerca de dez centímetros de altura. A caixa era executada em uma espécie de metal branco, parecido com prata, mas com matizes multicolores que lembravam madrepérola. Na tampa estavam gravados uns símbolos fosforescentes estranhos.

Já não era a primeira vez que Supramati examinava curioso aquela caixa. Agora, também, revirando-a com as mãos, levou-a até o ouvido, pois pareceu-lhe que em seu interior alguma coisa crepitava.

E, de fato, da caixa vinham sons e barulho de ar comprimido, tal qual pode-se ouvir encostando-se uma concha no ouvido.

Balançando a cabeça, ele sentou-se, colocou a caixa sobre a mesa e apertou um sinal movediço no centro da tampa, como lhe fora ensinado por Ebramar. Ouviu-se um ranger seco e a tampa se abriu. Do interior da caixa desprendeu-se um aroma sufocante e o bafejar de ar quente, que lembrava a Supramati aquele ar que ele tinha respirado à noite durante a sua permanência no castelo do Himalaia.

Inclinando-se curioso para saber o que havia dentro da caixa, ele não viu nada além de uma névoa cinzenta que pairava no fundo, sendo que este era tão escuro, que parecia não ter fim – o que era totalmente incrível para um objeto com dez centímetros de profundidade.

Sem conseguir entender mais nada, ele se limitou a executar fielmente as instruções de seu mestre e começou a olhar para dentro da caixa.

Poucos instantes depois, no fundo surgiu um ponto vermelho. O ponto rodopiava, aproximava-se e aumentava rapidamente.

De chofre, um grito de assombro soltou-se dos lábios de Supramati. Diante dele, em forma de uma névoa nítida, surgiu a formosa cabeça de Ebramar, envolta num suave vapor prateado.

Os grandes olhos ígneos do mago fitavam-no com um profundo e límpido olhar; os lábios sorridentes abriram-se em sorriso e a voz bem familiar pronunciou surdamente:

– Saúdo-o, meu filho! Não se assuste: o que você vê não é milagre e tampouco uma bruxaria, mas uma simples adjunção das leis da natureza. Seus pensamentos inquietos e confusos chegaram até mim e eu venho à sua presença para dizer-lhe que não desanime antes de iniciar a tarefa, e que não tema forças desconhecidas, pois o estamos protegendo. Sem dúvida, o caminho à iniciação é duro e espinhoso, mas é grande também a recompensa para aquele que permanecer firme. Você nem imagina a felicidade que irá sentir ao descobrir a sua força astral aumentada, submetida à sua vontade disciplinada; quando você entender que já não é mais um escravo cego das estranhas e desordenadas forças, mas, cônscio de suas forças, um governante dos elementos da natureza, submissos à sua poderosa força de vontade.

Supramati ouvia sem entender de que maneira Ebramar, separado dele por um oceano e milhares de quilômetros, podia falar-lhe e comparecer à sua presença em forma tangível. Um tremor de pavor sobrenatural percorreu seu corpo.

No mesmo instante, ouviu-se uma leve risada.

– O que você vê agora, meu filho, lhe parecerá coisa normal, quando você descobrir o mecanismo que desencadeia este fenômeno. Seja paciente, firme e obstinado! Chegará a hora em que a escuridão se dissipará diante de seu olhar deslumbrado e esclarecido e se descobrirão os milagres do infinito.

Ao fazer um último gesto amigável, a visão começou a empalidecer. A cabeça perdeu a definição de seus contornos, diluiu-se numa névoa esbranquiçada e transformou-se novamente num ponto vermelho que desapareceu ao longe.

Respirando pesadamente, Supramati embrulhou a caixa num pano e guardou-a na mala. Deitado na cama, demorou a pegar no sono. O que vira e ouvira impressionou-o profundamente, mas ao mesmo tempo aumentou-lhe a vontade de descortinar aquele mundo misterioso onde se manifestavam aqueles fenômenos espantosos.

Sua inquietação e medo desapareceram. Só de pensar que ele, a qualquer momento, poderia se aconselhar com o poderoso protetor, que, apesar da distância que os separava, estava por perto, sentiu um efeito benéfico e tranquilizador. Por fim, um sono profundo e restaurador cerrou as suas pálpebras.

Acordou recuperado e bem-disposto, num dos melhores estados de ânimo. O tempo também havia melhorado e os fulgurantes raios solares inundavam o mar. Até o local desértico, sob a ação dos raios vivificantes, tomou um aspecto alegre.

Nara também estava contente e animada.

Quando, após o desjejum, Supramati expressou a sua vontade de dar uma volta para conhecer o castelo, a esposa observou sorrindo:

– Você terá tempo suficiente para isso. Aqui não há nada de especial para se ver, e, a parte do castelo destinada às aulas de ocultismo, eu sugiro que você veja em companhia de Dakhir. Aproveitemos esta maravilhosa manhã para dar um passeio e conhecer os arredores. Depois do almoço, eu mesma o levarei à sala que batizei de templo da iniciação. Diga-me, meu senhor soberano, você aprova a ideia?

– Com todo o prazer, minha bela feiticeira! A você, eu sempre obedeço! Além do mais, confesso que um passeio ao ar puro é bem mais interessante e agradável do que ficar olhando para essas vetustas abóbadas – asseverou jovialmente Supramati.

Eles deram um longo passeio a cavalo e depois desceram até o mar por uma tortuosa vereda de pedra que Nara conhecia. Para qualquer um, que não fosse um imortal, o caminho representaria um sério perigo de vida.

Após o almoço, Nara puxou o marido pelo braço.

– Vamos ao seu futuro purgatório – acrescentou ela em tom malicioso.

Junto a seu quarto havia um gabinete não muito grande, cuja entrada fora artificialmente escondida no revestimento de madeira da parede. De lá, por uma escada em caracol, eles subiram para o andar superior e foram dar num gabinete totalmente idêntico ao do andar de baixo, escuro e sem janelas como o primeiro.

À luz do archote carregado por Nara, Supramati divisou no fundo do recinto uma grande porta de ferro, cheia de sinais cabalísticos em vermelho e preto. No centro de duas almofadas da porta havia um medalhão em forma de estrela pentagonal, onde eram representados desenhos simbólicos. Num dos medalhões, reproduzia-se uma serpente vermelha na ponta da cauda, carregando um archote; no outro, uma pomba, segurando no bico uma aliança de ouro.

Tanto acima daquela porta como por sobre a entrada do templo egípcio, havia um disco solar alado fundido em molde, e, acima deste, os emblemas dos quatro elementos da natureza, entre os quais uma fita negra cingia a seguinte inscrição, feita em letras ígneas: "Quem passar por todas as esferas do conhecimento adquire a coroa de mago; mas, para aquele que levantar a cortina dos mistérios, jamais haverá um retorno"!

Nara deu tempo para que o marido examinasse a porta e explicou:

– Os símbolos que você vê são chaves para muitos fenômenos curiosos. Mas vamos entrando!

Ela apertou uma mola; a porta, imediatamente, abriu-se silenciosa e eles entraram num quarto totalmente redondo e sem janelas. De um globo de vidro, pendente do teto, jorrava uma suave luz azulada, iluminando de leve o recinto; não obstante, Supramati podia enxergar com nitidez qualquer objeto. A sala era um templo e um laboratório ao mesmo tempo: numa das laterais, sobre uma elevação de alguns degraus, ficava a ara, rodeada de cortinas em veludo negro; na outra lateral estava instalada uma fornalha, equipada com imensos foles, retortas, vidrarias e demais objetos alquímicos.

Nas estantes, viam-se livros com encadernação em couro, rolos de pergaminhos, escrínios; o armário de vidro estava repleto de frascos, vasos e sacos de diversos tamanhos. Sobre a ara repousava uma espada ao lado de uma cruz em pé, feita de um metal desconhecido. Próximo à ara pendia um sino.

Junto à parede, em cima de um alto pedestal, havia um espelho de superfície brilhante e colorida, já visto por Supramati no castelo em Reno. Ali mesmo, no centro da sala, localizava-se um disco de metal polido e um martelo. O disco, porém, não era tão pequeno como aquele com o qual certa vez ele provocara, inadvertidamente, o aparecimento de uma estranha visão do exército dos cruzados.

Entre todas aquelas coisas, viam-se pequenas mesas com castiçais dourados ou prateados com velas de cera – dessas que são usadas em igrejas. Em duas mesas grandes agrupavam-se in-fólios fechados. Em cima de cada uma delas havia um vaso de água, tão pura e fresca que parecia ter sido recém-colhida da nascente. Baixas poltronas estofadas completavam a mobília do quarto.

Um aroma estranho, acre e ao mesmo tempo excitante, enchia a sala.

Após ter examinado tudo, Nara disse:

– Vamos chamar agora por Dakhir!

Ela levou o marido até o estranho espelho e acionou uma mola. O espelho começou a sacudir, desceu do pedestal e parou diante deles.

Só agora Supramati se deu conta do tamanho do espelho, que alcançava a sua altura.

Nesse ínterim, Nara arrumou um chumaço de uma espécie de algodão e começou a esfregar intensivamente com ele a superfície polida do espelho; este de imediato escureceu, perdeu o seu aspecto colorido e tornou-se negro feito nanquim, cobrindo-se de gotículas prateadas que parecia infiltrarem-se de dentro para fora.

Ao surgir uma névoa brilhante, Nara entoou um canto numa língua estranha ao marido.

Ao terminar o canto, ela disse:

– Olhe agora com atenção!

Com curiosidade compreensível, observava Supramati aquele estranho processo a se desenrolar diante de seus olhos. A face do espelho parecia ter adquirido movimento; tremia e crepitava; sacudiu-se num denso vapor e tornou-se violeta, descortinando ao dissipar-se uma vista para o mar.

Diante deles agora, perdendo-se ao longe, abria-se uma planície marinha, agitada por suave brisa; o ar picante do mar bateu-lhe no rosto. De longe, deslizando pelas ondas, vinha se aproximando um navio que Supramati logo reconheceu ser de Dakhir. Minutos depois, o convés se desenhou nitidamente e logo se emparelhou com o estranho espelho. No convés, recostado no mastro, estava Dakhir, e em seu rosto pálido brincava um sorriso. Entregando o seu chapéu de feltro, ele fez uma mesura.

– Apresse-se, Dakhir! Estamos esperando por você. Supramati está impaciente! – gritou Nara, agitando a mão.

– Amanhã à noite estarei jantando com vocês – soou a voz sonora e bem familiar.

Nesse instante, a névoa violeta encobriu a estranha janela, surgindo o disco metálico a absorver rapidamente os rolos nevoentos que ainda afluíam da superfície. Tudo voltou ao seu estado anterior.

Supramati deixou-se cair na poltrona, enxugando o suor que lhe cobriu a testa.

— Dá para ficar louco com as incríveis coisas que eu presenciei, que fariam ruir todos os preceitos da natureza — balbuciou ele, jogando a cabeça contra o espaldar da poltrona.

Nara desatou a rir.

— Quando você, Supramati, recai na vaidade empolada de um cientista abalizado, começa a falar coisas engraçadas. Será que é possível fazer ruir as leis da natureza? Não seria mais simples e lógico admitir que ainda existem para vocês leis desconhecidas, cuja manipulação por aqueles que conseguem governá-las, realizando fenômenos, parece-lhe surpreendente só porque você não conhece a sua essência? Logo esses "mistérios" ficarão claros e você será o primeiro a zombar de seu nervosismo de hoje.

Supramati aguardava com visível impaciência a chegada da noite seguinte. Apesar das evidências, seu ceticismo nato fazia-o duvidar de seus próprios olhos. Parecia-lhe impossível que Dakhir viesse até eles conforme o prometido. A visão do dia anterior não era nada mais do que uma alucinação, provocada por seus nervos abalados.

Na outra noite, por ordem de Nara, o jantar foi posto para três pessoas e, às dez horas aproximadamente, um dos velhos criados fez entrar a visita aguardada.

Desta vez Dakhir vestia um elegante e impecável traje moderno. Após cumprimentar os anfitriões, todos se sentaram à mesa.

Terminado o jantar, quando eles ficaram a sós, Dakhir apertou fortemente a mão de Supramati e disse:

— Agradeço-lhe, amigo, por você ter-me escolhido como o seu orientador! Estou cansado de vagar pelos mares e ficarei feliz em descansar aqui em companhia de vocês.

— Só o fiz movido por simpatia, e você não me deve nenhum agradecimento — redarguiu Supramati jovialmente. — Quando você acha que nós devemos iniciar os nossos estudos?

— Amanha à noite, se você não tiver nada contra.

— Excelente! Não prescreverá você nenhum tipo de preparação para as nossas aulas dos rituais?

— As preparações terão início amanhã, e até lá nós estamos livres!

Em seguida a conversa mudou de assunto.

O dia seguinte passou muito rápido. Eles conversaram, passearam e almoçaram com muito apetite. Sobre a iniciação nada foi dito. Somente quando chegou a noite, Dakhir anunciou:

– Está na hora de a gente se retirar, Supramati! Despeça-se de sua bela esposa por uma semana. É o tempo necessário para a preparação do primeiro ato de sua iniciação.

Os jovens se retiraram ao laboratório já descrito anteriormente. Para surpresa de Supramati, Dakhir abriu uma porta de cuja existência ele nem suspeitava e que dava para um quarto contíguo. Lá havia duas camas e uma espécie de grande banheira de vidro, cheia de líquido azulado transparente.

– Aqui – disse Dakhir – nós devemos passar uma semana em jejum, orações e purificação. Começaremos já!

Ele acendeu doze castiçais com velas da espessura de um punho e o carvão das trempes, jogando nelas um punhado de pó, que se inflamou em chamas multicolores e encheu o quarto de aroma asfixiante.

– Agora se dispa e entre naquela banheira! – ordenou Dakhir.

Supramati obedeceu. Mas, para sua grande surpresa, aquilo que ele julgava ser água se verificou uma substância estranha, praticamente intangível. Ainda que ele sentisse o contato de coisa úmida, a umidade parecia vir do bafejar do ar e não do líquido. Pelo seu corpo percorreram pontadas cálidas, e Supramati convenceu-se admirado de que a banheira, cheia até as bordas, esvaziara-se de uma forma incompreensível.

Ele não poderia dizer se aquela substância estranha teria escoado por algum tubo invisível ou se fora absorvida pelo organismo. Ele somente se sentia mais calmo e mais forte, tanto que saiu da banheira bem mais aliviado e começou a se vestir.

Depois disso, o tempo passava rapidamente.

Todos os dias, Supramati tomava um banho dentro da substância misteriosa e se submetia à defumação. Duas vezes por dia, Dakhir dava-lhe um alimento que consistia de pão branco e uma taça de vinho tinto que ele ia buscar na ara do laboratório. O tempo restante, Supramati dedicava à leitura de orações, marcadas num caderno fornecido por seu mestre, à decoração de diversas fórmulas mágicas e aos exercícios que se destinavam a disciplinar a força de vontade e adquirir o hábito de se concentrar num objeto.

Absorto em seus exercícios, Supramati não percebia o correr do tempo. Ele se sentia vigoroso, sua mente estava clara como nunca. Não tinha sensação de fome nem de cansaço e ficou extremamente surpreso quando Dakhir lhe disse certo dia:

— Sete dias já se passaram. Tome o último banho e vista a roupa que está naquela gaveta.

Supramati apressou-se em cumprir a ordem. Saindo da banheira, tirou da gaveta uma larga e longa túnica de cor leitosa que o cobriu em pregas macias até os calcanhares. Curioso, ele apalpou o tecido: não era seda, nem lã ou linho. Era muito fino e ao mesmo tempo denso e fofo feito penugem; cintilava como se salpicado por gotículas de orvalho e emitia um leve crepitar ao ser amassado.

— Que tecido é este? Eu nunca vi um igual – indagou Supramati.

— É feito a partir de fibras de uma planta mágica – respondeu Dakhir, vestindo uma túnica idêntica.

Em seguida, ele tirou de uma outra gaveta dois cintos metálicos com sinais cabalísticos em relevo e uma corrente com estrela violeta. Após colocar ambos os objetos, Dakhir acrescentou:

— Coma esse pedaço de pão e tome uma taça de vinho! Depois, pegue a vela de cera e... ao caminho!

Supramati obedeceu em silêncio. Seu coração palpitava fortemente, pois, pelo visto, chegava a hora de entrar pela primeira vez em contato com o terrível mundo invisível.

Armando-se da espada que estava sobre a ara, e segurando na outra mão uma vela, Dakhir prosseguiu:

— Agora vá até a cortina no fundo do quarto! Eu o seguirei.

Dominando valorosamente a inquietação que tomou conta dele, Supramati dirigiu-se para a cortina indicada, que antes passara despercebida.

Assim que ele se aproximou, a pesada cortina abriu-se como se levantada por mãos invisíveis, deixando antever uma passagem estreita em forma de ponte, através de um abismo negro que se estendia pelos lados. Sem olhar ao redor, Supramati atravessou o abismo.

Ergueu-se uma segunda cortina e ele entrou numa ampla sala, redonda como o laboratório, mas praticamente vazia. No centro, sobre o piso de pedra, estava desenhado um círculo vermelho, em volta do qual havia quatro trempes com carvões que queimavam em chamas multicolores: brancas, azuis, verdes e vermelhas. Por causa do cheiro asfixiante que envolvia o recinto, a cabeça de Supramati ficou tonta. Mas ele esqueceu de tudo ao ver Nara, que lhe sorria jovialmente.

Descalça como eles, vestida na mesma espécie de túnica, a jovem estava parada no fundo da sala junto a uma corda do sino que pendia do teto. Seus cabelos soltos, que caíam até os calcanhares, envolviam-na feito uma capa brilhante. Ela estava bela como nunca; suas feições encantadoras respiravam importância solene e vontade inabalável.

– Venha e fique no centro do círculo – ordenou ela.

Supramati obedeceu, utilizando todos os esforços para dominar o tremor que o sacudia.

Então Dakhir, erguendo a espada e acenando com ela para o norte, sul, leste e oeste, entoou um estranho canto, enquanto Nara começou a bater pausadamente no sino.

Os longos e plangentes sons encheram a atmosfera, acompanhando a voz de Dakhir. A sensação era que se batia num instrumento de vidro.

Subitamente o canto e o som do sino interromperam-se. Após um minuto de tumular silêncio, Dakhir trovejou:

– Espíritos da natureza! Venham das profundezas da terra, da água, das alturas do éter e do fogo que a tudo atravessa! Servos do espaço, que movem as forças dos elementos, apareçam a nós!

Com o chamado, a sala encheu-se de barulho. O vento assobiava, a terra tremia e no ar ouviam-se estalidos. Parecia que uma multidão invisível se movia empurrando uns aos outros ao redor dos presentes. A seguir, as densas nuvens encheram a sala numa névoa que, ao se dissipar, logo tornou visível o estranho exército que se apinhava junto ao círculo, fitando em Supramati os olhares flamejantes.

Eram seres cinzentos de contornos indefinidos, envoltos em véus esvoaçantes. Aparentemente, eles tentavam traspassar a linha do círculo, mas o ar, de imediato, era recortado por raios, e sobre Supramati surgia uma alva cruz cintilante.

As massas aéreas recuaram e se dividiram em quatro grupos em volta de cada trempe. Agora os seus contornos já eram mais nítidos e podiam ser distinguidas as estranhas e horripilantes formas daqueles seres espectrais.

Eles eram vermelhos feito fogo e parecia serem fundidos de ferro em brasa; outros eram esverdeados como se feitos de espuma palustre estagnada. A única coisa que tinham de humanos eram os olhos fosforescentes. O terceiro grupo se destacava por suas formas estranhas e estava equipado de asas azuladas. Eles voejavam sem parar em torno da trempe de chama azul. Por fim, entre os rolos de fumaça negra, moviam-se os asquerosos e minúsculos seres com rostos sinistros cinza-terrosos.

Tremendo e suando em bicas, olhava Supramati para aquela horripilante turba, quase deixando que a vela lhe escapasse da mão. Como num sonho, ouvia ele o canto que se entoou no espaço, ora harmônico ora surdo, ora ríspido ora desafinado. Era uma mistura de queixumes, choros, gritos de alegria e ímpetos à luz.

Então, pela segunda vez, soou a voz estentórea de Dakhir:

– Espíritos da natureza! Vocês procuram por um senhor, por um campo de trabalho! Ali está o seu novo senhor! Eu os uno a ele, e vocês juram obedecer-lhe e ajudá-lo.

Um trovejar ensurdecedor do trovão sacudiu o castelo até as suas fundações. Raios brilhantes cintilaram por todos os lados, envolvendo por uns instantes Supramati, como se por uma retícula ígnea. A terra parecia ter se desfeito, formando a seus pés um negro abismo insondável. No mesmo instante, do outro lado do abismo, desenhou-se um arco de pedra – uma monumental passagem para o ignoto mundo de além-túmulo, envolto em trevas.

Nara e Dakhir agilmente se postaram junto do neófito, agarraram-no pelos braços e o empurraram para frente.

– Atravesse sem recuar os quatro portões do invisível ou será o seu fim! – gritaram eles energicamente.

Aflito, cerrando valorosamente os dentes, Supramati lançou-se para frente e atravessou o abismo, apertando febrilmente a vela na mão.

Ao passar a soleira do arco, ele se viu na mais completa escuridão. A terra estava escorregadia e parecia que a qualquer minuto poderia ruir sob os pés. Não obstante, ele avançava olhando para a vela que segurava nas mãos, empurrado por um forte vento que lhe soprava nas costas.

Após um minuto, que pareceu uma eternidade, no lusco-fusco desenhou-se um segundo arco, de forma diferente, que servia de entrada para um corredor estreito, praticamente escuro.

Corajoso e resoluto, Supramati pôs os pés naquele passadouro e, imediatamente, de todos os lados, viu-se cercado por animais medonhos. Eram bichos rastejantes, morcegos e insetos venenosos que surgiam das trevas, mordendo-o e se agarrando a ele.

Renhido, quase fora de si, prosseguia Supramati o seu caminho pela terra deslizante, sem se dar conta do que estava pisando.

Uma luz ofuscante que lhe bateu no rosto fez com que ele estacasse. O corredor dilatou-se subitamente e revelou uma nova porta, arremessando chamas como do interior de uma fornalha. Junto a ela estava sentado um animal fantástico com rosto humano, de tamanho gigantesco.

Atrás das costas do monstro erigiam-se imensas asas; o seu olhar ameaçava de morte qualquer um que se aproximasse.

Um suor gélido cobriu o rosto do jovem médico, mas em seus ouvidos soavam ainda as palavras de seus orientadores:

– Vá em frente sem recuar, senão será o seu fim!

E, com coragem desesperadora, ele lançou-se adiante.

Pareceu a Supramati haver mergulhado numa corrente de fogo. Os olhos do terrificante ser, como ferro em brasa, penetravam-no, e ele, instintivamente, ergueu a mão com a vela. Para sua surpresa, notou que o monstro abaixou a cabeça e começou a andar à sua frente como se quisesse indicar o caminho.

À medida que eles avançavam, o monstro perdia seu aspecto nojento.

A asquerosa cara animalesca transformou-se em cabeça de anjo, de rara beleza. Seus cabelos encaracolados eram adornados por uma grinalda de flores brancas. O corpo do monstro foi se modificando e, aos poucos, adquiriu a forma de uma túnica ígnea.

Subitamente as chamas se extinguiram. Ante o olhar assustado de Supramati, estendia-se uma superfície de água. O vento uivava levantando gigantescas ondas revoltas, lançando no rosto do neófito e do anjo ígneo tufos espumosos das cristas de ondas.

Supramati pensou em parar, mas o anjo olhou-o altivo, e o jovem, como se golpeado por esporas, jogou-se nas ondas. Por uns instantes, pensou estar se afogando num precipício sem fundo. A água glacial cobriu-o impedindo-lhe a respiração; os ouvidos zumbiam, a cabeça girava, sua visão escureceu. Mas, subitamente, veio uma onda, levantou-o e trouxe-o para a superfície.

Supramati olhou surpreso em volta. A água havia desaparecido; o uivo e o assobio do vento cessaram: em torno reinava um majestoso silêncio.

Agora ele se encontrava na superfície lisa como espelho polido de um lago, e, em volta, abria-se uma alegre paisagem. Viam-se árvores verdejantes e prados salpicados de flores, e sobre sua cabeça abria-se o firmamento azul-claro. Diante dele, banhado por feixes de luzes ofuscantes, estava o anjo ígneo. Na mão, erguida para o alto, ele segurava um crucifixo branco, coberto de sangue.

O semblante daquele guia misterioso respirava grandiosidade inumana; seu olhar flamejante, límpido e impenetrável, fitava os olhos ofuscados de Supramati. Então retumbou a sua voz sonora:

– Veja! – disse ele, apontando para o crucifixo. – Este é o caminho da eternidade inundado com sangue daqueles que triunfaram sobre a carne! Este é um caminho de sofrimento de todos; aqui devem ser vencidas todas as paixões humanas, todas as luxúrias, todas as fraquezas espirituais. O homem material aqui é crucificado para ressurgir como um homem não material e entrar no grandioso portão de conhecimento absoluto. Assim, transpasse este limiar, úmido com o suor de seu trabalho e coroado com o sacrifício de sua carne, e, então, acender-se--lhe-á no mundo invisível a estrela cintilante de mago!

A paisagem alegre anuviou-se e mudou de aspecto. A terra verdejante avolumou-se e abriu embaixo de si um túmulo, iluminado por uma vaga meia-luz. No centro do túmulo havia um sarcófago aberto, acima do qual cintilava uma estrela ofuscante; ao lado do túmulo de pedra estava o gênio que fora o seu guia. Só que agora, em vez da cruz, ele segurava nas mãos um cálice negro.

"O que significa tudo isso?", perguntou-se mentalmente Supramati.

– Isto significa o seguinte: eis o enigma que você deverá decifrar – respondeu o gênio erguendo o cálice.

No mesmo instante tudo escureceu. Supramati teve a sensação de estar voando dentro de um precipício, e perdeu os sentidos.

Ao abrir os olhos, ele viu Nara e Dakhir inclinados sobre ele.

Supramati passou a mão pela testa e tentou juntar as ideias. Parecia-lhe ter acordado de um pesadelo cheio de visões medonhas.

De repente, a memória lhe voltou e ele recordou-se nitidamente daquilo que havia acontecido. Quando ele quis abrir a boca para falar, Dakhir levou o dedo aos lábios e disse baixinho:

– Fique calado! Não revele os mistérios vistos por você! Carregue-os consigo como uma luz orientadora.

CAPÍTULO 2

    Após alguns dias dedicados ao descanso, passados em animadas e amistosas conversas e leituras interessantes, Dakhir anunciou certa noite que já era hora de iniciar o trabalho e que para tanto, bem cedo no dia seguinte, eles deveriam estar no laboratório.

    – De novo as invocações? – indagou, fazendo careta, Supramati.

    Nara sacudiu em ameaça o dedo para Supramati, mas Dakhir respondeu-lhe sorrindo:

    – Não, primeiro a teoria e depois a prática.

    No dia seguinte, mal o sol havia apontado no horizonte, Supramati dirigiu-se ao laboratório. Dakhir já estava lá, debruçado sobre um volumoso in-fólio.

    Após saudarem um ao outro, Dakhir disse levantando-se da cadeira:

– Antes de mais nada, meu irmão, vou lhe mostrar como se deve iniciar o dia.

Ele levou Supramati a um quarto onde havia duas camas e uma banheira. Atravessando-o, sem se deter, por uma porta secreta e uma escada em caracol, eles desceram ao piso inferior, onde estava instalado um verdadeiro quarto de banhos, com uma enorme piscina de mármore no centro. O restante da mobília consistia de toalete com todos os seus pertences, uma cama e dois grandes baús.

– Três vezes por semana nós vamos nos refrescar nesta piscina. Está vendo esta mola? Se você acioná-la, a piscina se encherá; se você empurrá-la para a direita, a água se esgotará. Dentro da água você irá colocar um copo desta essência aromática que está nesta ânfora azul. Após o banho, vista os trajes que você encontrará no baú. Aquelas roupas são bem mais confortáveis, além disso elas são mais adaptadas, por sua forma e cor, ao nosso tipo de trabalho do que os trajes no grito da moda. Depois de fazer tudo isso vá ao laboratório.

O banho refrescou extraordinariamente Supramati. A essência aromática conferia à água uma tonalidade levemente rosada e encheu o quarto com aroma de rosas e violetas.

No baú Supramati encontrou um longo e largo traje de lã preto, um barrete da mesma cor e uma corrente de ouro com uma insígnia pendurada, adornada com sete tipos de diferentes pedras preciosas.

Ao chegar ao laboratório, ele encontrou Dakhir vestido com traje semelhante.

– Estamos parecendo com o doutor Fausto! Para completar a ilusão só falta Mefistófeles[1].

– Absolutamente! Eu justamente represento Mefistófeles, travestido num honesto médico cientista – brincou Dakhir. – Eu

---

[1] Mefistófeles é um personagem-chave em todas as versões de Fausto, sendo a mais popular destas, a do escritor alemão Johann Wolfgang von Goethe. Mefistófeles aparece ao Dr. Fausto, um velho cientista, cansado da vida e frustrado por não possuir os conhecimentos tão vastos como gostaria de ter. Em troca de alcançar o grau máximo da sabedoria, ser rejuvenescido e obter o amor de uma bela donzela, Fausto decide entregar a sua alma a Mefistófeles

o iniciarei em mistérios diabólicos da magia negra, nobre Fausto, dotado de eterna juventude, bem mais longa que a do seu protótipo. Além disso, a má fama com que a lenda me cercou torna-me bastante adequado para o papel do sedutor.

Após se sentarem, Dakhir prosseguiu:

– Antes de mais nada eu lhe falarei da "substância primeva", ou seja, daquilo que você nada sabe. Não pense que eu vou esgotar a matéria; eu mal conheço o abecedário do gigantesco conhecimento que contém todo o mecanismo do Universo. Não trarei os dados da ciência moderna que você, como médico e excelente químico, já conhece; lembrarei apenas que a ciência "oficial" ignora a natureza da maioria das forças geradoras físicas que nos cercam, e que, ao se estudarem os princípios ou os componentes dos corpos, são feitas novas descobertas, e qualquer corpo, considerado como simples, na verdade tem-se verificado bem complexo.

"E assim, por todo o espaço infinito, acha-se esparsa uma substância etérea, mais fina que o mais fino e imponderável gás ou fluido. Essa substância é a matéria primeva – como nós a chamamos. Ela é – se assim podemos dizer – uma chama no estado de um fluido imperceptível – a força geradora da vida, que a tudo impregna.

"Mas conheceriam os iniciados superiores todas as propriedades dessa extraordinária substância, que bem que poderia ser chamada de sumo vital do Universo? – eu tenho dificuldade de afirmar.

"Essa substância está espalhada por todo o espaço do Universo. Quando se inicia a formação de uma nebulosa, então, graças à extraordinária velocidade giratória, a matéria primeva densifica-se, e cada um dos planetas que se formam absorve-a no volume de suas necessidades futuras. Esta *ama de leite* é imprescindível para a vida dos corpos celestes e para tudo que há neles durante a sua existência de bilhões de anos, pois a matéria primeva faz parte de tudo que vive, respira, move-se ou emite a energia luminosa. Lá, onde essa luz se extingue, começa a decomposição: é a morte.

"Todos os planetas contêm em suas entranhas uma certa reserva desse sumo vital, e o mundo existe até se esgotar a sua última gota ou se quebrar o equilíbrio das forças cósmicas, mantido por essa estranha substância, pois ela não é nada mais que aquele *sopro divino*, do qual fala o livro de Gênese – aquele sopro do Criador que paira sobre as trevas do caos e isola os elementos. De fato, a substância, ao penetrar na matéria em formação, ainda que faça a separação, continua a desempenhar sempre um papel primordial, transformando-se pelo trabalho de rotação em diferentes corpos que ela anima, ainda que destinada desta forma a alimentar o mundo durante toda a sua vida planetoide. Contudo, para as substâncias orgânicas, animadas por ela por força do fracionamento e infinita transferência, ela só fornece uma vida orgânica – é o que você vê nas plantas, animais e seres humanos.

"Em estado puro, esta substância nunca faz parte de uma vida normal, pois é transmitida para a posteridade através da geração.

"Para nós, 'imortais', tudo isso se apresenta de modo diferente. Nós absorvemos a matéria prima em seu estado primitivo e adquirimos com isso, para o nosso corpo, a longevidade de uma vida planetoide.

"Como você sabe, nenhum desperdício ou acidente consegue exaurir a fonte inesgotável da vitalidade em nós contida, se não recorrermos, é claro, ao expediente utilizado por Narayana, e que teve consequências deveras consideráveis. Nós, para morrermos, devemos esperar pela transferência a um outro planeta. Lá, a matéria prima encontra-se em combinações químicas diferentes do que em nosso mundo, com as quais a exaurida e enfraquecida substância, que se encontra em nós, já não consegue se associar.

"Terá início, então, uma decomposição, e nós, após uma longa vida, festejaremos, finalmente, o ingresso no mundo invisível. Por isso, é recomendável utilizar-se de todas as forças para progredir e não ficar estático num mesmo lugar em nossa vida espiritual."

Supramati estremeceu e jogou nervosamente para trás os seus cabelos castanhos.

– Sabe, Dakhir! Tivesse eu uma noção exata daquilo que estava fazendo, por nada neste mundo eu teria tomado aquela taça traiçoeira. Existem momentos em que a perspectiva de uma vida infinita me deixa de cabeça zonza.

– Acredito! Eu já passei por isso. Mas, quanto mais eu estudava, mais diminuía essa sensação. De qualquer forma, já que o Rubicão foi atravessado, devemos seguir adiante!

– Diga-me, por favor: quem foi o felizardo que recebeu primeiro a matéria primeva com todos os seus terríveis poderes e depois a passou para outros?

– Você me pergunta o que nem mesmo eu sei. Não é fácil apontar o inventor da *panaceia*, cujos benefícios nós aproveitamos, devido à antiguidade do acontecimento. Existe uma tradição popular que lhe pode parecer por demais legendária.

"Assim, segundo reza a lenda, Eva, tentada pela serpente (o tempo), tomou daquela substância, pois a vida parecia-lhe tão maravilhosa que ela queria que continuasse indefinidamente. Ela deu de beber também a Adão, e, em função disso, foram expulsos do paraíso. Mas, ao abandonarem-no, eles pegaram um pouco daquela substância, com o que se explica a longevidade dos primeiros patriarcas e de Matusalém. Dizem também que Melquisedeque tinha aquela substância e era membro da irmandade. Hirão também, ao passo que Prometeu o sequestrou e mais tarde foi aniquilado.

"Onde estaria a fonte original dessa substância misteriosa – eu não sei. Uns afirmam que é na ilha de Ceilão, onde se localiza o paraíso terrestre; outros falam de um local misterioso na Mesopotâmia, entre os rios Tigre e Eufrates; alguns me asseveraram que na África existe uma gruta que desce quase até o centro da terra, no interior da qual jorra a fonte das forças vitais.

"Quem saberá onde está a verdade de todas essas narrativas? Eu só posso afirmar que uma quantidade considerável desta substância se acha à disposição de cada centro de nossa irmandade, sob a guarda de um dos membros.

"Narayana foi o guardião de um desses depósitos, localizado nas geleiras, e agora o guardião é você.

"Espere! Eu esqueci de lhe dizer mais uma coisa a esse respeito! Contaram-me que grandes serpentes, de uma determinada espécie, conhecem as propriedades da matéria primeva e conseguem achar o caminho até ela. A rainha das serpentes, dizem, absorve obrigatoriamente aquela substância. Mas, depois, a serpente dilacera a matéria, que, devido ao contato com o ar e com as emanações animalescas de que ela se impregnara, adquire o aspecto de uma pedra cintilante azul-celeste, dotada de força miraculosa.

"Isso é – por assim dizer – o *palladium* de todo o reino de serpentes. Mas os iluminados sabem como conseguir a pedra, dotada de propriedades surpreendentes. Ela cura doenças, protege de venenos mortais, regenera feridas, desenvolve forças ocultas, concede clarividência, entre outras coisas.

"O detentor dessa pedra consegue submeter a vontade de outras pessoas, ficando invulnerável a qualquer tipo dessas intenções.

"Não raro os profanos tinham nas mãos esse tipo de pedra, sem suspeitarem de todas as suas propriedades. Um iluminado imortal poderá, se assim o quiser, com uma gota da essência primeva, decompor essa pedra, a qual se volatiliza em gás.

"A partir delas são feitas as estrelas mágicas; o mesmo tipo de pedra é encontrado na insígnia de peito de Maha-Atma. Do material dessa pedra consistia o pó que estava nas mãos de Van Helmont e de Helvétius, com auxílio da qual até os metais mais rudes poderiam ser transformados em ouro.

"Os verdadeiros bastões mágicos – não os bastões comuns dos feiticeiros – são impregnados pela mesma matéria primeva. Daí a sua força frente aos elementos da natureza. Com a ajuda desse bastão, o mago faz crescer a vegetação, influi no tempo, fazendo-o melhor ou provocando chuvas, tempestades, trovões e relâmpagos.

"Com o auxílio de um bastão semelhante, Moisés fez abrir a terra e invocou as chamas que devoraram os rebeldes.

"A matéria primeva, em forma de pó, representa a pedra filosofal dos alquimistas; misturando-a com a terra, ela produz plantas mágicas, e o mesmo pó, associado a diversas substâncias químicas, forma as gemas preciosas, dotadas de diversas propriedades mágicas. Resumindo, um mago, dependendo de seu grau de conhecimento, poderá provocar diversos fenômenos, e, se você visse um deles, teria imaginado estar num mundo mágico; no entanto, tudo que você teria visto não passaria de uma simples e sábia aplicação de forças desconhecidas aos profanos.

"Todos os magos e os iniciados possuem a matéria primeva. Uns se utilizam dela para garantir a si a vida planetoide; outros se contentam em aproveitar suas propriedades e estudam-na como uma ciência específica."

– Consequentemente, nem todos os magos e os iluminados utilizam-se de vida planetoide? – indagou Supramati.

– Todos eles têm uma vida extremamente longa, mesmo os que não querem prolongar a vida através do conhecimento. Isso se deve ao fato de que a vida deles, sóbria e correta, sem quaisquer excessos, é mais espiritual que material e vai esgotando a força vital lentamente.

"Além dos imortais da nossa irmandade, existe ainda um número considerável de iniciados que asseguram a si uma vida de muitos séculos com o auxílio de outros recursos, que lhes preservam a juventude ou idade madura, com a opção de se retirarem ao mundo invisível assim que desejarem. Só que esta categoria de sábios é obrigada a manter um regime especial e deve evitar zelosamente qualquer tipo de excesso, coisa que um imortal da nossa irmandade não é obrigado a fazer. Infelizmente, não são poucos sujeitos tipo Narayana que ingressam nas irmandades. Existem casos de tolos desregrados que brincam com fogo, sem a mínima disposição de estudar e entender as terríveis forças de que dispõem. Mas esse tipo de pessoa desaparece da arena depois de um tempo mais ou menos longo, da maneira como desapareceu o seu antecessor."

– Então nós iniciaremos com o estudo da matéria primeva? – interessou-se Supramati.

— Sim e não! Sem dúvida, a substância primordial está em todas as coisas e nós a encontramos onde quer que seja nas mais variadas aplicações; entretanto, o nosso programa de estudos é bem mais restrito. Iremos estudar aquilo que chamamos de magia negra, ou seja, dedicaremos o nosso tempo ao estudo das forças da natureza em seu estado desarmônico e destruidor. Cada elemento tem os seus funcionários. Assim você irá se familiarizar, antes de tudo, com esses protagonistas inferiores, terríveis em seus poderes. Somente quando você vencê-los, tornar-se o seu senhor e não tremer diante das caóticas e terríveis forças que nos rodeiam, nós passaremos ao nível básico da magia branca, onde por nós aguardam as recompensas, ou seja: uma paz relativa, certa harmonia e a conscientização de nossas forças. Passando por esse estágio, eu espero que você seja digno de ser um discípulo de Ebramar, e, sob a orientação dele, poderá subir alguns degraus até o foco fulgurante da *harmonia absoluta*.

— Terei eu forças suficientes para percorrer tal caminho? — balbuciou Supramati.

— O mais importante é não hesitar! Lembre-se sempre de que a dúvida já é uma meia derrota. É claro que você terá que vencer muita coisa e suportar provas duras e penosas; mas com energia e obstinação você superará o que outros já superaram, inclusive eu. Imagine o quanto foi difícil para um rude e ignorante pirata galgar os primeiros degraus do conhecimento; o que é bem mais simples para você, um cientista, já preparado para trabalho intelectual.

— Você tem razão, irmão, eu me envergonho de minha pusilanimidade. Permita-me agradecer-lhe e pedir-lhe desculpas por fazê-lo assumir a tarefa ingrata de iniciar um profano ignorante como eu, que tanto o faz perder a paciência.

Dakhir sorriu e apertou calorosamente a mão de Supramati.

— Não se atormente com os remorsos inúteis. Estou feliz em ser seu orientador. Não somos nós irmãos verdadeiros, unidos pelo mesmo destino, mesmas ideias e trabalho comum? A minha paciência jamais se esgotará, pois eu mesmo passei por todas essas dúvidas, inquietações e duras provações que esperam por você. Passei por momentos inevitáveis de desânimo, impaciência e até de frustração, quando, ao utilizar-me dos poderes ocultos, eu vi fenômenos cujos princípios não conseguia explicar; muitas questões ficavam sem uma resposta, enquanto me diziam com condescendência: "Calma, mais tarde você vai entender tudo!".

A conversa continuou girando sobre o mesmo tema. Supramati tinha um especial interesse pela matéria primeva, o que o fazia a toda hora voltar a esse assunto, de modo que Dakhir observou:

– Estou vendo que você quer de uma só vez chegar ao íntimo do "Sagrado dos Sagrados" e saber mais do que eu posso lhe ensinar. Isso é impossível; eu apenas vou-lhe ensinar o abecedário. Mas, já que você se interessa pelas propriedades e pelo princípio de funcionamento da matéria primeva, vou mostrar uma experiência que vai-lhe dar uma noção de como age o gerador misterioso durante a formação de um planeta, separando em diversas partes os elementos básicos.

Animado, Supramati levantou-se e seguiu Dakhir; este foi até o fundo do quarto, acionou uma mola e abriu uma porta até então imperceptível.

– Este castelo parece uma caixa com escaninhos secretos! Suas paredes e pisos estão cheios de surpresas – observou rindo Supramati.

Ao adentrar com o seu companheiro uma sala redonda, ele quase levou um tombo, a tal ponto o piso brilhante do recinto estava liso.

– Com os diabos! Estou com a sensação, que Deus me perdoe, de estarmos andando em cima de cristal! – acrescentou ele.

– Totalmente correto – confirmou, também em tom alegre, Dakhir. – Cuidado para andar!

Supramati examinou interessado o ambiente. A sala estava praticamente vazia.

– Diga-me, Dakhir: por que os quartos daqui são todos redondos e não retangulares?

— É porque nas sessões de magia, para a movimentação dos fluidos, o círculo é bem mais adequado que as formas quebradas.

Suspendendo em seguida uma cortina pesada, ele abriu uma janela alta e estreita, executada em vidro maciço e muito grosso.

— Olhe! O centro do piso é feito de cristal vermelho, enquanto lá, na base, você está vendo uma espécie de caixa de cristal. É justamente com o auxílio daquele instrumento que nós faremos a experiência.

Supramati aproximou-se e inclinou-se sobre uma grande caixa transparente. Ela parecia estar vazia e só no seu fundo se levantava um pequeno rolo de nuvem, reverberando todas as cores do arco-íris.

— Neste receptor está o fluido do espaço, no estado e na combinação em que se encontrava durante a formação do nosso planeta. Agora você verá o efeito que exercerá sobre ele a matéria primeva.

Dakhir tirou do bolso um pequeno frasco com rolha de ouro, cheio de líquido misterioso, familiar a Supramati.

— Este frasco — disse ele — está dotado de um mecanismo que só deixa passar um décimo de uma gota da substância, necessário para a nossa experiência.

Um minuto depois, a gotinha, parecida com uma fagulha ígnea, caiu sobre o fundo da caixa. No mesmo instante, Supramati sentiu um forte golpe na nuca e pareceu-lhe que a terra lhe fugira dos pés. Dakhir agarrou-o pela mão e o apoiou. Aliás, essa sensação não durou mais que um segundo, e Supramati quase não lhe deu nenhuma atenção, pois todos os seus pensamentos se concentraram no espetáculo que se desenrolava diante dos seus olhos.

No interior do receptor de cristal, tudo parecia estar em ebulição. Nuvens multicoloridas turbilhonavam-se com velocidade estonteante, espalhando-se, densificando-se, contorcendo-se em espirais e quebrando-se em remoinhos, como se fustigadas por furacão. Para completar a ilusão, o quarto encheu-se de estalidos, silvos e barulho ensurdecedor, como se vinte máquinas elétricas entrassem em funcionamento ao mesmo tempo. O barulho, vez ou outra, era abafado pelo rolar do trovão.

Subitamente todos esses sons cessaram e tudo se diluiu numa esfera cinzenta, sulcada por raios. Depois, num piscar de olhos, diante do estupefato Supramati, formaram-se quatro camadas de cores e composições diferentes.

No fundo do caixão, agitava-se crepitando a massa fundida; sobre ela surgiu uma camada enegrecida, mas transparente. A terceira camada era ainda mais diáfana e tinha coloração azul-celeste. Todo o espaço restante era preenchido com um vapor cinzento. Examinando-se mais atentamente, o vapor parecia ser urdido de milhares de pontos cintilantes.

Da matéria fundida elevava-se uma espécie de conjunto de vênulas finas que, estalando, percorriam as três camadas sem se deterem, contorcendo-se feito serpentes.

– O que aconteceu diante de você em alguns minutos, no espaço leva milhões de anos para acontecer sob a ação desta matéria primeva, da qual algumas gotas seriam suficientes para devorar o nosso planeta e levá-lo ao estado gasoso. Uma vez que a experiência que eu mostrei é bastante imperfeita, não se desenvolveu uma forma esférica. Mas isso é indiferente! Mesmo sem isso, você entende que a matéria fundida é o centro do planeta, foco do princípio vital; a cor enegrecida representa a primeira condensação de matérias mais rudes, que formaram uma casca. Em seguida vem uma camada líquida e atmosférica, perpassada por fogo do espaço – que vocês chamam de eletricidade – , as correntes que, representadas por vênulas ígneas, sempre se acham em comunicação com o reservatório principal do centro.

Deixando Supramati olhar o quanto quisesse para aquele mundículo invocado, Dakhir pegou uma enorme lupa e a estendeu ao amigo.

– Pegue! Este aparelho foi feito a partir de um diamante que pesava mais de cem quilates. Ele é bem mais perfeito do que os que vocês possuem. Com o seu auxílio você poderá perceber que, quando as matérias em formação alcançam o ponto em que nós estamos, já é possível enxergar as formas de seres e plantas, cujos germes eles contêm e que mais tarde serão gerados pela terra.

Supramati pegou o aparelho e de seus lábios soltou-se uma exclamação surda. Diante de seu olhar estupefato apareceu um infindável número de plantas e animais de toda a espécie. Era fauna e flora que se destacavam por sua diversidade. Tudo era aéreo, indefinido e a tal ponto misturado que seriam necessários meses para se ter uma ideia clara do que lá havia.

Dakhir interrompeu-o de sua observação.

– Está na hora de desintegrar tudo isso. Por enquanto, o que você viu já é suficiente, e um estudo detalhado levaria muito tempo. Eu vou fazer o mundículo entrar em contato com o ar, e ele se desintegrará na atmosfera sem deixar vestígios.

Abrindo a janela, ele baixou a cortina e ambos foram ao quarto vizinho.

Compenetrado e confuso com tudo que havia visto, Supramati sentou-se na poltrona e mergulhou em pensamentos.

– Vamos almoçar! Você ainda não viu o nosso refeitório – disse animado Dakhir, batendo-lhe no ombro.

– Tem razão! Estou faminto, ainda que tenha esquecido isso.

– É um bom sinal! Se você se esqueceu do almoço, significa que está pronto para ser um cientista.

Conversando, eles passaram pelo laboratório, desceram a escada e por uma porta que ficava num gabinete escuro entraram numa sala, não muito grande, com vigas enegrecidas pelo tempo e paredes escuras de madeira trabalhada. O bufê, a mesa e as cadeiras maciças com espaldares altos apontavam a antiguidade do castelo.

A janela alta com vidros multicoloridos estava aberta e ao seu lado havia uma poltrona estreita sob o baldaquim.

A mesa, coberta com uma toalha branca, decorada com prataria e flores, estava servida para duas pessoas. Junto a uma das cadeiras, um anão esperava para servi-los.

A refeição consistia de legumes, ovos e um pudim de frutas secas. Fora isso, sobre a mesa havia queijo, pão, leite e uma garrafa de vinho.

– O nosso cardápio não prima por diversidade, mas, enquanto estivermos trabalhando aqui, você terá que se contentar com os pratos vegetarianos. Todos os imortais passam por isso – observou Dakhir. – Se nós fôssemos simples mortais, teríamos de nos contentar com pão e água para preparar o organismo através de um jejum rigoroso; mas, uma vez que somos imortais, podemos permitir-nos um almoço bem lauto.

– Oh! Eu acho o regime vegetariano excelente – disse Supramati. – Durante o tempo em que fiquei morando na casa de Ebramar, alimentei-me exclusivamente de legumes, sem sentir alguma falta de alimentos de origem animal, que, aliás, me são repugnantes.

– Quando terminar a sua primeira iniciação e, de um modo geral, quando você voltar para a sociedade, poderá utilizar a carne, se é que então você vai querê-la.

– É bem provável que não, pois eu sei que o alimento de origem animal contamina o organismo com os elementos mortuosos.

Ao terminarem o almoço, os jovens retornaram ao laboratório. Dakhir trouxe um volumoso in-fólio com desenhos, símbolos estranhos e texto incompreensível.

– Este livro contém todas as categorias de fórmulas. Todos estes símbolos e fórmulas você terá de aprender de cor. Quando dominar totalmente estas primeiras formas de encantamento, nós passaremos à primeira experiência. Até os reles feiticeiros conhecem parcialmente estas fórmulas, mas com você a situação é diferente. Você não poderá, à semelhança de um feiticeiro ignorante, ficar escravo das forças maléficas ao invocá-las; precisa, desde os primeiros momentos, tornar-se o seu senhor e governante. Uma vez que ainda não desenvolveu a segunda visão, eu lhe darei óculos mágicos que lhe permitirão enxergar tudo o que ocorre em sua volta.

Supramati iniciou os trabalhos com afinco. Ele pôs-se a estudar os sinais misteriosos e as fórmulas estranhas, compostas de números e palavras, cujo sentido não entendia.

No início era-lhe difícil acostumar-se a esse tipo de estudo, mas nisso ele contava com a ajuda e explicações de Dakhir. Até o fim da tarde, Supramati aprendeu, praticamente sem errar, a pronunciar algumas fórmulas e desenhar com certa firmeza alguns sinais cabalísticos.

Ele estava tão compenetrado em seus estudos que não percebeu o anoitecer. Dakhir acendeu a lâmpada e, ao verificar a hora, observou sorrindo:

– Termine o trabalho; por hoje é bastante! Logo são dez horas e nossa bela dona de casa nos espera para o chá. Você não precisa ter tanta pressa em aprender tudo de uma vez, pois, graças a Deus, tempo é o que você mais tem.

– É verdade, mas é que eu gostaria de passar, o mais rápido possível, os primeiros degraus mais difíceis e tediosos da iniciação – declarou Supramati, enxugando o suor.

Após vestirem seus trajes habituais, foram ao refeitório, onde Nara esperava por eles. Os pratos frios já estavam servidos, juntamente com o samovar de prata a assobiar na mesa.

– E então, Supramati? Como foi o seu primeiro dia da iniciação? – interessou-se a jovem, esboçando um sorriso.

– Muito interessante! – respondeu Supramati beijando a esposa.

Ao se sentar ao seu lado, ele começou a contar-lhe animadamente o que havia feito durante o dia.

– Todos os mistérios do mundo invisível me excitam e ao mesmo tempo me deixam apavorado. Eu, um ignorante preguiçoso, assusto-me com o gigantesco trabalho que terei de enfrentar. Aos pés da extensa escada que terei de galgar, eu me pergunto: como os outros puderam subir tão alto sem ficarem tontos? – brincou ele em tom triste.

– Você se utilizará de duas faculdades que ajudaram seus predecessores: a coragem e a obstinação – atalhou Nara alegremente.

Depois acrescentou em tom sério:

– Um pressentimento me diz que você alcançará os degraus superiores do conhecimento e se tornará um grande mago. Você sempre foi um pensador e labutador incansável. Quanto mais você avançar no novo caminho, tanto mais irá se interessar pelo mundo oculto e pelos poderes que ele lhe confere ao provê-lo de um verdadeiro exército de valorosos e hábeis guerreiros, ainda que demoníacos e invisíveis para os profanos, pois eles se escondem na atmosfera ao redor. Você ainda não sentiu o prazer de estar acima da turba, ler os pensamentos alheios, aliviar os sofrimentos secretos e governar as forças da natureza.

— Deus queira que os seus pressentimentos se realizem e que eu fique digno do bom conceito que você tem em relação a mim. De qualquer forma, empregarei toda a minha força de vontade para tanto — assegurou ele, beijando a mão da esposa.

A conversa continuou ainda por algum tempo sobre o mesmo tema. Quando Dakhir mencionou as invocações que eles ainda teriam de fazer, Supramati lembrou-se de algumas sessões espíritas que presenciara durante a sua última estada em Londres.

Naquela época ele estava muito doente e a morte, que o rondava, fez com que ele se interessasse em aprender mais sobre as trevas do túmulo, ao qual almejava.

Supramati tornou-se membro de um daqueles círculos e participou de uma série de sessões. Ele presenciou manifestações muito singulares: aparecimento de coisas, efeitos luminosos e até uma materialização parcial. Alguns fenômenos exerceram nele uma profunda impressão; outros, provocaram dúvidas.

— Eu sei que sessões deste tipo estão em moda e, de um modo geral, o espiritismo vem se desenvolvendo, porquanto preenche as necessidades do coração de pessoas fartas dos argumentos fúteis dos renegadores e da intolerância da ciência, comparável, sem nenhum exagero, à intolerância clerical — observou Nara. — Infelizmente, o espiritismo se encontra em situação caótica e desfavorável, estagnado no beabá do mundo oculto, pois os espíritas ignoram as leis que governam os fenômenos. Bons médiuns são muito raros, e os espíritos dirigentes são normalmente prejudicados pela desarmonia e até por desejos maléficos dos presentes, ou seja, aquela turba ignara, interessada em assistir às sessões para, posteriormente, negar e ridicularizá-las, imaginando que o mundo do além-túmulo, com os seus terríveis mistérios, está ali para diverti-los.

– É verdade! O espiritismo gera mais achincalhadores e negadores do que adeptos – disse Dakhir. – Não obstante, esta doutrina lenitiva já fez muitas coisas boas e salvou inúmeras almas do sorvedouro trágico do materialismo. O que seria se fosse diferente?!

Todos silenciaram por alguns instantes, após o que Nara acrescentou:

– Sim, eu gostaria de que o espiritismo, que prova a existência do mundo do além-túmulo de uma maneira acessível a todos, triunfasse, para o bem da humanidade. A propósito, Supramati, se você quiser, nós podemos ainda hoje à noite realizar uma sessão espírita. Eu o tornarei de imediato um clarividente, e você verá todo o processo oculto das manifestações espíritas.

– Sem dúvida que eu quero! Você se antecipou ao meu desejo. Vamos logo, então, ao laboratório.

– Para que temos que ir para lá?! A minha sala de estar é ideal. Assim, vão até lá, senhores, e preparem tudo! Enquanto isso, eu mandarei providenciar o jantar para depois da sessão, o que não será uma má ideia.

– Um jantar vegetariano, naturalmente! – exclamou Supramati alegre.

– Justo! Por enquanto você vai ter que esquecer a carne, e, daqui a alguns anos, os rosbifes, os faisões assados e outras iguarias vão parecer-lhe pedaços de cadáver. Você vai ver coisas que irão tirar-lhe o apetite; e o cheiro da decomposição, que normalmente não é sentido por gastrônomos ordinários, irá sufocá-lo.

Na pequena sala de estar, eles baixaram as cortinas e retiraram os móveis que atrapalhavam, colocando no meio do recinto uma pequena mesa redonda. Depois apagaram as luzes, deixando apenas uma vela acesa.

Mal eles acabaram os preparativos, chegou Nara. Ela trouxe consigo uma pequena trempe de prata e a colocou sobre a mesa. Depois, com uma pinça, ela tirou da lareira alguns pedaços incandescentes de carvão e os colocou na trempe, ficando Dakhir na tarefa de soprá-los para atiçar o fogo. Tirando do bolso um frasco, Nara lançou o seu conteúdo sobre o carvão. Imediatamente subiu uma densa fumaça, espalhando pelo recinto um aroma que Supramati julgou ser familiar.

Ele lembrou-se de ter aspirado o mesmo aroma no dia em que estivera na casa do conde Rokk, no entanto, mesmo sendo este menos forte, não o impediu de ficar tonto por alguns instantes, sentando-se em silêncio à mesa.

Então Dakhir pegou o bastão de vários nós, que pendia em seu pescoço numa corrente de ouro, feito um lornhão feminino, e, inclinando-se, encerrou a si e aos outros num círculo imaginário.

Por alguns instantes reinou um profundo silêncio. Subitamente Supramati teve a sensação de que tudo em seu redor começou a soar, mover-se e a girar com ele: a mesa, Nara e Dakhir, com uma rapidez estonteante. Uma luz azulada despontou e naquela penumbra divisou assombrado uma alta e esbelta figura vestida em trajes cinza da cor de morcego. A criatura, extremamente esguia, hábil e móvel, segurava na mão um bastão escarlate, em cuja ponta rodopiava uma esfera da mesma coloração. Por todos os lados desprendiam-se faíscas ígneas que se uniam, em seguida, em fios flamejantes. O círculo, desenhado por Dakhir, lançava agora chamas de todos os tamanhos. Os presentes viram-se enclausurados por uma retícula fosforescente. Com interesse cada vez mais crescente, observava Supramati aquilo tudo. Surpreendido, viu como por trás das pregas do reposteiro, das paredes, do chão e até da lareira, começaram a aparecer diferentes seres, agrupando-se em volta do círculo. Nos rostos de alguns estava estampada uma expressão maliciosa e despreocupada; nos outros – maldosa, animalesca e até cheia de ódio. Os últimos tentavam atravessar a retícula, mas eram repelidos como se recebessem uma descarga elétrica. Somente quando, junto da mesa, surgiram alguns seres que, pela rapidez dos movimentos e trajes, eram parecidos com a figura que segurava a esfera ígnea, Nara expressou a vontade de que eles trouxessem uma jarra de água do refeitório.

Imediatamente, alguns dos espíritos se retiraram, trazendo em seguida a jarra, envolta por um denso vapor compacto parecido com algodão. A jarra era carregada com muita dificuldade por três seres cinzentos que a colocaram, em silêncio, sobre a mesa.

Dakhir ordenou que fosse tocada uma música na flauta que estava sobre o peitoril da janela. Imediatamente, um dos espectros pegou o instrumento e tocou, bastante bem, uma pequena ária conhecida de todos.

Aparentemente, as experiências suscitaram a inveja entre os restantes. A maior parte dos espectadores dissipou-se, mas retornou rapidamente para junto do círculo mágico que não conseguiam atravessar. Isso os impedia de participar das diversões que, pelo que parecia, lhes agradavam sobremaneira. Portanto, vinham trazendo os mais variados objetos, que se entreviam por trás do vapor que lhes servia de transporte. Ali havia esferas pretas parecidas com seixos, batatas, ovos podres, roupas e até areia. Todos esses membros da respeitável companhia se rivalizavam entre si.

Nesse meio-tempo, o interior do círculo se ampliava, à medida que de Dakhir e Nara se desprendiam correntes de luz e calor. O ente, no traje da cor de morcego, tornava-se cada vez mais compacto e rapidamente alcançou uma densidade palpável que poderia ser vista até por um olho normal. Com leveza, prova de sua surpreendente força, o ser agarrou a cadeira maciça, ergueu-a e a sacudiu sobre a cabeça de Supramati. Este se jogou instintivamente para trás, mas o espírito a recolocou no lugar, às gargalhadas.

Neste ínterim, apareceu um novo espírito que, sem demonstrar alguma dificuldade, atravessou o círculo ígneo e passou pela retícula, postando-se entre Dakhir e Nara.

Um grande véu branco envolvia a figura do espírito recém-chegado e cobria as suas feições. Nas mãos ele segurava um buquê de flores. O aroma de lírios e rosas encheu todo o recinto.

Supramati surpreso olhava para a nova aparição, que começou a descobrir lentamente o véu. Subitamente, ele soltou um grito: nela ele reconheceu a sua mãe. Bela e rejuvenescida, ela fitava-o com um olhar estranho e parado.

Com o seu grito, a visão cambaleou, empalideceu e quase se diluiu, mas imediatamente ressurgiu.

– Mãe! Eu a vejo de novo, querida mãe! – balbuciou ele, trêmulo.

Com as lágrimas lhe aflorando os olhos, ele ajuntou:

– Eu posso tocá-la, abraçá-la?

O espírito virou-se com o olhar suplicante para Nara. Esta, imediatamente, levantou-se e colocou as mãos nos ombros da visão. Praticamente no mesmo instante, da jovem Nara começaram a emanar rolos de vapor fulgurante, que, às vezes, adquiria uma tonalidade rosada.

Toda essa substância parecia estar sendo absorvida pela visão, que rapidamente adquiria o aspecto e a densidade de pessoa viva.

– Você pode beijá-la – disse Nara sorrindo, retirando as suas mãos.

O jovem médico se levantou, agarrou trêmulo o espírito pelas mãos e o puxou para si.

Sim, esta era realmente a sua mãe adorada, sem qualquer vestígio da doença, cansaço ou velhice, em todo o resplendor da beleza que ele vira quando era um menino.

– Ralf. Minha adorada criança! – pronunciou a querida e bem conhecida voz.

Mãos reais enlaçaram o seu pescoço, e os lábios mornos e trêmulos encostaram-se aos dele.

Por algum tempo eles ficaram abraçados em silêncio, quebrado por Ralf, que disse emocionado:

– Oh, minha querida mãe! Como éramos cegos ao imaginarmos que nunca mais poderíamos nos encontrar! Você estava perto de mim quando eu chorei a nossa separação e não pôde me fazer um sinal, consolar-me... e tudo isso se deveu a nosso desconhecimento das leis do mundo invisível. Diga-me se você está feliz! Você viu o meu pai?

– Eu vi seu pai. Ele está feliz e tranquilo, pois cumpriu bem e corretamente a sua tarefa em vida. Você o verá mais tarde.

– Diga-lhe que eu o amo e todos os dias rezo por ele e você. Veja, mãe, como eu estou forte e sadio! Agora você não precisa recear como antes pela minha saúde – acrescentou ele com um sorriso maroto.

Uma expressão de temor e tristeza anuviou as feições do espírito. Pondo a mão sobre a cabeça do filho, a visão disse:

– Temo agora se não será por demais longa essa vida com a qual eu me preocupava e que se extinguiria em pouco tempo.

– Diga-me, você aprova este estranho destino para o qual me empurrou a fatalidade? – indagou Supramati em tom de tristeza e inquietação.

– Eu não ouso reprovar, querido Ralf; eu sou por demais ignorante. Apenas receio que seja por demais penosa a provação da imortalidade e o enorme trabalho que o aguarda para tornar-se digno das forças misteriosas obtidas. Pergunte para aqueles que penetraram nas esferas superiores do conhecimento e que contam sua vida em milhares de anos. Estão eles felizes por carregarem eternamente o perecível invólucro terreno, sem possibilidade de descansarem na morte? Submetido a milhares de sofrimentos inerentes à vida terrena, já que o privilégio da imortalidade é sentido apenas pelo corpo, o espírito permanece vulnerável como antes, sem se utilizar da prerrogativa de *não* sentir, *não* amar, *não* chorar os sofrimentos que a imortalidade não consegue aliviar.

O espírito calou-se por instantes, mas logo prosseguiu em voz mais débil:

– Eu sinto volatilizarem-se as forças que me foram dadas. Assim, até um novo encontro, meu filho! Eu aparecerei quando você me chamar num momento difícil, não para a solução dos problemas relacionados com a gestão do Universo, mas só para que você ouça uma palavra amiga.

Ele sentiu que a mão dela se tornava cada vez menos densa, que se diluía e se tornava intangível. Toda a visão se derretia, tornava-se transparente e, por fim, desapareceu por completo.

Respirando com dificuldade, Supramati deixou cair-se na cadeira e fechou os olhos. Dakhir acendeu uma vela e disse:

– Você está exausto, meu amigo, não com o corpo, mas com o espírito. Assim, vamos interromper esta sessão. Apesar de sua imortalidade, você fará bem se se deitar para dormir.

Supramati endireitou-se, pegou as flores deixadas pela mãe sobre a mesa, em cujas folhinhas ainda brilhavam gotículas de orvalho, e, com um sentimento misto de infelicidade e alegria, encostou-as aos lábios.

Apesar da bem-intencionada sugestão de Dakhir, todos permaneceram em seus lugares e continuaram a conversar. Supramati lamentava-se que os céticos, com os objetivos preconcebidos, impedissem o progresso do espiritismo, que representava, entretanto, uma das fontes de consolo para os espíritos sofredores, contribuindo, ao mesmo tempo, para o seu renascimento moral, devolvendo-lhes a fé na vida do além-túmulo.

– Oh, esses céticos! – exclamou rindo Nara. – Às vezes eu tenho uma vontade imensa de convencê-los do contrário, colocando-lhes os óculos mágicos. Acho que todos esses grandes tagarelas ficariam malucos ao reconhecerem que toda a atmosfera em volta está povoada por seres invisíveis, cuja existência eles contestam, e que, no espaço, que eles consideram vazio devido a seus equívocos presunçosos, habita um verdadeiro mundo de seres intangíveis.

– Já não é a primeira vez que ouço você e Dakhir mencionarem certos óculos mágicos. Posso vê-los pelo menos uma vez? – pediu Supramati.

– Com todo o prazer! – prontificou-se Nara.

Ela abriu a escrivaninha entalhada com acabamento em marfim, tirou de uma gaveta um par de óculos com armação em ouro e estendeu-os ao marido.

Com interesse bem compreensível, Supramati examinou os óculos, executados em um material estranho para ele, mais transparente que o vidro e que reverberava luzes multicolores.

Sem pensar muito, ele colocou-os, mas para sua grande surpresa nada viu além de ondas coloridas que emitiam sons, moviam-se e fundiam-se. Ao mesmo tempo, parecia-lhe que o seu cérebro estava sendo esmagado por um anel incandescente.

– Tire os óculos e vá lavar o rosto! Hoje você não vai conseguir ver nada, pois os seus órgãos estão demasiadamente saturados por aquela substância que eu queimei antes da sessão – disse Nara. – Mas esses óculos tornam transparente, para o olho de um ser humano comum, a cortina que esconde o mundo invisível.

Ela guardou os óculos. Supramati dirigiu-se apressado ao seu quarto para lavar o rosto, pois sentia uma enorme dor de cabeça, que passou imediatamente após o uso da água fria.

CAPÍTULO 3

Três semanas se passaram sem trazer nada de especial. Supramati estudava com afinco os símbolos mágicos e as fórmulas quase sempre incompreensíveis que os acompanhavam. Quando pedia a Dakhir que as explicasse, este dizia que, antes de tudo, Supramati devia decorá-las.

– Bem, mas é muito mais difícil decorar os galimatias quando você não os entende! – rebatia impaciente Supramati.

– Entretanto, isso é imprescindível, pois, se você conhecesse o sentido dessas fórmulas mágicas, elas provocariam os seus respectivos fenômenos e você ficaria na situação do aprendiz de feiticeiro como no conto de Goethe. Somente o desconhecimento das palavras pronunciadas por você impede à sua mente e à sua vontade que você as ponha em execução.

Supramati teve que se contentar com tal explicação. Aos poucos, começou a dar razão às palavras de Dakhir, ao notar, ele próprio, fenômenos estranhos.

Assim, quando ele pronunciava as fórmulas mágicas, era dominado por uma certa inquietação, indescritivelmente opressiva. Ouvia um barulho estranho, começavam a surgir sombras próximas a ele, acendiam-se fagulhas em cantos escuros e uma comichão cálida percorria as suas veias.

Quando as manifestações desta espécie se tornavam demasiadamente reais, Dakhir interrompia o estudo das fórmulas e por um determinado tempo passava a estudar outros assuntos. Ele falava ao seu amigo das propriedades ocultas das pedras preciosas, mostrando-lhe as diversas cores que elas emitiam, ilustrando com exemplos os efeitos daquelas emanações luminosas sobre as plantas, animais e homens.

Estudavam também venenos vegetais, animais e minerais, as propriedades das plantas e os efeitos do magnetismo animal; agora, no entanto, para os olhos do jovem médico abria-se uma Botânica e Química totalmente novas.

Eles prosseguiam também com os exercícios de disciplinamento da mente. Certa vez, Dakhir trouxe ao laboratório um grande disco, coberto por um tecido preto. Colocando-o sobre a mesa, retirou o pano.

Supramati começou a examinar curioso o disco metálico azul retinto que reverberava todas as cores do prisma como um espelho mágico, já visto por ele antes. O disco estava encaixado numa espécie de moldura, na qual se viam incrustados diversos metais, pedras preciosas e medalhões com líquido. Na parte superior, a moldura era adornada por um medalhão em forma de ânfora.

– O que é isso? Também é um espelho mágico? Para que serve? – indagou Supramati.

– Sim, também é espelho mágico, só que executado em outros metais que você ainda não conhece. Ele lhe ajudará a alcançar uma habilidade muito difícil: controlar e disciplinar o pensamento vivo e suas imagens. O espelho, como você vê, é composto de substâncias mais tangíveis. É mais sensível que um barômetro, que registra somente as oscilações da atmosfera. Neste valioso instrumento, imprescindível a todo mago genuíno, são registradas as mais sutis vibrações da mente: é um barômetro da alma. Os profanos incorrem em erro ao imaginarem que o espelho mágico possui só uma aplicação: mostrar ao mago os quadros do passado e do futuro e desvendar os segredos deste ou daquele objeto, totalmente indiferentes ao cientista. No entanto, em realidade, este instrumento destina-se a estudos muito mais sérios e serve para exercitar a mente.

"Chegou a hora de você iniciar este aprendizado. Portanto, olhe para o disco pensando em alguma coisa e tentando representá-la em sua mente o melhor possível. Escolha uma coisa simples, mas bem definida, para logo de início acostumar-se a formular nitidamente o seu pensamento. Os pensamentos fugidios e caóticos nada reproduzem."

Supramati inclinou-se e começou a olhar para o espelho. Imediatamente aflorou à sua mente uma infinidade de objetos, sem que seu pensamento conseguisse se fixar exclusivamente num só objeto. Para sua surpresa, viu que na superfície metálica se refletiu um verdadeiro caos de coisas, seres e flores que se misturavam, faziam caretas e em seguida desapareciam em névoa sanguínea. A cabeça de Supramati tonteou e ele fechou os olhos.

– Pare, pare! – exclamou rindo Dakhir. – Você reproduz mais pensamentos que o espelho pode suportar. Repito-lhe, escolha algum objeto bem simples como uma mesa, uma garrafa, alguma fruta e assim por diante. E, quanto mais definido for seu pensamento, mais vívida e perfeita será a imagem reproduzida por ele.

Supramati inclinou-se novamente sobre o espelho, concentrou-se, e nele logo apareceu uma cinzenta e mal definida representação de uma garrafa, mas, praticamente no mesmo instante, surgiu, cobrindo-a, a imagem de um copo cheio de líquido espumante, e ao redor de tudo aquilo se ouviu uma mistura vaga e engraçada das vozes de Lormeil, Pierette e o restante da companhia, cuja imagem se associou de certa forma com a representação da garrafa. Supramati aprumou-se enfurecido, rindo involuntariamente.

– Nunca pensei que era tão difícil concentrar o pensamento num determinado objeto – observou ele.

– Ninguém se dá conta disso ou presta um mínimo de atenção para o trabalho desorganizado da mente – acrescentou Dakhir. – Como consequência disso, na vida se pensa numa infinidade de coisas inúteis, perdendo-se um precioso tempo e cansando-se a mente sem qualquer objetivo. Agora, veja! Vou lhe mostrar como age sobre esse instrumento um pensamento disciplinado. Vou pensar sobre a fruteira com frutas.

E Dakhir, por sua vez, inclinou-se sobre o espelho. Seu olhar faiscante tornou-se imóvel; entre as sobrancelhas surgiu uma ruga.

Sobre a superfície polida apareceu imediatamente uma fruteira com peras, maçãs, uvas e outras frutas. Tudo estava colorido e parecia vivo.

Supramati soltou um *ai* de admiração, mas Dakhir balançou a cabeça.

– Não há com que se admirar – argumentou ele. – Meu pensamento foi bastante negligente. O prato estava sem cor e as cerejas no fundo não estavam suficientemente coloridas. Tais imprecisões ocorreram devido a minha pressa em imaginar o objeto que queria mostrar-lhe. Deve-se agir com toda a exatidão, imprimindo a cada objeto, feito um artista, a forma, a cor e os matizes naturais.

Dakhir continuou a olhar sobre a imagem invocada por ele, e Supramati, para sua grande surpresa, viu que sobre a fruteira apareceu uma delicada pintura, e as frutas tomaram sua coloração natural.

– Surpreendente! – exclamou ele. – Mas diga-me: por que a imagem invocada por um pensamento desapareceu com tanta rapidez como surgiu, enquanto essa se parece com uma verdadeira obra de arte e ainda continua a perdurar já faz alguns minutos?

– A razão é a mesma: o seu pensamento inconstante, fugidio e caótico, sem condições de criar nada definido, menos ainda de conseguir reter aquela representação. Eu só penso em que quero invocar a imagem e não deixo o meu cérebro criar qualquer outro pensamento. O cérebro é um órgão tal qual um braço; basta desenvolver a força de reflexão e obrigá-lo a trabalhar obedientemente.

— E é possível representar nesse espelho, com a mesma perfeição, quadros complexos?

— Sem dúvida! Qualquer pensamento seu pode ser refletido aqui. Pegando o jeito e com o tempo, neste espelho poderá ser observada uma série de quadros. Vou lhe mostrar alguns deles. Evidentemente, isso é bem mais difícil do que representar a imagem de uma garrafa, no entanto, o que eu vou lhe mostrar será apenas o beabá da grande arte de pensar.

Cada vez mais interessado, Supramati fixou o olhar no espelho. Agora este pareceu ampliar-se e nele projetou-se a imensa planície marinha, iluminada pelo luar. Mas eis que, das ondas, começou a avolumar-se e aproximar-se lentamente a montanha, sobre a qual se erigia o abrigo misterioso dos cavaleiros do Graal.

O quadro maravilhoso começou a desbotar aos poucos e diluiu-se num vapor cinzento, dando lugar ao templo da irmandade no momento do ofício divino.

Sim, aquela era realmente a imensa sala com suas colunas, finos entalhes e mosaicos coloridos. Do vão da cúpula jorravam raios solares, inundando de luz o piso de pedra e as roupas alvas dos cavaleiros. Nos degraus do altar estava o superior da irmandade e, diante dele, o próprio Supramati.

Era a vida em si, nada ali estava esquecido; tudo respirava e vivia. Que grande artista-pensador teria que ser ele para representar de tal forma a natureza, e invocar naquele lúgubre laboratório o aparecimento do oceano e inundá-lo de vivos raios solares.

Com um sentimento misto de admiração e medo, olhava Supramati para Dakhir, que estranhamente fixava o espelho mágico. Mas, subitamente, este esfregou com a mão os olhos e virou-se com um sorriso para seu amigo; o quadro sumiu imediatamente e o espelho readquiriu a sua habitual cor preta.

– Dakhir, você alcançou a sublime arte de cuja existência eu nem suspeitava. Acho que nunca conseguirei tal habilidade.

– Você só me acha um grande artista porque não viu algo melhor – retrucou Dakhir. – O meu pensamento ainda não reproduz aromas, sons e coisas assim. De um modo geral, estou longe do objetivo. Mas, como a sua admiração lisonjeia o meu ego, vou lhe mostrar uma partícula da minha arte, ou seja, vou fazer o meu pensamento ser visível para outra pessoa. Aliás, tais fenômenos podem ser feitos também pelos profanos, que os interpretam a torto e a direito e os denominam de *espectros em vida*.

"O próprio fato já se manifestou tão frequentemente que negá-lo é inútil. No momento da morte ou do perigo, muitos apareciam junto aos seus familiares como pessoas reais; às vezes, tocavam-nos e conversavam com eles.

"Na realidade, estes fenômenos não são nada mais do que as manifestações do pensamento, que se tornaram não só visíveis como palpáveis.

"Somente com os profanos tais fenômenos ocorrem casual e inconscientemente; eu, no entanto, posso evocá-los à minha vontade.

"Devo acrescentar ainda que o pensamento passivo, ou seja, quando você não pensa em nada definido, reflete-se no espelho mágico em forma de linhas fosforescentes, mais ou menos vivas, dependendo da energia das vibrações cerebrais. Entretanto, o pensamento não pode ser passivo, mas ativo e produtivo. O trabalho da mente deve ser harmônico para não fatigar o cérebro, pois todos sabem e já experimentaram por si que os pensamentos impetuosos e inquietos provocam um terrível esgotamento de todo o organismo.

"Agora vamos ao quarto vizinho para respirarmos o ar puro e depois lhe mostrarei o meu pensamento, visível a distância."

– Você está cansado? – perguntou Supramati, inspirando prazerosamente o puro e fresco ar marítimo.

– Eu não estou cansado, mas você está com uma aparência desorientada, embora aquilo que você viu não o tenha perturbado tanto. Até a ciência "oficial" de vocês começa a se convencer da "tangibilidade" do pensamento, que é até fotografado! Sem dúvida, estas experiências ainda são insuficientes e seu resultado é ruim, como ocorre com as descobertas recentes; no entanto, as pessoas estão a meio caminho de submeter ao controle científico um dos sentidos humanos mais tempestuosos e birrentos.

"Até para nós, disciplinar o pensamento e o seu instrumento – o cérebro – é um trabalho fenomenal. Pensar-se-ia que os cientistas – trabalhadores mentais, capazes de solucionar mentalmente os problemas mais complexos – já teriam dado este primeiro passo, e no entanto, se eles tivessem que concentrar toda sua força de vontade para fazer a representação de um objeto, você precisaria ver que zigue-zagues se refletiriam no espelho mágico!

"Sem dúvida, Supramati, são-lhe imprescindíveis os treinamentos que teve no início, pois através deles você poderá reproduzir mentalmente todos os sinais cabalísticos e os símbolos mágicos das invocações. Tudo isso você deverá fazer de forma rápida e precisa, sem a menor hesitação."

Após uma hora de descanso, eles retornaram ao laboratório e, postando-se em frente do espelho mágico, Dakhir disse:

– Agora eu vou cumprimentar Ebramar, e você olhe para o espelho. É claro que será muito difícil eu conferir a mim mesmo um aspecto inteiramente vivo e real, pois isso exigiria uma concentração muito forte, mas, de qualquer forma, você conseguirá ver-me.

Carregando o cenho e com as veias na testa entumescidas pelo esforço da concentração, Dakhir debruçou-se sobre o espaldar da cadeira em que estava sentado Supramati, e este logo viu, no centro do espelho, um círculo brilhante que foi aumentando gradativamente até transformar-se num gigantesco disco da cor do luar. Diante de seu olhar estupefato, surgiu o terraço de seu palácio no Himalaia.

Junto à mesa, apinhada de livros, estava sentado Ebramar, inclinado sobre rolos de papiro; ao lado, no tapete, estava deitado o cão galgo.

Encantado, olhava Supramati para aquele quadro que lhe era muito familiar e caro, para o prado verdejante cheio de flores vivas, para o chafariz, cujo jato límpido fulgia em respingos brilhantes, e para os picos das montanhas cobertas de neve que delimitavam o horizonte. Subitamente, no azul-escuro do firmamento, surgiu, aproximando-se rapidamente, uma nuvem avermelhada.

As orelhas do cachorro ficaram em pé; ele se sentou e dirigiu o olhar inteligente para o dono, enquanto este levantou a cabeça e parecia estar prestando atenção em algo.

A nuvem avermelhada desceu, então, sobre o terraço, e Supramati reconheceu nela Dakhir. Sua figura era airosa, os contornos do corpo não eram totalmente definidos, mas a cabeça era bem delicada e reconhecível.

Supramati virou involuntariamente a cabeça e estremeceu. Dakhir continuava como antes, debruçado sobre o espaldar da cadeira; apenas seu rosto mortalmente pálido e seus olhos vítreos faziam lembrar um cadáver. Supramati olhava horrorizado para os olhos esbugalhados e escurecidos e as mãos geladas e imóveis que adquiriram a cor cérea. Sim, aquilo realmente era um corpo, abandonado por forças vitais.

Com um tremor glacial, desviou o olhar para o espelho. Ali, como anteriormente, estendia-se a paisagem alegre do palácio hindu. Ebramar levantou-se; um sorriso afável iluminou as suas feições bondosas e ele estendeu a mão a Dakhir.

Pelo movimento dos lábios de ambos, Supramati concluiu que eles estavam conversando. Em seguida, Ebramar pegou, de um vaso próximo, uma flor púrpura e a colocou na mão de Dakhir. Toda a cena se passava tão próxima, que a Supramati parecia poder encostar na mão de Ebramar. Nesse instante, este virou-se, sorriu e fez um sinal de saudação como se tivesse visto o jovem médico, depois sentou-se em seu lugar, debruçou-se sobre a mesa e fitou com o olhar pensativo a figura de Dakhir.

Esta recuou e transformou-se novamente numa nuvem avermelhada.

Um minuto depois a visão empalideceu, sumindo, e Supramati ouviu atrás de si um pesado e profundo suspiro.

Ao virar-se rapidamente, ele encontrou o olhar radiante do amigo, que com um sorriso jovial lhe estendeu a flor e disse:

– Ebramar mandou-lhe um abraço e enviou esta flor como lembrança.

Supramati saltou da cadeira e apertou a cabeça com as mãos.

– Ah! – exclamou ele com a voz rouca de emoção. – Isso já não é mais o aparecimento do pensamento, mas uma verdadeira magia. Parece um conto mágico.

Dakhir balançou a cabeça.

– Não, meu amigo! O que lhe parece mágico ou milagroso nada mais é que uma manifestação do pensamento e do corpo astral, segregado com o auxílio da força da mente. Aliás, o que eu lhe mostrei são puras bobagens em comparação com aquilo que se pode e o que se deve alcançar. Quando eu lhe ensinar o pouco que sei, nós nos tornaremos discípulos de Ebramar. Sob a sua orientação, vamos estudar a magia superior e ante nós se abrirão outros horizontes.

– Dakhir! É o orgulho, encoberto por modéstia, que o faz dizer que você alcançou pouco, quando você alcançou a perfeição – rebateu Supramati, novamente se sentando na cadeira e encostando à testa a maravilhosa flor que encheu de aroma todo o laboratório.

Dakhir balançou pensativa e significativamente a cabeça.

– Você me julga mal, porque não tem nenhuma noção sobre a incomensurabilidade do conhecimento que devemos alcançar. Ebramar, que é, sem dúvida, um gigante do conhecimento, um proeminente e sábio cientista para o qual, ao meu ver, não existem mais mistérios no Universo, comparado ao que sou – um pobre pigmeu – , disse-me certa vez: "Quando eu espreito os infinitos mistérios que ainda devo estudar, estremeço na minha ignorância; sinto-me uma insignificante poeirinha cega!!"

– Perdoe-me, irmão, pelas palavras tolas e ofensivas – desculpou-se Supramati abraçando Dakhir. – É que, às vezes, fico tonto neste mundo estranho para onde o destino me jogou tão inesperadamente.

– Não estou nem um pouco ofendido e entendo muito bem o estado de sua alma, pois também passei por tudo isso. Mas por hoje chega! Você está exausto e muito perturbado. Vamos até Nara: sua presença vai acalmá-lo melhor.

A partir desse dia, Supramati iniciou com novo fervor o trabalho. Seu maior anseio era disciplinar os seus pensamentos, e passava horas a fio diante do espelho mágico. E, quando o disco refletiu, pela primeira vez, uma folha verde correta e levemente tingida, Supramati sentiu uma tal alegria inocente, que Dakhir e Nara desataram a rir.

Por outro lado, os estudos das fórmulas mágicas das quais ele nada entendia, de diversos sinais cabalísticos e de uma longa lista de nomes estranhos enfastiavam-no bastante, e só com um esforço constante da vontade obrigava-se a adquirir os conhecimentos que lhe pareciam totalmente inúteis. Não raro ele fraquejava e sentia uma exaustão profunda, que não tinha, aliás, qualquer relação com suas forças físicas, pois, invariavelmente, permanecia forte e em perfeita saúde, mas o trabalho intelectual tornava-se, às vezes, insuportável, ainda que ele tentasse vencer corajosamente esse tipo de fraqueza.

Dakhir observava, atento, o estado de ânimo de seu discípulo e, nos momentos difíceis, facilitava as coisas: ora interrompendo o trabalho por alguns dias, dedicando-os ao descanso e divertimentos, ora substituindo os exercícios – o que também dava excelentes resultados.

A sua profissão anterior não perdeu para Supramati o seu interesse; os estranhos e totalmente novos enfoques da arte de curar e destruir, que lhe eram descortinados pelo seu mestre, interessavam-no tão vivamente como a arte de refletir, a qual estudava com fervor.

Certa vez, enquanto conversavam já por um longo tempo sobre a cura de diversas doenças, Supramati perguntou inesperadamente:

– Explique-me, pelo amor de Deus, Dakhir: por que é necessário ser um bom médico para tornar-se feiticeiro ou mago, ainda que de grau inferior?

– Porque o corpo é o principal objeto sobre o qual se pratica o conhecimento maléfico do feiticeiro e, no entanto, essa indispensável arma da alma é uma máquina muito complexa e exigente. Por isso o mago deve conhecer todos os meios da cura, inclusive os da destruição do corpo. Como médico, você sabe que, para a formação do corpo humano, a natureza utiliza substâncias minerais, vegetais e animais, que são absorvidas por uma mãe durante a gravidez e servem posteriormente para manter a chama daquela gota da matéria primeva que os pais fornecem ao futuro ser no instante da fecundação. A ação de outros agentes poderosíssimos, tais como a cor, o som, o aroma e assim por diante, é ainda pouco conhecida da ciência moderna. Entretanto, a verdadeira ciência médica consiste na habilidade de se utilizar de todos os meios para eliminar do organismo as substâncias inúteis e ministrar aquelas que faltam. Por isso você deve aprender a encontrar, onde quer que seja – na atmosfera e em diferentes reinos da natureza –, forças atuantes capazes de manter a vitalidade de qualquer ser; ao mesmo tempo, deverá aprender os meios de destruição tanto ocultistas como materiais.

– Eu sempre me interessei por Botânica e pelas maravilhosas propriedades das plantas; mas o que ouvi de você comprova que eu pouco sei nesse sentido – observou pensativamente Supramati.

– Isso é bem natural, pois a ciência, na Medicina, coloca as plantas em segundo plano. Em sua crassa ignorância, o homem desdenha os humildes benfeitores da humanidade que crescem aos seus pés. A natureza, em sua sábia previdência, proveu-nos com um meio eficaz contra qualquer tipo de doença. Se os médicos possuíssem uma lupa, parecida com os nossos óculos mágicos, ficariam bem surpresos com as descobertas que teriam feito. Como prova do que lhe digo, vou lhe mostrar algumas ervas e raízes sob os óculos mágicos, pois a sua visão espiritual ainda não está desenvolvida.

Dakhir se aproximou de um grande escrínio de carvalho com arestas de metal e pezinhos de bronze, e o abriu. Todo o interior do escrínio estava subdividido em seções, repletas de ervas, flores secas, raízes, frascos e pedras preciosas.

Supramati inclinou-se e começou a examinar curioso o conteúdo da caixa. Dakhir retirou das seções anexas duas plantas e as colocou sobre a mesa.

– Você quer me mostrar a arnica e a valeriana? – surpreendeu-se Supramati.

– Esperava ver alguma coisa desconhecida, uma planta diferente já pela sua espécie? – indagou sorrindo Dakhir. – Eu escolhi propositadamente as ervas bem conhecidas, nas quais até a sua orgulhosa ciência reconhece propriedades medicinais, ainda que as atribua à medicina popular. Agora pegue os óculos mágicos e contemple estes dois grandes representantes do reino vegetal em todo o seu brilho ocultista. Aquilo que você verá é o grau superior da luz, descoberta por Gellenbach, que é irradiada por objetos e a qual ele chamou de *"od"*. Você sabe que esta descoberta ainda é muito discutida: por enquanto, o máximo que se aceita é que das pontas de dedos e dos cristais emanam raios luminosos de diferentes colorações. Com o auxílio deste instrumento, você verá a força astral que se irradia de cada objeto. Os iluminados a veem imediatamente com sua visão espiritual, o que lhes permite julgar se uma determinada substância faz bem ou mal.

– Deixe que eu veja de novo com os olhos normais esses grandes curadores do reino vegetal, para que eu possa avaliar melhor a diferença que vou ver depois – disse Supramati, examinando atentamente as pequenas flores e as raízes escurecidas da arnica. – Os meus cegos e ignorantes olhos nada viram de especial nestes dois representantes do mundo vegetal – observou sorrindo Supramati, colocando os estranhos óculos.

Subitamente um grito de surpresa e admiração soltou-se dos lábios de Supramati, a tal ponto que a modesta planta modificou o seu aspecto. As pequenas folhas amareladas pareciam estrelas douradas, e o cerne transformou-se numa esfera de cor azulada que vibrava sem parar. Das folhas amarelas, irradiavam-se pequenas fagulhas elétricas que, atravessando a névoa azulada, parecia urdirem na atmosfera um tecido tão fino como uma teia de aranha, que cobria a planta com um véu brilhante que vibrava, recortado por faíscas.

— Está vendo esse trabalho surpreendente? É o tecelão fluídico. Ele renova e repara os tecidos danificados, tanto fluídicos como materiais, causados por ferimento, pancada e assim por diante. Daí vêm as suas propriedades maravilhosas que curam as feridas e previnem más consequências de fraturas e machucaduras. O aroma vivificante da arnica desinfeta imediatamente o local danificado, enquanto a pequena máquina elétrica faz debandar o sangue que se acumula em função da pancada, substituindo, onde for necessário, a substância vital e restabelecendo o tecido. Além disso, a arnica tem a faculdade de atrair e acumular uma grande quantidade de calor solar. Você não pode imaginar os efeitos poderosos que exercem as forças deste modesto curador sobre o organismo do homem, e até sobre plantas, quando se sabe utilizá-lo para tratar de flores quebradas, amassadas ou que estão por morrer de esgotamento. No entanto, não vou esconder, o estudo de todas as propriedades medicinais dessa planta é um trabalho enorme. Agora vamos examinar a valeriana – acrescentou Dakhir, substituindo a arnica pela valeriana.

Concentrado e em silêncio, Supramati inclinou-se sobre o tubérculo, que imediatamente mudou de aspecto. Estava agora vermelho feito sangue. Era atravessado por grossas nervuras com nódulos elétricos. Cada uma das raízes parecia salpicada de fagulhas, e no centro ardia uma pequena chama tremeluzente, a partir da qual se estendiam, pelas nervuras, fios ígneos. De toda a planta emanava uma luz púrpura reverberando em ouro e que formava ao seu redor uma larga aura.

— A chama astral acumulada nesta planta, sendo introduzida no corpo, suscita a vitalidade, acalma e aquece o organismo, agindo principalmente sobre as funções do cérebro e funcionamento do coração – disse Dakhir, tirando do amigo os óculos mágicos e guardando-os na caixa.

— Provavelmente outras plantas são menos dotadas do que estes dois príncipes do reino vegetal! – observou Supramati.

— Sim e não! Algumas plantas têm aplicação específica, mas não existe uma folhinha, um vegetal qualquer que não possua alguma qualidade benéfica ou maléfica. E isso é totalmente normal, pois a planta retira para si as forças de tudo que a cerca; da atmosfera, os fluidos das estrelas; do solo, os seus minerais; da água, os seus sais: tudo serve para a sua formação.

"Todos esses elementos com as suas riquezas inesgotáveis, curativas ou destrutivas, estão à disposição do mago superior e proporcionam-lhe um poder praticamente fantástico, se ainda acrescentarmos o aroma, os sons e as cores – esses grandiosos geradores do universo – , que somente ele pode e sabe comandar. Nós, no entanto, só podemos aprender a utilizar as forças primárias estudando os fundamentos ocultos do poderoso Mal, que se espreita no caos que nos cerca.

"E, assim, precisamos aprender a fazer o mal, sem ousar, entretanto, empregar esse poder; devemos estudar as forças destrutivas, submetê-las a nós e fazer uso de nosso conhecimento para combatê-las."

— Se eu o entendi bem, estamos na condição de um homem "honesto" que sabe como roubar para obter alguma coisa, mas encara esse ato como um crime vergonhoso; ou que sabe como matar para saciar a sede de vingança, mas por nada neste mundo sujaria as suas mãos com isso.

— Você formulou corretamente o meu pensamento, caro Supramati! A familiarização com o mal oculto não é feita para praticar o mal – o que seria indigno para a mente que almeja a luz. Possuir o poder de fazer o mal e nunca praticá-lo é uma virtude sublime da consagração superior.

— Por que é admitido um relacionamento entre o mundo terreno com o medonho mundo dos espíritos inferiores? – indagou Supramati. – Se os bons espíritos superiores se comunicassem com as pessoas e as instruíssem, quanto mal poderia ser evitado!

Dakhir balançou a cabeça.

– A sua pergunta confirma a sua ignorância do mundo do além-túmulo. É impossível erguer uma parede entre dois mundos tão intimamente ligados entre si.

"Os seres que se libertam do corpo e passam ao outro mundo permanecem ligados à Terra por uma infinidade de elos de amor, ódio e hábitos, e são atraídos ao mesmo local em que habitavam. A morte não consegue quebrar esses elos, pois cada coisa, cada pensamento, cada ser, bom ou mau, desprende uma substância astral que forma uma união sólida. Os assim chamados 'mortos' são seres invisíveis, mas não ausentes; e, para um olhar espiritualizado, aqueles que são considerados para sempre desaparecidos no abismo ignoto encontram-se entre nós.

"Quando você visitar o mundo invisível que nos cerca de todos os lados, cujo pedacinho foi visto por Dante, e que merece o nome que tem: o 'inferno', então você terá condições de formar uma noção sobre a vida ali reinante, sobre as lides que ali são travadas e sobre as tempestades que ali se desencadeiam, cujo ruído o nosso grosseiro ouvido não consegue apreender. Sem escutar e sem nada enxergar ao redor, além da atmosfera límpida e tranquila, pretensiosamente povoada no máximo com bacilos e átomos da poeira, o homem imagina inocentemente viver e reinar sozinho num espaço vazio, que forma, em sua concepção, o Universo."

– Nara já me mostrou uma enormidade de seres que se apinham ao nosso redor. Confesso que fiquei arrepiado ao ver aquele mundo estranho com seus mistérios surpreendentes – adicionou Supramati.

– Sim, a primeira esfera, a que envolve o nosso planeta, é um lugar bem desagradável, e você só viu a sua superfície. Eu espero apresentá-lo a alguns chefões das corporações infernais – "demônios", segundo a opinião dos homens. Naquele mundo, posso lhe oferecer uma proteção. Nas esferas superiores, você será introduzido algum dia por Ebramar ou por alguém dentre os iluminados, do mesmo grau.

– Oh! Quando é que você me apresentará aos senhores demônios?

– Muito em breve, pois estou vendo que você está cansado de decorar as palavras cabalísticas e sinais simbólicos dos quais nada entende – troçou Dakhir rindo.

– Isso é verdade! Confesso que fico agastado em ter que repetir feito um papagaio aquelas palavras sem sentido – concordou Supramati.

Depois ele acrescentou com uma leve hesitação:

– Diga-me, o aspecto externo daquelas criaturas do inferno é muito horripilante?

– A primeira impressão que se leva da visita àquela esfera infernal é terrível! Eu conheci uma pessoa que, sem uma preparação necessária, penetrou naquele mundo, vindo a morrer vinte e quatro horas depois; seus cabelos ficaram brancos em poucas horas. Quanto a você, não precisa temer coisas assim! Você é imortal e as suas madeixas escuras não perderão a maravilhosa tonalidade.

– Isso me conforta, caso contrário eu teria de ficar grisalho por toda a vida planetoide – arrematou gargalhando Supramati.

– Oh, não! Existe um meio de devolver aos cabelos a sua cor anterior e, ao organismo, o vigor da juventude, até para os mortais comuns.

– E você conhece tais meios, Dakhir?

– Tenho algumas indicações: a verdadeira receita desse milagroso elixir, que os iniciados superiores possuem, ainda desconheço. A propósito, quero lhe contar uma história bem singular, da qual fui testemunha e que ilustra bem as minhas palavras...

Certa feita, eu passei alguns meses com Ebramar. Todos os dias nós realizávamos passeios pelos arredores, durante os quais ele me distraía com suas conversas, sempre interessantes e instrutivas.

Numa dessas excursões, fomos parar mais longe que de costume; eu precisava descansar e estava morrendo de sede.

Ebramar, que, como você sabe, lê os pensamentos, imediatamente disse:

– Aqui perto vivem algumas pessoas humildes. Descansaremos na casa delas!

E, de fato, depois de alguns minutos de caminhada, vimos umas casinholas, imersas na vegetação.

Entramos no primeiro casebre que encontramos, pertencente a uma mulher muito velha. A mulher providenciou-nos apressada pão e leite. Ao partirmos, eu lhe dei uma moeda de ouro.

Enquanto ela se desfazia em agradecimentos, Ebramar observava-a sorrindo.

– Eu também, vovozinha, não quero ficar sem agradecer pela hospitalidade. Peça-me qualquer coisa: sou um mago e posso atender ao seu desejo.

A velha olhou curiosa e desconfiada para ele, e depois disse meio insegura, meio marota:

– Meu bom homem! Se o senhor é realmente um mago, faça com que eu tenha dentes. Se soubesse como é difícil comer pão velho tendo somente um dente!

– Só isso? Com prazer! – fez Ebramar.

E, assim falando, tirou do bolso um saquinho – que, você sabe, ele carrega sempre consigo – , retirou dele um frasco e colocou algumas gotas numa ânfora de barro com água.

A água adquiriu um aspecto leitoso.

– Guarde a ânfora num lugar escuro e fresco – disse Ebramar. – Durante nove dias, faça um gargarejo com esta água três vezes por dia: de manhã, ao meio-dia e à noite. Daqui a seis semanas, apesar de sua idade, você será capaz de roer nozes, comer cascas, mesmo de árvores.

Eu estava muito interessado e decidi saber sobre o efeito do remédio seis semanas depois. Mas, naquela época, eu tinha tanta coisa para estudar que se passaram alguns meses antes que eu pudesse realizar a excursão planejada.

Encontrei a velha sentada em frente do casebre. Ela parecia ter rejuvenescido e comia com apetite um pedaço grande de pão, que não me pareceu ser muito fresco.

– Bem, e como estão os dentes? – perguntei.

Ela levantou-se rapidamente e exclamou alegre:

– Que Brahma e seu enviado, o mago divino, sejam abençoados! Graças ao seu remédio, agora eu tenho dentes de que até meus netos podem invejar.

A velha abriu a boca e mostrou duas fileiras de dentes, brancos como pérolas, que formaram um estranho contraste com o seu velho rosto cheio de rugas.

– Eu fiquei enxaguando com tanta parcimônia, que consegui economizar a água milagrosa para compartilhá-la com minha velha irmã. Ela também está com dentes novinhos em folha – acrescentou ela.

Ao voltar para casa, relatei o encontro a Ebramar e lhe pedi que me desse a receita ou pelo menos um frasco daquela substância. Ebramar riu da minha empolgação, mas recusou-se.

– Você não está pensando em fazer fortuna na Europa, vendendo dentes aos imprestáveis perdulários ou às despreocupadas coquetes, já que você não corre esse risco – observou ele malicioso.

– O assunto terminou assim, mas eu sei que ele possui remédios incríveis, que deixariam os médicos boquiabertos. Durante os nossos passeios, eu vi como ele curou, com incrível rapidez e sem qualquer operação, alguns cegos, sendo que dois deles sofriam de catarata. Quanto à cura dos paralíticos, isso para ele é brincadeira de criança.

– Como é que ele cura a catarata? – indagou Supramati, empalidecendo de perturbação.

– Ele umedece o globo ocular com um líquido de coloração esverdeada. Depois coloca nos olhos uma venda e leva o doente para um local onde os raios solares não o alcancem. Após um determinado período de tempo, dependendo da gravidade do caso, o enfermo levanta-se com a visão restabelecida.

Alguns dias foram dedicados ao descanso em companhia de Nara. Posteriormente, Dakhir e Supramati mudaram-se para o laboratório com o intuito de se prepararem para o encontro planejado com os altos funcionários do mundo do além-túmulo.

Eles fizeram um regime alimentar específico, que não foi do agrado de Supramati, pois todos os pratos servidos tinham sabor picante e aromático. Ademais, ele tinha de ficar todo o tempo na escuridão, e o óleo da única lamparina do quarto exalava um cheiro forte e irritante. Por fim, Dakhir prescreveu banhos quentes, colocando na água ervas aromáticas – o que sempre provocava uma sensação de asfixia em Supramati.

Não estivesse ele tão interessado no encontro com os seres do "outro" mundo, teria se enfastiado; mas as conversas com o amigo animavam-no e excitaram ainda mais o seu interesse, de forma que não via a hora que os nove dias de preparação terminassem.

Finalmente chegou o dia. Um pouco antes da meia-noite, eles colocaram um traje de malha preta e toucas da mesma cor, semelhantes a coifas da Idade Média, que se aderiam totalmente na cabeça e encobriam os cabelos. Em seguida, Dakhir pendurou no pescoço o bastão mágico e ambos passaram ao laboratório.

Ali acenderam quatro velas e trempes com ervas aromáticas, que ardendo com estalos difundiam uma fumaça densa e acre. A seguir, Dakhir com o amigo vieram para dentro do centro do círculo mágico, fora do qual havia duas cadeiras.

Erguendo os dois braços, Dakhir pronunciou cadenciadamente as fórmulas da evocação, já conhecidas de Supramati, e, quase imediatamente, na ponta do bastão, fulgiu uma chama vermelho-sanguínea. Então, utilizando o bastão como uma pena, Dakhir desenhou no ar um sinal cabalístico, cujas linhas, fosforizando, vibrando e estalando feito fogos de artifício, projetavam-se na atmosfera.

Um minuto depois, formou-se no ar uma nuvem que logo se densificou numa espiral de fumaça negra, mas dissipou-se, fazendo surgir a figura colossal de um homem: sua roupa cheia de pelos, bem aderida ao corpo, delineava formas musculosas e peito largo.

Asas vermelho-sanguíneas erguiam-se atrás de suas costas, e dos ombros caía uma capa vaporosa cinzenta que se estendia por trás, perdendo-se na penumbra. A capa parecia ter sido urdida de um número infindável de rostos humanos, cujos contornos imprecisos se fundiam num só, e apenas seus olhos fosforescentes feito brilhantes ardiam na massa nevoenta.

Os traços regulares do rosto comprido e magro transbordavam de astúcia e força poderosa: os olhos brilhavam como fogo abrasador, enquanto dois feixes fosforescentes, que se irradiavam de sua fronte, tinham o aspecto de chifres curvados.

– Saúdo-o, Sarmiel! – pronunciou Dakhir fazendo uma mesura ao estranho indivíduo, que tinha o aspecto de pessoa real.

Em seguida, virando-se para Supramati, que calado e pasmo examinava o visitante, acrescentou:

– Estenda a mão, irmão, ao seu novo aliado, senhor dos espíritos que erram na primeira esfera do nosso planeta. A ele são submissos milhões de criaturas maléficas, invisíveis, descontentes, revoltosas e nocivas, descartadas para o espaço depois de uma vida cheia de leviandades e delitos. Ele o servirá e ajudará quando for necessário.

Dominando o tremor interno, provocado pela visão daquela inusitada criatura, Supramati estendeu a mão.

No instante em que os dedos deles se juntaram sob o círculo mágico, do bastão de Dakhir espargiu uma chama que, à semelhança de uma flecha ígnea, perfurou as suas mãos, selando assim a aliança celebrada.

Um sorriso enigmático percorreu o rosto do terrível demônio, e o seu olhar flamejante pareceu querer sugar o rosto pálido, mas decidido, de Supramati.

– Não me tema! – disse ele em voz sonora e gutural. – Quando você conhecer os meus súditos, convencer-se-á de que em suas almas há tanto bem quanto mal. Não nos erguem capelas; não se defuma o ládano em nossa homenagem; não nos entoam hinos de louvor, no entanto, nenhum crime, nenhuma queima ou desgraça é perpetrada pelas nossas mãos. Somos apenas "demônios", e todos ignoram como é difícil o nosso trabalho para o bem de nossos irmãos na humanidade... Aliás, é sempre assim! A gratidão é para os benfeitores consagrados, canonizados; aos carrascos amaldiçoam-se e aos juízes glorificam-se.

Um toque de zombaria soava nas palavras do gigante. Recusando-se com um gesto brusco a sentar-se na cadeira e continuar a conversa, o espírito deu um passo para trás. Pela sala passou silvando uma rajada fria de vento, e a visão desapareceu na coluna de fumaça negra.

Quando se dissipou o último remoinho da névoa negra, Dakhir pronunciou uma nova fórmula de invocação e desenhou no ar um novo sinal cabalístico. Um minuto depois, junto ao círculo mágico, apareceu outro espectro.

Não era um gigante como o seu predecessor. Era um jovem alto e esbelto; o traje vermelho que aderia ao seu corpo delineava suas formas maravilhosas. Seu rosto pálido e transparente distinguia-se por uma beleza funesta. Nos grandes olhos negros e impenetráveis fulgia uma expressão de energia invencível, misturada com uma fria crueldade. O sorriso que brincava em seus lábios purpúreos e os dentes alvos como pérolas denotavam algo realmente diabólico.

Uma touca justa cobria-lhe a cabeça, e sobre a fronte, entre duas chamas, erguia-se uma cruz brilhante em forma de chifres. No pescoço havia uma corrente multicolor da qual pendia, sobre o peito, uma grande estrela de ouro. No braço, enrolava-se uma corda com uma flecha ígnea na ponta do laço.

Atrás dele, via-se uma larga auréola refulgindo como uma chama de incêndio. Ali, envoltos em névoa fumacenta, estavam postados dois seres em malha negra e cintos vermelhos, longas chamas tremeluzentes atrás das costas e pequenos crucifixos na fronte. O recém-chegado estendeu a mão de beleza clássica, fina e branca, de dedos delgados, e Supramati, quase maquinalmente, estendeu a sua – imediatamente um relâmpago selou a aliança entre eles.

Desta vez, Dakhir fez uma mesura com visível respeito e disse a Supramati:

– Esse com quem você celebrou a aliança é o Rei das Larvas. Você não precisa saber o nome dele, porque bastam símbolos e fórmulas sagradas para que você possa, quando for necessário, chamar em seu auxílio tanto ele como um dos seus subordinados. Você ainda não tem uma noção exata do que são larvas, essas asquerosas e nocivas criaturas que povoam o mundo invisível à espreita dos vivos para destruí-los. Para domá-las, é necessário existir um poderoso senhor, tal qual é o seu novo aliado.

Mais sociável que o seu predecessor, o senhor das larvas sentou-se na cadeira a ouvi-los, brincando com o anel decorado com uma gema vermelha como uma gota de sangue.

Com as últimas palavras de Dakhir, uma expressão mista de zombaria e cansaço esboçou-se pelo belo semblante do espírito.

– As suas palavras, Dakhir, ainda são uma letra morta para o seu discípulo – disse ele com um leve sorriso. – Nele ainda estão por demais vivos "o homem caduco" e o psiquiatra moderno, para que possa penetrar no nosso mundo, rejeitado tão categoricamente pela "imaculada" ciência, que só admite aquilo que pode apalpar, pesar e dissecar com bisturi.

– Você tem razão! O irmão Supramati ainda é cego em muita coisa, mas ele tem vontade e obstinação – argumentou Dakhir. – Para crer e entender é necessário enxergar. Eu calculo que em breve estarei com ele em seus domínios e espero que você possa mostrar-lhe a maléfica atividade das larvas e o modo como você as amansa.

– Venham, terei prazer em mostrar-lhes o meu reino – prontificou-se sorrindo o estranho visitante. – Vocês escolheram uma hora bem oportuna para a visita. A Terra envia-nos profusamente belos exemplares dessas "maravilhosas" criaturas, e os encarnados se esmeram em acertar-lhes o gosto. Temos trabalho à beça, pois você mesmo sabe que não há nada mais difícil do que arrancar pessoas de uma mesa bem servida. Até mais!

Ele levantou-se, fez um gesto de despedida e pareceu ter afundado na penumbra vermelha, que, em seguida, dissipou-se.

— Eu lhe mostrei dois terríveis zeladores da ordem, senhores dos exércitos do Mal – disse Dakhir, sorrindo ao ver o rosto perturbado e desnorteado de Supramati. – Agora nós chamaremos ainda alguns chefes dos operários das corporações e espíritos inferiores, tais como animais e outros seres.

Ante o olhar surpreso, mas agora menos medroso de Supramati, desfilou uma série de criaturas, uma mais medonha que a outra no que dizia respeito à sua forma e cor. Ele, provavelmente, sentia aquilo que devia ter sentido o primeiro cientista que descobriu com o auxílio do microscópio o novo mundo, inacessível ao olho comum.

Por fim, a diversidade e enormidade de símbolos e formas que Dakhir pronunciava com corajosa segurança (todos os visitantes o conheciam e ele conhecia a todos) cansaram Supramati; apesar do febril interesse com que ele ouvia e olhava tudo aquilo, sentiu algo semelhante a uma fraqueza.

Ao notá-la, Dakhir anunciou que para aquele dia já era o suficiente, e ambos retornaram ao quarto. Ele deu a Supramati uma taça de vinho e ordenou-lhe que tomasse um banho.

— Agora, antes de iniciarmos alguma coisa, eu lhe darei uma folga para descansar. Vamos! Nara espera-nos para jantar. Você mereceu a companhia dela – acrescentou ele dando uma risada.

Supramati, como num sonho, seguiu Dakhir. Sua cabeça estava tonta com todas as impressões vividas. Teria ele sonhado ou tudo havia acontecido de fato? Ele, temeroso, apertou com as mãos a testa, coberta de suor gelado, e em sua mente passou o pensamento: não teria ele perdido o juízo e assim já estava no manicômio, ou não teria sido criação de seu cérebro doentio toda aquela estranha epopeia com o elixir da longa vida e todas as consequências de seu encontro com Narayana?

Uma sonora gargalhada de Dakhir tirou-o das reflexões.

— Não se assuste! Você não está louco. Tudo, inclusive a sua encantadora esposa, é pura realidade.

Um minuto depois já estavam no refeitório onde os esperava Nara.

A dona de casa estava alegre e como sempre encantadora. Ela beijou o marido, mas, quando ele quis contar-lhe sobre o que vira e ouvira durante o tempo da ausência, Nara o interrompeu:

– Vamos jantar! Suas impressões você poderá contar depois do jantar. Dakhir deve tê-lo alimentado mal e você está com fome.

– De fato, o nosso cardápio deixou muito a desejar – brincou Supramati.

Após o jantar, que Supramati achou delicioso, todos foram à sala de estar. Quando se acomodaram diante da lareira, Nara perguntou:

– E então? Você viu a Sua Excelência, o senhor das larvas? Como ele é bonito, não é verdade?! Ele seria bem sedutor, não repousasse sobre ele essa responsabilidade nojenta.

– Você não quer me obrigar a ter ciúmes ao admirar tão abertamente a beleza do Rei das Larvas! – observou sorrindo Supramati, beijando a mão da esposa.

Instantes depois, ele arrematou:

– Eu gostaria de formar uma noção melhor sobre as larvas. Tudo o que eu sei delas é muito pouco.

Nara tornou-se séria.

– Larva, meu amigo, é Narayana: é um ser que, à semelhança da hiena, aproxima-se sorrateiramente de uma pessoa para alimentar-se de seu sumo vital, sugerir-lhe suas próprias paixões insatisfeitas e arrebatá-la ao sorvedouro da pobreza moral e padecimentos físicos. Aquele que você viu é um grande benfeitor da humanidade. Seu nome é desconhecido na Terra; ninguém sabe quantas vítimas conseguiram se salvar graças à energia daquele espírito – um trabalhador incansável que ajuda, salva e liberta os infelizes.

"Ele tem que ser visto em ação. Corajoso e frio, ele vence e submete a si os seres mais vis, perigosos, maléficos e asquerosos que vagueiam na atmosfera terrestre saturada de decomposições. A tarefa é nojenta! Imagine que você tenha que combater de frente os leprosos; e esta expiação, a que ele se propôs, às vezes, parece-lhe por demais pesada, mas ele busca forças em sua energia de ferro."

– Sim, na energia, e também na crueldade – observou Supramati.

– Naquele meio em que ele age, ambas são necessárias. Você nem pode imaginar o que acontece na primeira camada atmosférica que envolve o nosso globo terrestre. Você entenderá melhor quando fizer uma excursão ao mundo desconhecido.

– Será pior do que aquilo que você me mostrou em Veneza?

Oh, sim! Ainda mais, porque é totalmente diferente – assegurou rindo Nara.

CAPÍTULO 4

Após duas semanas dedicadas ao descanso, e que passaram num clima de animação, Dakhir disse certa manhã que era hora de reiniciarem o trabalho, pois eles teriam que fazer a excursão ao mundo invisível, o que exigiria preparativos especiais.

Ao entrarem no quarto contíguo ao laboratório, Supramati quis saber que tipos de preparativos seriam necessários para a viagem à zona do além-túmulo.

– Para penetrarmos no mundo invisível, é preciso, antes de tudo, nos livrarmos da carga do corpo...

Supramati desatou a rir, mas Dakhir prosseguiu imperturbável:

– Eu o entendo. Parece-lhe ridículo o que eu acabei de dizer; entretanto, a magia dispõe de recursos que nos deixam naquele estado, parecido com o de um morto...

– É simplesmente impossível!

— Não é tão impossível como parece. Um estado semelhante acontece com os sonâmbulos, como se perdessem o seu peso e adquirissem uma leveza extraordinária. Muitos já viram como eles conseguem passar por aberturas, intransponíveis para os outros, galgar telhados e passear pelas cornijas em que mal cabe o pé de um homem. Em outras palavras, eles andam incólumes por onde quer que seja, contanto que não sejam assustados. A diferença é que nos sonâmbulos esse estado é involuntário; eles não podem provocá-lo mesmo que queiram, enquanto que um mago dispõe desse recurso seguro e conhece as leis que devem ser acionadas; assim, ele alcança resultados bem melhores. Desta forma, o mago consegue praticar a levitação, andar pela água, diminuir as distâncias correndo na velocidade de um pé de vento e outras coisas. Nos Atos dos Apóstolos, cita-se o caso do mago Simão, que se elevava no ar.

— Sim, mas com a ajuda do demônio! — sorriu Supramati.

— Ainda que fosse! Aos ignorantes e cegos, cheios de preconceitos, as forças desconhecidas sempre parecem obras do demônio ou contos de carochinha — observou com desprezo Dakhir.

Com a chegada da noite, Dakhir levou Supramati a um quarto que este ainda não havia visto antes e fechou a porta atrás de si com tanto cuidado, que dessa não ficou um mínimo sinal por fora — a parede parecia inteiramente maciça.

— Aqui nós temos um laboratório preparado para a viagem que vamos empreender. O ar ambiente tem uma composição especial. Vamos sentar e conversar até meia-noite, até chegar a hora de lhe dizer o que fazer.

Supramati olhou em volta, mas nada conseguiu enxergar. O quarto estava escuro; não havia nem velas nem lâmpadas acesas, apenas através de uma janela gótica penetrava uma penumbra noturna pálida. Junto à janela havia duas cadeiras.

Dakhir, que parecia conhecer o ambiente, levou o seu amigo para perto da janela; eles se sentaram e começaram a conversar.

A lua subiu e a sua pálida mas viva luz inundou o quarto, permitindo que Supramati o examinasse detalhadamente.

A sala tinha um formato circular, praticamente do mesmo tamanho que o laboratório; no centro havia uma espécie de pavilhão com paredes de vidro. Mais adiante, no fundo, divisava-se uma piscina onde jorrava um chafariz, cujo jato brilhava em luzes coloridas ao luar.

Quando o velho relógio do castelo bateu a meia-noite, Dakhir levantou-se.

– Vamos! Precisamos tomar um banho.

Ele despiu-se rapidamente e pulou na piscina. Supramati não se fez de esperado e seguiu o seu exemplo.

Parecia-lhe que nunca se sentira tão bem. A água não estava fria mas primava por seu incomum frescor. Ela parecia acariciar o corpo e fortalecer cada fibra do ser. O peito respirava com uma extraordinária leveza e todo o corpo parecia leve, flexível e forte como nunca.

Supramati bem que ficaria por toda a noite naquela maravilhosa piscina, mas Dakhir, após alguns minutos, ordenou:

– Já é suficiente! Saia e se vista!

Ele apontou para um objeto de tamanho não maior que um lenço dobrado em quatro, que estava sobre a mesa.

Supramati olhou desconfiado para o objeto apontado e em seguida observou rindo:

– Escute, meu amigo! Uma pessoa do meu tamanho vai caber naquilo?

– Fique calmo! Sou tão alto como você e a indumentária está de encomenda. Veja só! Antes de tudo você deverá abri-la e colocá-la pelos pés.

Balançando a cabeça, Supramati desembrulhou o pacote e tirou um traje parecido com uma malha, incluindo até um capuz para a cabeça; entretanto, pelo tamanho, nele mal caberia uma criança de dois anos. Sua desorientação aumentou ainda mais quando Dakhir vestiu o traje, que se assentou facilmente em todo o corpo.

Sem mais hesitar, Supramati começou a vestir a malha, que se verificou extraordinariamente elástica. Era feita de um tecido muito fino e macio, como uma cambraia das mais delicadas, e a sensação era de se estar vestido numa pele acetinada.

A malha assentou-se justa no corpo, sendo que não só os braços estavam cobertos mas também a cabeça, ficando aberto apenas o rosto. Não obstante, o traje não tolhia os movimentos e, apesar de toda a sua leveza, era quente como pele e pinicava todo o corpo, como se da vestimenta irradiasse corrente elétrica. A sensação geral era de que a malha houvesse aderido à própria pele, adquirindo uma coloração cinza-prateada.

– É, é até difícil imaginar uma roupa mais estranha que esta. De que é feita? Nunca vi nada parecido – disse Supramati, fazendo uma série de movimentos para certificar-se de que ela não os dificultava realmente.

– Oh! Existe muita coisa que você ainda não viu, meu caro doutor Ralf Morgan. Esse tecido é difícil de ser encontrado em Londres. Nós o chamamos de "pele dos espíritos" – devolveu rindo Dakhir.

– Com os diabos! Fiquei na mesma, meu caro mestre! Então os espíritos trocam de pele feito as cobras, enquanto vocês a aproveitam para traje de viagem ao reino das sombras?

– Exatamente! Esse traje é indispensável para nos embrenharmos nas cidades dos mortos, no espaço da quarta dimensão – explicou Dakhir, abrindo uma das paredes do pavilhão de vidro e convidando o amigo a segui-lo.

Supramati viu-se num quarto vítreo, iluminado pela suave luz azulada do luar. No centro havia uma mesa de vidro e duas cadeiras. Sobre a mesa, numa caixa aberta, viam-se duas taças, cheias de líquido flamejante da cor de safira, e duas roscas doces.

– Sentemos e tomaremos ao êxito de nossa viagem – propôs Dakhir, acomodando-se na cadeira.

Ao dizer isso, ele secou de um gole a taça, e Supramati seguiu-lhe o exemplo. O líquido que ele tomou parecia fogo, mas não ardia; seu gosto lembrava um forte vinho envelhecido. Mas o que realmente deixou-o admirado foi o gosto da massa escura. Ela derretia na boca, era suave feito mel, e de sabor e aroma lembrava rosas, lírios, baunilha e outros elementos cheirosos.

Dominado por agradável languidez, Supramati recostou-se no espaldar da cadeira; uma sensação de bem-estar jamais experimentada se apoderou dele. Uma brisa refrescante soprou-lhe no rosto, em seguida ergueu-o e, balançando suavemente, o levou ao espaço.

Quanto tempo perdurou aquele inconsciente esquecimento cheio de deleite, ele não tinha a menor noção. Abrindo os olhos, ele viu que ainda estava sentado na cadeira, a porta do pavilhão encontrava-se aberta e atrás da soleira estava Dakhir, mas a Supramati pareceu que ele estava pairando no ar.

– Vamos! Está na hora – disse Dakhir.

Supramati levantou-se e imediatamente soltou um grito ao perder o equilíbrio. Ele levantou-se no ar e deu algumas cambalhotas, e, quanto mais ele tentava se pôr em pé, tanto mais se virava pairando no ar. Sem parar de dar cambalhotas, ele se debatia feito alguém que se afogava.

Assustado, Supramati começou a gritar, enquanto Dakhir ria feito um louco. Enraivecido pelas gargalhadas ofensivas do amigo e mentor, ele resmungou ofegante:

– Não é hora de rir, quando estou arriscado a quebrar o pescoço!

– Oh! Você não corre esse risco. Será que você se esqueceu de que é imortal? – atalhou Dakhir, sem parar de rir.

Pegando Supramati pelo braço e apoiando-o, ele disse:

– Ande, pois, como você anda normalmente!

Eles deram alguns passos juntos.

– Ouça! – observou Supramati. – Eu não sinto nada embaixo; parece que estou andando sobre molas que se dobram aos meus pés.

– Chega! Não fale besteira, meu caro doutor! Você se esqueceu de que eu lhe disse que o nosso corpo perderia a gravidade? Agora estamos, por assim dizer, pairando no ar.

Supramati olhou em volta. Ao ver ao redor de si um escuro espaço aberto, ele desvencilhou-se da mão de Dakhir, soltou um grito surdo e começou a fazer um esforço desesperado para se agarrar a alguma coisa.

— Que mania de gritar a toda hora! Por que é que você está gritando? Está com medo de machucar-se? Entenda que ao perder a gravidade você não poderá nem cair nem bater em nada, ainda que o joguem contra o chão.

Ao finalizar as palavras, Dakhir bateu fortemente em sua nuca. Supramati deu uma cambalhota e desceu até o chão, mas quase que imediatamente subiu, feito uma pena, até a altura de seu companheiro. Apesar da observação justa de seu mentor, ele não conseguiu conter um novo grito. Desta vez riu de seu próprio mau hábito e acrescentou, pegando Dakhir pelo braço:

— Já estou começando a me acostumar a manter o equilíbrio! Assim, podemos ir! Mas... para onde iremos? Vamos conhecer algum planeta?

— Oh! Você ainda terá muito tempo para empreender uma viagem tão longa. Agora vamos nos limitar a fazer uma visita aos cinturões atmosféricos que cercam o nosso planeta, ao mundo ignoto ao olho de um homem comum.

Eles se aproximaram da janela, que Dakhir abriu acionando uma mola escondida na parede. Uma forte rajada de vento que invadiu o quarto jogou-os para trás e, em seguida, arrebatou-os para fora.

Cerca de um minuto rodopiaram no ar. Tudo em torno deles assobiava, crepitava e soava estranhamente. Subitamente, a cinzenta atmosfera em volta se abriu num crepitar seco, deixando antever um espaço inundado de luz vermelha. Ao mesmo tempo, até aos ouvidos de Supramati chegaram sons caóticos e desafinados, enquanto um sopro de ar fétido o envolveu, tolhendo-lhe a respiração.

— O que isso significa? Onde estamos? — indagou Supramati, olhando surpreso para o espaço infinito que se estendia diante deles, imerso em luz purpúrea.

— É o espaço da quarta dimensão, os domínios dos desencarnados — respondeu sorrindo Dakhir.

— Consequentemente, neste momento nós somos uma espécie de defuntos?

– Não deixa de ser! Estamos penetrando no reino deles e vivemos a impressão semelhante àquela que experimenta um espírito que abandona o invólucro carnal.

Em meio a essa conversa, uma corrente poderosa continuava a arrastá-los com velocidade estonteante. Parecia a Supramati que eles se aproximavam de uma cidade cujas construções emergiam da penumbra avermelhada.

Descendo com a mesma rapidez, eles se viram numa rua emoldurada por casas altas de contornos indefinidos. Em volta delas apinhavam-se homens e mulheres de todas as idades e posição social, inclusive crianças e animais. Todos corriam, empurravam-se e parecia estarem ocupados com alguma atividade febril. Nos rostos nutridos estavam congeladas expressões de preocupação, os olhos ardiam, mas era difícil entender para onde, de fato, corria aquela multidão. Estavam vestidos em diferentes tipos de trajes ou simplesmente cobertos em trapos pretos; mas a maioria estava nua e tinha aspecto repugnante.

Muitos daqueles sujeitos ora sumiam dentro de casa, ora corriam de novo para a rua.

– São todos espíritos, correto? – informou-se Supramati.

– Sim, nós viemos parar numa grande cidade, mas qual... não sei lhe dizer, pois não estamos em condições de uma vida material e estou com dificuldade de me orientar de imediato. Assim, o que nós podemos ver bem são as casas invadidas por espíritos para satisfazerem, na medida do possível, os seus desejos carnais. São os descarnados que, como você vê, correm perdidos em todas as direções, invejosos dos vivos, cheios de todos os desejos animais. São criminosos indolentes, cuja vida passou inutilmente e que agora estão repletos de ódio e inveja em relação aos encarnados.

– E quem são aqueles que se atiram para todos os lados feito loucos, com olhar desorientado e assustado?

– São os tolos que não querem entender que estão mortos e procuram por suas casas. Mas vamos adiante! Aqui não há nada de interessante – acrescentou Dakhir.

Enquanto eles prosseguiam, já mais devagar, Supramati perguntou:

– Por que a atmosfera que nos envolve está tingida em cor vermelha?

– É o reflexo das emanações carnais aqui acumuladas – respondeu Dakhir, detendo-se diante de uma grande casa com entrada imponente.

Sem tocar com os pés nos degraus da escada, eles entraram numa imensa sala, profusamente iluminada, onde estava em vias de terminar o banquete de um grande número de cavalheiros e damas. A mesa com prataria, louça de cristal e flores era uma desordem geral. A imensidão de garrafas vazias, os rostos vermelhos dos comensais, seus olhares embaciados e aflitos eram uma prova de que as oferendas de vinho em homenagem a Baco tinham sido abundantes. Alguns homens dormiam roncando alto.

Desta vez, diante de nossos viajantes estavam pessoas vivas, ou melhor, encarnadas, como comprovava a vivacidade das cores, a definição dos contornos e a solidez dos corpos.

Entretanto, em volta deles comprimia-se um grande número de criaturas repugnantes que pertenciam ao mundo do além. Elas grudavam-se aos encarnados e aos pratos de comida que estavam sobre a mesa. Os olhares vorazes que as criaturas lançavam para os comensais e para os restos da comida denotavam claramente o quanto nelas ainda estavam vivos todos os desejos carnais; algumas encostavam seus lábios roxos à boca dos vivos, aspiravam-lhes o sumo vital, o qual, em forma de um vapor rosado, partia-lhes da boca, dos membros e acima da cabeça.

A alguns passos da mesa, refestelado na poltrona, estava um homem, ainda jovem, pelo visto mortalmente embriagado. Seu colete estava desabotoado, a gravata arrancada e o rosto pálido salpicado de manchas vermelhas.

Envolvendo o seu pescoço com os braços cheios de chagas, a ele estava abraçada uma mulher totalmente nua. Os longos e densos cabelos emaranhados envolviam-na feito uma capa de fumaça negra. Sua boca estava encostada na região onde estava o coração do homem. A mulher sugava com tanta força a vitalidade de sua vítima que o rosto do jovem se cobriu de lividez cadavérica, o peito tremia e convulsões doloridas percorriam todo o seu corpo.

Em meio à algazarra, risos e animação do banquete ainda em curso, ninguém parecia perceber que ele provavelmente estivesse sofrendo, debatendo-se como se fosse num pesadelo.

Não obstante, o asqueroso ser dava sequência à sua ação criminosa, apesar dos esforços de dois homens em trajes negros, nos quais Supramati reconheceu os ajudantes do espírito denominado por Dakhir de Rei das Larvas.

Ambos, com visível aflição, estavam inclinados sobre o homem agonizante e empurravam a mulher, lançando sobre ela feixes de fagulhas elétricas; mas tudo era em vão. Ela, feito uma aranha, agarrou-se à sua vítima e se recusava a soltá-la.

Então um deles levou até os lábios uma corneta escarlate que levava no pescoço, e ouviu-se um som penetrante. Imediatamente no ar surgiu um zigue-zague ígneo que reverberou com todas as cores do arco-íris.

A larva estremeceu, mas, pelo visto, a sede do prazer era mais forte que o medo, pois ela, com a fúria redobrada, grudou-se ao jovem embriagado, cujo rosto se cobriu subitamente de rubor acentuado e a boca ficou semiaberta, como se ele estivesse se sufocando. Neste instante, ouviu-se um silvo agudo e um leve crepitar; a dois passos do repugnante casal deitado na poltrona, surgiu a figura alta do Rei das Larvas.

Seu semblante intemerato era belo e terrível; seu olhar estava flamejante e severo, envolto numa auréola púrpura fumacenta. Ele ergueu o braço e uma flecha ígnea atingiu a larva na nuca; ela virou-se como se mordida por uma cobra, mas não obedeceu à ordem de deixar em paz a vítima. Então um novo jato de fogo atingiu-lhe um outro centro nevrálgico e ouviu-se um sibilar, tal qual é produzido por água ao cair sobre um ferro em brasa. A mulher soltou um dilacerante grito rouco, prostrou-se na terra e rastejou até o domador.

Só então Supramati viu o seu belo rosto, branco como giz, no qual em mancha sanguínea se salientavam os seus lábios.

Todos os vícios e paixões se refletiam então naquele rosto, deformado pela expressão de terror e ódio infernal.

De chofre, ela deu um salto para trás e novamente se lançou sobre o jovem deitado na poltrona. Este soltou um gemido e levou a mão ao coração.

Um olhar irado fulgiu nos olhos do senhor das larvas. A corda luminosa que pendia em seu braço desenrolou-se com a rapidez de um raio, envolveu a criatura asquerosa, amarrou-a e jogou-a no chão. Ao mesmo tempo, um feixe de fagulhas se espargiu sobre a mulher. Ela rolava feito uma esfera negra, coberta de cerdas ígneas, uivando, assobiando e exalando um odor sufocante de cadáver. Imediatamente alguns auxiliares do senhor das larvas a agarraram e arrastaram para o espaço.

Então o espírito virou-se para Supramati e o seu mentor.

— Minhas saudações, Dakhir, e a você também, nosso novo companheiro! Deve ser a primeira vez que você presencia uma morte oculta, que os médicos naturalmente não irão aceitar, atribuindo-a ao infarto ou paralisia cerebral. Há-há-há!

Um riso de escárnio soltou-se de seus lábios. Em seguida, fazendo um sinal de despedida com a mão, ele desapareceu tão inesperadamente como viera.

O olhar de Supramati, involuntariamente aterrorizado, deteve-se na poltrona. No rosto do jovem congelou-se a imobilidade da morte.

Só então o estado dele chamou a atenção de outros, pois alguns dos presentes se inclinaram sobre o cadáver tentando reanimá-lo, enquanto outros, com rostos pálidos e aflitos, comprimiram-se em volta.

— Por que é que ele não quis salvar o infeliz? Você me disse que o senhor das larvas livra da morte inúmeras vítimas — indagou Supramati.

— Inúmeras, mas não todas. No caso, as condições eram por demais precárias. Exaurido pelos abusos, o organismo era uma presa fácil para a diabólica sacerdotisa dos vícios, atraída para cá por desejos impuros e emanações da orgia. Enfraquecida pela beberagem, a alma da vítima não teve forças para se defender contra o insaciável vampiro, sedento de fluidos carnais e... assim essa pessoa pagou com a vida pela sua loucura. O salvador apareceu muito tarde; ele não conseguiu segurar a vida que se esgotava, feito um rio, do interior do organismo exaurido pela devassidão. E quantas mortes semelhantes são registradas nos anais do Universo! – concluiu suspirando Dakhir.

– Qual será a sorte dessa alma que tão inesperada e obscenamente foi arrancada do corpo durante uma bacanal? – perguntou Supramati.

– Ela permanecerá em busca ávida dos prazeres tal qual o seu carrasco. Sôfrega e eternamente insatisfeita, irá vagar pelos locais consagrados à volúpia, tentando tomar dos encarnados qualquer partícula que seja de suas sensações. Mas vamos! Quero lhe mostrar o cemitério. Você ainda não viu com um olhar clarificado um lugar assim. Para você isso será um espetáculo muito interessante.

Um minuto depois, Supramati divisou um imenso espaço cercado de muro e cheio de árvores, através de cujas folhagens se via uma infinidade de cruzes. Dos dois lados das alamedas arborizadas erguiam-se monumentos mortuários, luxuosos e humildes. Alguns tinham sido erguidos recentemente; outros, antigos, cobertos de musgo, estavam com as inscrições já gastas.

Ao longe, viam-se as paredes brancas e a cúpula dourada de uma igreja. A lua inundava com a sua luz pálida o lugar da "paz eterna", como o chamam os homens, ainda que ele não dê nenhuma paz após a vida tempestuosa, pois ali, pelas alamedas, assim como antes pelas ruas, corria ou andava lentamente uma verdadeira multidão de seres preocupados, desorientados, lúgubres ou rancorosos.

Junto a diversos monumentos, encontravam-se em pé seres cinzentos, vaporosos e de contornos indefinidos. Eles pareciam tristes e um tanto desorientados; outros, no entanto, conversavam exaltados.

Entre os últimos, via-se que os seus rostos estavam desfigurados de ódio e inveja. Os rápidos olhares desafiadores, cheios de rancor, atravessavam a atmosfera, e os rolos de fumaça negra que os envolviam indicavam que as conversas nem de longe eram calmas e amistosas.

Dakhir deteve-se perto de um desses grupos e fez um sinal a Supramati para que ele ouvisse a conversa. Ali, separados por uma pequena distância, havia dois monumentos, diferentes um do outro.

Um deles era uma magnífica capela de mármore branco, sobre a qual repousava um busto, representando um homem jovem e bastante bonito, mas de aspecto vil. Uma magnífica grade de bronze dourado cercava o monumento ornado por um grande número de coroas de metal e porcelana. O outro túmulo tinha um aspecto humilde e abandonado e, sem dúvida, estava esquecido. O piso de pedra era coberto de mato, a cruz de ferro estava meio caída, a grade tinha sinais de destruição.

Nos degraus de mármore da capela estava sentado o original do busto, que ouvia com escárnio o discurso ardente de um homem pálido e magro, com semblante de uma ave de rapina, que gritava e gesticulava intensamente:

— Você não tem com que se orgulhar, seu desprezível parasita, e se pavonear com o opulento monumento decorado com as flores! Em vez de me reprochar pela modesta cruz que se ergue no meu túmulo, você deveria lembrar que essa capela de mármore foi construída com o meu dinheiro, o mesmo que foi utilizado para sustentar a sua vida de farra, seu miserável, e da desprezível mulher que eu tirei da sarjeta e tornei minha esposa.

— Hi-hi-hi — fez o outro. — Não deite a sua bílis, seu velho harpagão! Você sempre primou por modéstia, tanto que sua esposa, não desejando irritá-lo, ergueu-lhe um monumento bem ordinário. Eu sou diferente: eu sempre gostei do luxo. Aliás, eu entendo o seu rancor: você tem inveja dos lamentos e lágrimas que não se poupam em minha memória.

O primeiro riu zombeteiro.

— Ora! Eu não tenho nenhuma inveja do amor e dos lamentos desperdiçados por você. Eles murcharam tais quais as flores frescas que sua boa mulher não tem trazido desde o dia em que encontrou um novo amante para consolar-lhe a velhice. Fique você enterrado dezoito anos como eu e nem o seu nome será lembrado! Mas isso não tem nada a ver com a revoltante ingratidão da velha bruxa em relação a mim, seu benfeitor. Tenho vergonha dos meus conhecidos e daqueles que vêm me visitar, quando eles veem esta ordinária lápide e se convencem da falta de respeito que me tem a miserável. Ela não rezou por mim nenhuma missa de réquiem, e eu, para minha própria ignomínia, tenho que correr às missas que são rezadas para outros.

O proprietário da capela de mármore objetou sarcasticamente, e a discussão aumentou, mas Supramati, sem ouvi-la, disse que não valia a pena escutar as altercações de dois patifes.

— Meu Deus! Será possível que os espíritos possam se vangloriar de monumentos tumulares e que tais bobagens, meramente terrenas, incitem neles rivalidades e provoquem discussões? – observou Supramati.

— Você sempre se esquece de que a morte diz respeito somente ao invólucro carnal de homens. Do calabouço carnal, que chegou ao estado da destruição, a alma se depara com todas as fraquezas e virtudes; um gabola, que não tem mais nada a contar do que vantagens, vangloria-se da elegância de seu túmulo ou suntuosidade de seu monumento.

"Em geral, como você vê, as pessoas imaginam erroneamente que além do túmulo reina uma absoluta impassibilidade e aniquilamento. Todos os sentimentos humanos de um desencarnado, suas alegrias e infelicidades, afetam também o mundo invisível. Para você se convencer disso, escute o que se fala aqui. Olhe, por exemplo, para aquela mulher, marcada com uma cruz vermelha. É um sinal que indica que ela acabou, voluntariamente, com a sua vida. Aquela infeliz, como toda pessoa viva, sente a necessidade de abrir-se com alguém, e, ao encontrar uma alma simpática, confia-lhe a sua desgraça."

A parte do cemitério onde eles estavam era bem mais humilde, e os monumentos de mármore e bronze deram lugar às cruzes de madeira.

Perto de um desses túmulos com uma simples cruz branca, totalmente coberto por flores vivas, estavam em pé duas sombras – a de uma suicida e a de uma moça de rosto triste e delicado. As vestes cinzentas da última eram cobertas por uma espécie de véu prateado e leve. A jovem, pelo visto, tentava consolar a sua interlocutora – um espírito sombrio e sofredor, vergando uma capa pesada e escura.

– Você não está em condições de entender totalmente a minha infelicidade – dizia amargurada a suicida. – Você é uma pessoa feliz! Os seus pais e o noivo choram por você; flores frescas sempre lhe enfeitam o túmulo, e os espíritos olham com respeito para esses indícios das recordações que você deixou para os outros... Por fim, você pode se deslocar livremente... e eu? O que eu já não passei? Sozinha, sem teto e sem comida, eu fiquei desesperada e acabei com a vida. Será que eu não fui suficientemente castigada pelo fato de ter sido infeliz; de que o bem mais valioso do ser humano – a vida – tornou-se insuportável, e eu me rebelei contra o destino injusto que me sentenciou sem motivos, negando-me um lugar ao sol, ao qual eu tinha tanto direito como todos os outros? Acredite-me, não é fácil morrer, quando em um jovem e forte organismo arde a vontade de viver e ser feliz! E, a despeito disso, um destino funesto perseguiu-me até na própria morte. Os homens, tão cruéis como o próprio destino, negaram-me até um túmulo decente: enterraram a suicida como se ela fosse um animal imundo, num canto do cemitério, sem oração, sem ao menos colocarem uma cruz sobre a terra que a cobre!

"No entanto, eu preciso de orações para depurar-me de miasmas que me sufocam, para livrar-me do fardo da matéria que habita no meu corpo fluídico, que não pôde ser esgotado nem pela pobreza, nem pelas lágrimas e nem pela luta cruenta da minha existência terrena."

— Anime-se, minha pobre e infeliz irmã! — disse em tom afável o espírito da outra jovem. — Provavelmente logo irão rezar uma missa de réquiem por mim; então você vai comigo à igreja e nós rezaremos juntas. Os cânticos, o aroma do ládano, as orações e lágrimas dos presentes terão um efeito benéfico sobre você. Eu lhe darei apoio e vou rezar com você, e a misericórdia divina dissipará as sombras que a afligem.

"Depois, você não pode isolar-se. Reze e chame pelos amigos do espaço; eles virão para consolá-la. Não se amargure pelo seu túmulo solitário. Deus não faz diferença entre ele e o monumento mais suntuoso. A grama e as flores também crescem aí, e junto delas vêm brincar as crianças, esses anjos terrenos que em sua inocência e despreocupação dançam e cantam sobre a terra que nos cobre, sem pensar na fatídica hora em que elas depositarão o seu fardo e tomarão lugar entre nós: uns, chorados por seus familiares; outros, alquebrados, exaustos e esquecidos por todos. Pense em tudo isso, minha pobre irmã! Então o passado lhe parecerá menos amargo e você se esquecerá dele para pensar no futuro."

— Descansaremos aqui — sussurrou Dakhir. — Eu gosto destas cidades de mortos. Aqui a vida é bem especial; é o reflexo das ambições e vaidades terrenas, mas aqui também pairam, à semelhança de vapor prateado, os mais puros sentimentos espirituais, como, por exemplo, o verdadeiro amor, pois junto ao túmulo não há segundas intenções. Somente afeições francas e lágrimas sinceras acompanham o homem para o além, enquanto a infelicidade, que aqui se expressa, é mera essência de propensões que nada exigem e nada esperam, mas se ligam somente aos vínculos mortos das recordações do amor e do bem, que absorvem todas as ofensas e discordâncias. Para nós, o nosso estranho destino veda um descanso sob a terra para a preparação de uma nova vida, mas eu gosto destas cidades dos mortos, onde repousam tantas gerações extintas.

— Eu o entendo. Assim como você, eu gostava de visitar cemitérios para refletir. Em Londres, eu costumava ir lá aos domingos. Na época eu era muito pobre e doente, e a minha transferência para a eternidade parecia estar próxima. Horas a fio eu pensava sobre a vida do além-túmulo, olhando para as lápides, e cada uma delas se apresentava para mim um mistério. Sob cada montículo tumular, espreitava-se a essência da vida humana, e a lápide ocultava dos mortais o seu epílogo. Que rico arquivo, pensava eu, seria aquilo para os romancistas caso fosse possível erguer as tampas e estudar as vidas desaparecidas; vidas verdadeiras, genuínas, e não falsas, como as crônicas de louvação. Quantas tragédias desconhecidas e aventuras extraordinárias teriam sido descobertas!

Continuando a conversar, eles andavam pelo cemitério e examinavam seus habitantes quando, subitamente, Supramati gritou:

– Olhe, Dakhir! O que é aquilo à esquerda? Pode se pensar que é uma espécie de procissão. Mas por que, então, entre aquela multidão se acham animais: bois, ovelhas e aves? E tudo aquilo geme, chora e reza. Não posso entender para onde se apressa toda aquela multidão tresloucada. Por acaso eles estão fugindo de uma iminente catástrofe?

Dakhir sorriu.

– Sim, haverá uma catástrofe fatal para qualquer ser vivente. Essa catástrofe é a morte! As pessoas morreram, mas os animais foram abatidos nos matadouros e os fluidos da decomposição atraíram-nos uns aos outros. Tanto uns como os outros não conseguem atinar a mudança inesperada da existência deles. Os mais infelizes são os descrentes. Ao se verem vivos e com todos os órgãos, eles teimam em acreditar que ainda se acham na terra e procuram avidamente por multidão, pois a solidão assusta-os. Outros procuram por amigos para pedir esclarecimentos a eles. Mas, uma vez que a maior parte ainda se encontra materializada, os fluidos da decomposição os unem, e eles se formam em grupos, conforme você os vê aqui.

Era com misto de curiosidade e medo que Supramati olhava para aqueles fenômenos, inéditos para ele. O mundo desconhecido no qual ele havia penetrado tão estranhamente o interessava cada vez mais.

As recordações, no início vagas e em seguida cada vez mais nítidas, afluíram ao seu cérebro. Ele já havia estado ali; ele já vira aquele espaço imerso em luz sanguínea e havia passado pela sensação de medo e desorientação que se refletia nos rostos assustados daqueles seres que passavam ao lado dele.

Mergulhado em seus pensamentos, Supramati não notava o tempo passar e ficou extremamente surpreso quando eles retornaram ao túmulo da jovem mulher. Pelas alamedas sombreadas agora andavam pessoas vivas, e o número dos desencarnados havia diminuído significativamente.

— Agora já é dia e todo tipo de pessoas vem visitar os túmulos de seus familiares — explicou Dakhir. — Aqui as mudanças do dia e da noite são imperceptíveis. Mas veja! Lá está vindo a família da jovem que nós vimos. Eles estão levando flores frescas.

— Ouça! Agora está claro e eu estou com medo de que nos vejam. Uma vez que nós estamos pairando no ar, os pedestres poderão se assustar ao verem visitantes tão incomuns. Isso seria terrível! É melhor a gente ir embora!

— Fique tranquilo! Agora, graças às condições em que nos encontramos, ninguém conseguirá nos ver.

Tranquilizado quanto a isso, Supramati começou a examinar os parentes do espírito que lhe sugerira simpatia.

Era a família de um operário, composta de dois homens, uma mulher de meia-idade e três crianças: duas delas eram meninas, uma de doze e outra de dez anos. Todos seguravam flores nas mãos e começaram a enfeitar, unidos, o túmulo, tirando as flores murchas e envolvendo a cruz com grinaldas frescas.

Somente a filha mais velha não participava no trabalho comum e vagueava perto do túmulo. Ela deteve-se pensativamente junto ao túmulo da suicida e depois se sentou na grama, junto ao monumento da irmã.

Era uma criança dócil, pálida, magra e doentia. Seus olhos pensativos, que ardiam febrilmente, pareciam atravessarem o mundo do além, e toda a sua figura respirava tristeza consciente e angústia de um ser cujo destino era morrer ainda novo.

De repente, Supramati viu surpreso que junto da menina surgiu a figura indefinida da falecida e colocou-lhe a mão sobre a cabeça.

Um minuto depois, a menina levantou a cabeça e disse:

– Mamãe! A Mary tem tantas não-te-esqueças-de-mim que não haverá espaço para colocar todas que trouxemos conosco. Deixe-me fazer uma coroa e levá-la naquele cantinho junto ao muro, sobre o túmulo abandonado, onde nem ao menos há uma cruz. Pelo visto ninguém ama nem tem dó do pobrezinho.

A bondosa mulher olhou surpresa para a filha e, assentindo com a cabeça, disse:

– Bem, já que você quer, faça uma coroa. E não se esqueça de orar pela alma do desconhecido.

A menina ficou muito feliz e iniciou o trabalho. De dois pauzinhos ela fez uma cruz, ornou-a com as flores e fez uma coroa. Em seguida, depois de chamar a irmã, ela correu ao túmulo solitário da suicida, praticamente perdido no meio do mato. Ali ela enterrou a cruz, depositou a coroa e pôs-se de joelhos, enquanto a sua irmã lhe seguiu o exemplo.

– Vamos orar, Liza, pela alma do pobre falecido que jaz aqui. Que Deus dê paz à sua alma e bem-aventurança no paraíso! Tenho grande pena dos esquecidos; eles me parecem mais infelizes que os mendigos de rua. Aqueles podem, ao menos, estender a mão e suplicar ajuda dos passantes, enquanto um morto não consegue nem pedir uma oração para si. Por isso o dever de todos é pensar neles.

Juntando as mãos em prece, ambas as meninas começaram a orar com ardor.

Feito ondas prateadas, partiu de suas inocentes almas a oração, inundando como se por uma luz solar o túmulo e a sombra da suicida, que surgiu junto ao túmulo ornado de flores.

Todo o organismo fluídico do espírito sofredor tremia e parecia avolumar-se sob o efeito daquele ímpeto ardente. As sombras que o rodeavam clarearam, e a crosta glacial que aderia ao coração perturbado, cheio de ódio e queixumes, derretia, dando lugar à fé e à esperança.

– Está vendo o efeito e a força da oração? – murmurou Dakhir. – Olhe como o espírito sofredor animou-se e sacudiu de si o peso que o oprimia; como a corrente da vida, força desta oração inocente, levou a infeliz alma para o caminho da ascensão, do qual ela duvidava, e esta dúvida na justiça divina, em consequência da injustiça dos homens, foi justamente aquilo que a levou a praticar o suicídio. Juntemos as nossas orações às orações dessas crianças, instrumentos inocentes da misericórdia divina, e depois prosseguiremos o caminho. Eu ainda quero lhe mostrar muita coisa aqui.

E eles voaram novamente, mas, desta vez, levantaram-se para uma altitude maior. A atmosfera tornou-se menos vermelha e mais transparente. Mas ali, também, reinava atividade febril e um movimento incessante para frente e para trás.

No espaço cinza-rosado que atravessavam, eles se cruzavam ora com imensos espíritos que passavam por eles com a velocidade do pensamento e que em seu aspecto lembravam gigantescos morcegos; ora com estrelas de diferentes tamanhos e de todos os matizes do arco-íris; ora com nuvens cinzentas, nas quais se desenhavam vagamente rostos humanos. Pelo visto, cada um daqueles seres estava ocupado com seus afazeres. Cada qual se dirigia em direção diversa. Ocorria, às vezes, de alguns se juntarem e outras vezes de se reunirem numa miríade de espíritos que voava numa massa densa.

– Estamos cruzando com as corporações de espíritos guiados por seus líderes – explicou Dakhir.

Não raro uma ampla faixa de luz ofuscante marcava o voo de um espírito superior, que era sempre acompanhado por um numeroso cortejo.

Você está vendo aqueles cidadãos celestiais? Eles devem ter recebido alguma missão. Mas nós não vamos procurar fazer amizade com eles. Para que serviria? – observou sorrindo Dakhir. – Vamos aproveitar para fazer uma visita a dois grandes espíritos: ao chefe dos espíritos errantes e a Ebn-Ari, o Rei das Larvas. São lugares dos mais interessantes.

CAPÍTULO 5

    A mente humana não consegue imaginar os estranhos e terríveis mistérios que se escondem no mundo invisível. O homem acha que ele já não tem mais o que pesquisar no espaço que o cerca: ele determinou as distâncias, mediu as temperaturas, analisou a composição das substâncias e, no entanto, os seus instrumentos, onde quer que seja, só encontraram o vazio, o frio e a escuridão...

    Reflexões de tal tipo projetavam-se na cabeça de Supramati quando ele, com a velocidade do pensamento, voava através dos espaços incomensuráveis, iluminados diferentemente e cheios da febril animação de nova vida, atividade e paixões – um verdadeiro reflexo da humanidade que povoava o planeta, circulando em torno das camadas atmosféricas que o envolviam.

    Dakhir havia lhe dito que eles iriam até o senhor dos espíritos errantes, maus e infelizes.

— Vamos até o rei do inferno! – acrescentou ele, meio rindo, meio sério.

— E para quê? – indagou Supramati curioso e alarmado.

— Para quê? Para estudarmos o mal, sem o qual nós não podemos aprender a fazer o bem. Não se pode defender-se de um perigo que não se conhece. Justamente é a ignorância que desarma tanto os homens como os espíritos – explicou Dakhir.

A seguir, erguendo o seu bastão, ele começou a girá-lo sobre a cabeça, pronunciando algumas palavras cabalísticas. Alguns minutos depois, na ponta do bastão formou-se uma esfera fosforescente, semelhante a um novelo de fios. Dakhir agarrou-a e a comprimiu na mão. Supramati sentiu imediatamente como se eles fossem suspensos por uma corrente e levados numa nova direção.

Logo aquela atmosfera cinza-rosada em que eles voavam deu lugar a um denso e pesado ar, saturado de vapor acre sulfuroso. Uivava um vento tempestuoso, ouvia-se o rolar de trovões, e a coloração do espaço em volta ia passando do amarelo-laranja ao negro, salpicada de raios brilhantes.

Rajadas de vento cálido envolveram-nos com o odor sufocante de sangue e carne queimada. Agora eles estavam voando por entre uma fumaça negra.

Subitamente diante deles se abriu um imenso espaço, iluminado por luz purpúrea, e dentro dele divisaram uma gigantesca construção aérea, como se feita de névoa escarlate, mas a tal ponto transparente que através dela se podia enxergar tudo. Um grande arco ígneo, em cujas faces se moviam, tremiam e crepitavam estranhos sinais desconhecidos, compunha a entrada, fechada por uma mesma grade ígnea que oscilava feito uma cortina.

— Bem, e como é que nós vamos entrar nesta fortaleza do inferno? – perguntou Supramati.

— Utilizando os recursos que nós temos a obrigação de conhecer – respondeu Dakhir.

Ele ergueu novamente o seu bastão e desenhou com ele no ar uma figura cabalística; ao mesmo tempo, feito um arco de violino, ele tocou as cordas de um instrumento invisível e, a cada movimento de sua mão, ouviam-se estranhos sons estridentes. A grade que impedia a entrada se abriu imediatamente, como uma cortina, e no vão do arco do portão surgiu um ser repugnante e medonho; por esta visão, Supramati jogou-se para trás, quase perdendo o equilíbrio. A colossal figura – não era nem homem nem animal – fechou-lhes o caminho. O poderoso corpo era negro, as imensas pernas terminavam em cascos; nas mãos do gigante viam-se unhas curvadas; o rabo comprido se arrastava no chão. Os chifres vermelhos sobressaíam-se na cara enegrecida de traços animalescos, com a expressão de ódio e crueldade. O olhar ígneo do monstro ameaçava aniquilar quem quer que fosse se aproximar dele. A cada movimento seu, dele espargiam feixes de fagulhas.

– Olhe, Supramati, para o dragão que guarda a entrada do inferno! Ele representa a personificação do mal desencarnado, das paixões impuras, instintos animalescos, desejos insatisfeitos, inveja e ódio insaciáveis.

"Este guardião no limiar dos mistérios do inferno é, ao mesmo tempo, o símbolo dos sofrimentos do espírito subtraído do corpo material e ávido de prazeres lascivos.

"Atrás daquela grade se encontra o laboratório do mal – a sede dos diabólicos seres, maléficos e infelizes, atormentados com a sede de vingança.

"Ali se acham reunidos todos os inimigos da ordem, os cegos que enfrentam peito a peito as grandiosas leis que regem o mundo, querendo delas se vingar pela necessidade inevitável de se depurarem pelo sofrimento.

"A despeito da evidência de que somente a harmonia cria e encerra a felicidade, saúde, fertilidade e fartura, esses inimigos da paz, amor e virtude sempre carregam consigo o inferno que neles ferve, o desespero que os dilacera, a dúvida que os corrói e o rancor de ter que permanecer no mesmo lugar. Eles tentam semear no coração humano os desejos mais impuros, a desconfiança, o culto à não existência e a negação cega. A visão dos sofrimentos causados por eles proporciona-lhes uma cruel satisfação e um esquecimento temporário de sua própria existência repugnante."

– E assim nós veremos demônios de verdade, seres que se consagram exclusivamente a fazer o mal? E eu que achava que, no final, tudo se regenerava com o triunfo do bem – observou Supramati.

– Você tem razão! Os seres que se consagram ao mal e que nós veremos mais tarde de fato são demônios, pois eles persistem em sua vilania. Mas nos recônditos de suas sombrias almas vive espreitando a aspiração à luz e ao desejo de escapar das trevas que os asfixiam. Bem, vamos entrar! Depois voltaremos a conversar sobre este assunto.

Obedecendo ao sinal da ordem desenhada por Dakhir, o terrível guardião da entrada recuou, e Supramati, como num sonho, adentrou uma daquelas estranhas cidades etéreas, outrora vistas por Swedenborg.

A cidade parecia não ter fim. Ao longe, as montanhas aéreas emolduravam o horizonte; de todos os lados se abriam precipícios negros e insondáveis. Toda a paisagem carregava um aspecto indescritivelmente funesto.

Eles saíram para uma imensa praça. Os rolos de nuvens negras parecia pairarem sobre o terrificante abismo e, ali, cercado de fumaça negra e feixes de raios, estava sentado um homem que Supramati já havia encontrado numa das invocações. Ao redor dele, em todas as direções, agitava-se uma multidão de espíritos, ouvindo trêmulos os princípios do mal, que ali lhes eram incutidos, e as infalíveis receitas para gerarem desordens e desencadearem devastações.

Com a aproximação dos visitantes, as massas lúgubres abriram o caminho para darem a passagem e, ao sinal de seu senhor, se dispersaram por todas as direções.

– Minhas saudações, Dakhir e Supramati! Bem-vindos! Sentem-se e vamos conversar, pois, sem dúvida, foi para isso que você trouxe o seu neófito – disse Sarmiel com sorriso bonachão, fazendo com a mão um sinal de saudação.

Supramati pensou, no fundo de sua alma, que o convite de "sentar-se" não era nada mais que uma frase retórica, pois não se via nenhuma cadeira, e uma nuvem seria um sofá de resistência deveras duvidosa. Mas, para o seu assombro, viu Dakhir acomodar-se bastante bem na nuvem, o qual, ao perceber a hesitação de Supramati, desatou a rir.

– Você sempre se esquece, meu amigo, de que nós perdemos a densidade do corpo, de modo que uma nuvenzinha qualquer pode suportar o nosso peso.

Avexado, Supramati sentou-se numa nuvem grande que lhe pareceu palpável e elástica. Mas tudo que ele via e sentia lhe parecia a tal ponto extraordinário e inverossímil, que ele se perguntou, mais uma vez, se não havia perdido o juízo ou estava sendo vítima de um terrível pesadelo.

Um riso escarnecido interrompeu os seus pensamentos, e Supramati olhou temeroso para o ser que representava a encarnação do grande mal, espreitando de forma invisível e imperceptível os humanos para destruí-los.

– Não, não!... Você não está sonhando e os verdadeiros doidos seriam os que se propusessem a tratá-lo – observou Sarmiel. – E agora pergunte o que você quiser!

– Posso? Então, com a sua permissão, eu gostaria de saber por que você e seus subordinados têm por objetivo fazer o mal. Por que vocês semeiam discórdias e desordens por todos os cantos? Que prazer lhes pode proporcionar o sofrimento dos homens? Por fim, eu gostaria de saber por que vocês lutam contra as forças que governam o Universo, mais poderosas que as de vocês. Por que vocês se insurgem contra as leis inabaláveis que traçaram o caminho ao espírito através de todos os reinos da natureza, cujo objetivo é a perfeição?

– Ora! Você quer saber muito! Mas, antes de responder, eu quero lhe fazer uma pergunta difícil. Por que, então, o poder superior e a perfeição criam seres imperfeitos, e os obrigam a elevarem-se até o protoplasma de um arcanjo, através de milhões de mortes, a padecerem em função de seus instintos, cujo germe foi concebido junto com eles, e a torturarem-se com todos os sofrimentos possíveis da alma e do corpo?

"A que aspiram eles através dessa agonia infinita? À perfeição, como à bem-aventurança suprema? Vaga promessa de uma felicidade duvidosa! Como se fosse tão desejável alcançar a harmonia, que representa, sob a máscara de imparcialidade e amor à humanidade, nada mais do que uma profunda indiferença e egoísmo empedernido.

"Nós nos insurgimos contra essas leis implacáveis que prometem alegrias remotas e desconhecidas, enquanto sentenciam, de antemão, as infelizes criaturas aos sofrimentos inumanos – elos inquebrantáveis de uma corrente infinita, geradas imperfeitas e escravas do trabalho sem fim, que a força criadora suprema dirige autocraticamente.

"E com que direito? Sempre se sustentando naquela terrível lei da escravidão do fraco pelo mais forte. O fraco ignorante é sempre esmagado pela roda daquele que sabe governar as leis. A humanidade extenuada chora cônscia de sua ignorância, treme e consome-se: na terra – do medo da morte, sempre a ameaçar como a espada de Dâmocles, e no espaço – sob o flagelo da expiação.

"O chão dos templos está surrado pelas marcas de joelhos de homens aterrorizados que clamam por Deus misterioso, suplicando-lhe clemência e misericórdia, e no entanto Ele, em tom mais zombeteiro que o nosso – que vocês chamam de 'satânico' – , responde: '– Vivam segundo a Minha inabalável lei. E esta lei proíbe que vocês se utilizem dos instintos que eu coloquei em suas almas, sendo que a manifestação livre desses instintos é um crime. Disciplinem os sentidos a vocês concedidos para que deles só reste o que for imprescindível para o movimento universal, que os impele para frente para transformarem-se na farinha celestial da qual se panifica a matéria primeva'.

"Por que é que você me olha com tanto espanto, Supramati? Dê uma olhada ao redor, e a justeza de minhas palavras ficará patente. Quem conhece Deus? Quem sabe o que Ele é?

Normalmente o explicam assim: 'É Pai todo-misericordioso, infinitamente bondoso, refúgio de todos os sofredores, protetor dos fracos e deserdados, sempre preocupado com a felicidade de suas criaturas'. É, na teoria.

"Enquanto na prática é assim: 'No Universo, tudo que respira – sofre; e todo bom sentimento é punido cruelmente naquilo em que ele se manifesta'. Por exemplo, o amor; à primeira vista, é o sentimento mais puro do coração humano, mas o que ele proporciona além de sofrimentos? Uma morte cega e cruel subtrai os seres mais queridos: crianças e adolescentes; a doença acorrenta as pessoas ao leito da dor; um destino caprichoso lança na miséria as pessoas mais nobres; a fatalidade persegue os mais puros, causando-lhes sofrimentos que somente podem ser suportados pelo infeliz coração humano. E para que tudo isso?

"Para depurá-los; para testar a sua fé na misericórdia de Deus... O que já não foi inventado para testar a fé das criaturas?!

"Que cruel escárnio! Junto do banquete para ser servido aos eleitos, acomodam-se os deserdados e famintos, permitindo-se que eles admirem, de estômago vazio, como se refestelam os comensais. Mas... ai deles se lhes passar na cabeça a vontade de estender a mão em direção a algum naco de pão. Sobre eles desabará o fogo celestial; uma voz irá vociferar: 'Não ouse tocar naquilo que pertence ao seu próximo! Você é privado do essencial para a sua própria purificação. Você deverá morrer de fome para que a sua fé seja testada. A recompensa aguarda-o no paraíso!'

"Vaga promessa de uma felicidade incompreensível. Com a morte decretada inutilmente devido a toda espécie de provações, um pobre faminto, que furtara um pedaço de pão e fora posto atrás das grades, quebra a cabeça para conseguir entender: por que, gerado com um estômago que exige alimento, é crime contra a Divindade haver pego o que ninguém lhe dá para a satisfação da primeira necessidade? Por que só os outros têm direito de almoçar e jantar, enquanto ele não tem direito nem ao menos a uma casca amanhecida?

"'Não filosofe e se submeta com fé e humildade à sapiência divina, que só lhe deseja o bem', respondem-lhe.

"É claro que essas palavras são muito reconfortadoras, mas continuam sem explicar nada da mesma forma.

"De igual maneira são misteriosas e incompreensíveis as causas de sofrimento dos seres inferiores, pouco desenvolvidos, é claro, não obstante capazes de sentir e entender o sofrimento. Existe alguma medida da crueldade do homem em relação aos animais? Existe alguma sentença de morte que um ser humano, para a satisfação de sua gula, sua preguiça e de sua falsa mas famigerada sede de saber, não utilize contra esses indefesos seres, que não são protegidos nem por céu nem por inferno?

"E em todos os cantos fervilha, de um lado, o ódio de homens à sua sorte, e, de outro, o ódio dos animais em relação a homens, que os torturam e matam. Tanto uns como outros se esforçam para se vingarem pelas injustiças sofridas, e a magia negra não tem melhores aliados como os espíritos inferiores, que ela invoca e atiça contra os homens.

"Em função dessa luta, motivada por ódios mortais, a nossa expectativa é que, no final das contas, nós triunfemos sobre as forças escravizadoras que nos condenaram ao trabalho e ao sofrimento, atirando-nos, feito uma esmola, nesgas de conhecimento. Não, nós queremos saber tudo, queremos penetrar no saber da criação e ter a chave do mistério. Por que apenas a perfeição pode criar seres imperfeitos, obrigados por uma lei desconhecida a readquirir, através de milhares de mortes, sofrimentos e privações, o direito de ocupar um lugar junto ao foco da perfeição?"

– Você prega somente o mal, revolta e sofrimento, e, entretanto, na primeira vez em que você apareceu para mim, havia me dito que graças a você e aos seus subordinados muitas catástrofes e crimes foram evitados e que a humanidade ignora o seu trabalho para o bem dos encarnados. Explique-me essa contradição! – pediu Supramati.

Um sorriso amargo fulgiu no olhar do terrível demônio.

— A existência da contradição é aparente, pois, conforme eu lhe disse, nos corações dos meus subordinados há tanto bem quanto mal. Essa insegurança, sempre renascente, essa luta entre os dois instintos é justamente o sofrimento que nos legaram. E por que nós não podemos oferecer proteção aos encarnados e prevenir as catástrofes? Quem sofre, entende dos sofrimentos dos outros, principalmente se conhecemos e amamos esses outros. Não importa que eles vão nos enfastiar com as suas gratidões; mas você achará totalmente natural que nós ofereçamos a proteção, essencialmente, para aqueles cujos desejos são mais passionais, para aqueles que são mais audaciosos no mal e mais rancorosos; pois o nosso exército necessita daqueles cujas vidas foram esmagadas e asfixiadas em suas garras, e que tenham sido suficientemente martirizados e desprezados sem razão, para ficarem com aversão aos seus ímpetos magnânimos e à sua aspiração ao céu. Aquilo que vocês chamam de "virtude", "humildade cristã" etc., ou seja, tudo aquilo que, entoando "aleluia", é suportado sem rancor frente às injustiças e perseguições, nós chamamos de pusilanimidade, que não é respeitada nem na Terra nem aqui...

"Para provar este axioma é possível trazer uma série de exemplos. Os filhos, que amam as mães que se sacrificam para educá-los, morrem, mutilam-se ou perecem moralmente, enquanto os filhos das mães que buscam as aventuras, as mães sem um pingo de vergonha que largam seus filhos nas mãos de outros, florescem, crescem e trazem-lhes alegrias e reconhecimento.

"Da mesma forma, uma mulher honesta, inteligente e humilde sobrevive à sombra e na solidão; enquanto uma sacerdotisa do amor, esse chacal de hábitos noturnos que vagueia em torno da família para destruí-la, embonecada e reverenciada, brilha na primeira fila.

"O vício sempre triunfa; ele é invulnerável em sua satisfação egoística. E sempre os inocentes são responsabilizados por ele.

"Assim, quando os pais são devassos, quem sofre o castigo são os filhos, nascidos de um amor ilegal; sobre esses desaba toda a fúria da virtude afrontada. Os pobres filhos, testemunhas inconvenientes da vergonha, que ousam ainda reivindicar certos direitos, são rejeitados, asfixiados, afogados ou entregues para a 'engorda' nas mãos cruéis de algum administrador de educandário, onde, na pressa de se ver livre deles, estas pequenas e indefesas vítimas são condenadas para servirem a duas mortes sequenciais: a do espírito e a do corpo. Ambas as passagens são duras e inúteis nestas condições. Os pais e as mães dos sacrificados permanecem, no entanto, incólumes; continuam a frequentar a sociedade e são os que mais alto falam em defesa da moral, enquanto esta, indulgente, fecha os olhos para as suas fraquezas.

"O assassinato, dizem, é um dos crimes mais odientos. Por que é que então o massacre de milhares de inocentes permanece impune? A Terra, dizem também, foi dada a homens para nela se encarnarem, suportarem provações preestabelecidas e se aperfeiçoarem. Mas por que, então, tantos seres são descartados para o mundo invisível, onde eles não têm condições de cumprir com esses propósitos, doridos, repletos de fluidos vitais inúteis para eles? E, no entanto, asseveram-nos que nada ocorre por acaso e que em cada átomo existe o elo imprescindível ao grandioso 'tudo'. Mas, pelo visto, essa estranha anomalia não diz respeito a ninguém, e ninguém se apressa em corrigi-la.

"Isso – asseguram-nos os nossos adversários – são as provações para pais e filhos. Não é nossa tarefa desmenti-los, pois justamente essas provações, mais as encarnações malsucedidas, têm preenchido as nossas fileiras com os mais rancorosos. E isto é compreensível! Abandonados pelo céu, eles procuram ajuda no inferno, enquanto o defensor legal dos destituídos está em algum lugar longe... Ele está sempre ausente na hora da necessidade de evitar alguma injustiça ou proteger um inocente... É por isso que os homens não O temem. Eles sabem perfeitamente que podem pecar sem punição e zombam dos tolos que sacrificam as delícias do presente em troca de uma vaga esperança do futuro incerto."

Enquanto Supramati ouvia em silêncio, em sua alma se processava uma estranha reação, e recordações amargas e insuportáveis avolumaram-se em sua mente. Ele lembrou-se de infortúnios imerecidos que desabaram sobre os seus pais, do patrimônio arruinado que fora o motivo da morte do seu pai, da enfermidade que levou para o túmulo a sua mãe. Diante dele, projetou-se novamente a sua dura vida de trabalho e uma infinidade de pequenas privações, que ele suportava só para cercar a adorável mãe de paz e conforto; mas, apesar de tudo isso, ele nunca teve uma chance de iniciar um tratamento radical e muito custoso a que ela teria que se submeter.

Certa vez, logo depois que ele acabou de se formar, ofereceram-lhe um trabalho de acompanhar para o sul um doente muito rico que queria ter um médico junto a si. Foi-lhe muito duro separar-se da mãe, que ainda estava bastante fraca; mas ele aceitou a oferta para ganhar algum dinheiro e posteriormente iniciar o tratamento especial de sua querida doente – um tratamento muito caro, mas que auspiciava bons resultados.

Mesmo agora, ele estremeceu de indignação ao lembrar de todo o seu fastio e desprezo no relacionamento com aquele homem, sempre se jactando de seu bolso bem recheado, cuja vida passara em farras e todo tipo de prazeres. Aquele homem nunca amou ninguém sinceramente, nunca teve de sofrer, nunca trabalhou, jamais deu algo para alguém, não derramou uma lágrima sequer em solidariedade ou ajudou o próximo; somente os desejos mais torpes e asquerosos norteavam a sua existência. E aquele cadáver vivo e nojento era bem tratado, adulado e protegido feito uma coisa de valor! E tudo era feito exclusivamente por causa de seu ouro.

Enquanto ele, cuja vida era só trabalho e renúncia, era subtraído da possibilidade de evitar o desaparecimento da melhor das mães, da mais pura e bondosa das mulheres, só porque ele não dispunha de um mínimo daquele ouro, o qual era atirado aos punhados apenas para prolongar por alguns dias a existência inútil daquele velho devasso...

Supramati cerrou furioso os punhos. Toda a revolta contra a impotência do céu e as injustiças que reinavam no mundo, que outrora se assomava em sua alma, ressurgiu do abismo, para o qual o tempo o havia atirado. Uma gargalhada estridente interrompeu as suas reflexões. Ele levantou a cabeça e encontrou o olhar zombeteiro e flamejante de Sarmiel.

– Sim, sim! O pobre médico tuberculoso, que derramou lágrimas amargas no túmulo antecipado de sua mãe, também era dos nossos – pilheriou Sarmiel. – Enquanto agora, rico e imortal, cheio de presunção e contentamento, sem nada a temer, nem à morte, e ávido da coroa dos magos, está separado de nós por um abismo. Você veio para cá para estudar o mal, com vistas de vencer-nos com as nossas próprias armas. Tanto faz! Nós resistimos, inclusive, a bem mais fortes que você. Agora eu lhe responderei, sem vacilar, por que nós lutamos contra as forças muito mais poderosas que as nossas.

"É porque nós estamos no limite do desespero. Nós não podemos contar com o senhor invisível que nos criou. Ele não tem misericórdia com suas criaturas – somente a indiferença de um factótum, semelhante a uma máquina infernal que arrasta não se sabe para onde a humanidade enlouquecida, cujos coração e inteligência sempre esbarram no incompreensível. 'Por quê?!' – grita em desespero o gênero humano. Mas, em resposta, ele só encontra o silêncio, e o mistério insondável envolve o passado e o futuro de toda a criação. Vão girando no infinito os mundos e os seres, sem conhecerem o caminho a seguir.

"Só uma coisa é clara: nós somos governados por duas forças terríveis. Uma delas nos empurra para a frente e a outra nos detém e impede o nosso retorno à sede. Ao nos encontrarmos entre essas forças, nós nos debatemos inutilmente e nos tornamos um exército de demônios, sitiando os mundos.

"As esferas harmônicas não nos atendem; bem, talvez na desordem do caos nós vejamos o objetivo final da dança da vida e fiquemos de posse da chave do enigma, antes de atravessarmos a ígnea barreira límpida que nos oculta os grandes mistérios da existência. Talvez esse santuário fique inacessível e todos os nossos esforços sejam coroados pela edição de uma lei nova; ficaremos então cercados por um exército de átomos claros, um exército de sabedoria, por virtudes de poder e beleza de perfeição ilimitada, e nos tornaremos prisioneiros daqueles muros fulgurantes que nos separam para sempre do mundo com o qual estamos ligados com todas as fibras do coração.

"Os lábios dos arcanjos estão cerrados pelo grandioso selo dos mistérios; o silêncio é o seu poder. Mas quem poderá nos provar que esses seres límpidos não estejam arrependidos por terem vencido todas as suas fraquezas, que emocionam o coração imperfeito de humanos? A alma límpida, mas vazia, do ser perfeito está, provavelmente, perdendo o hábito de chorar, amar, sentir as alegrias e penalizar-se por aqueles que sofrem. Com um olhar apático, ela observa as duras provações daquele que outrora amou. Mas ele não tem outro interesse além da qualidade da luz que dele emana e da bem-aventurança da paz infinita. Aliás, tudo isso são simples suposições...

"Mas, se por um lado é-nos difícil descortinar os mistérios que nos cercam, podemos tentar impedir o movimento ascendente dos espíritos. Quem é que está em condições de garantir que nós não seremos o fiel da balança na hora em que o número dos "eleitos" começar a diminuir? Que tipo de tempestade será desencadeada? Que tipo de mudanças ocorrerão por conta da alteração do equilíbrio? Quem, no fim das contas, irá governar o Universo?!"

Os olhos do grande espírito do mal flamejavam maldosamente. O caos, a revolta, as paixões desenfreadas que nele efervesciam refletiam-se em seu rosto desfigurado.

Era com misto de medo e terror que Supramati olhava para o ser cego, ainda que audacioso, que ousou enfrentar, numa luta desigual, os grandes princípios da ordem e harmonia, querendo destroná-los com o auxílio da legião de cegos espíritos inferiores. Estaria ele de fato acreditando na possibilidade da vitória? Teria ele esperanças de deter o movimento infinito? Não, aquilo era impossível! A força destruidora do mal poderia aniquilar o planeta, talvez pulverizar o sistema inteiro, mas a grande força motriz do Universo escaparia desses cegos. Assim como eles não conseguem aniquilar um espírito, não conseguem parar o movimento das estrelas ou destronar o ignoto areópago que se oculta atrás da barreira de luz a eles inacessível, pois as próprias paixões que os animam lhes impedem o acesso.

Feito uma névoa maléfica, pairam as legiões do mal na atmosfera, espalhando o ódio, desgraças e doenças. Aquilo que Supramati ouviu só poderia ser pronunciado pelo inferno. Somente ele poderia interpor o terrível "por quê", para o qual o homem não encontra resposta nem explicação e o qual invade o homem com bílis e rancor.

Sombrio, com o cenho carregado, olhava Dakhir para o abismo que se estendia a seus pés. Supramati aprumou-se e lançando-se à frente gritou:

— Vamos fugir deste medonho local de trevas e revolta! Sinto-me enlouquecer nesta atmosfera de sabedoria satânica!

A gargalhada de Sarmiel parecia estremecer o céu.

— Você quer fugir? E para onde? Onde você vai se esconder das verdades amargas que eu disse? Em vez de correr do mal é melhor aprender a governá-lo, não no intuito de vencê-lo, mas para fazê-lo seu aliado contra o bem e impedir que a odiosa e cruel força o arremesse para a frente. Se você fraquejar e a sua alma tola for buscar a luz, você será arrastado pelos cabelos pela escada da ascensão eterna, cada degrau da qual martirizará o seu corpo e a alma, e os arcanjos o trarão ensanguentado e dilacerado aos pés do trono do Eterno.

O braço colossal do terrível demônio se estendeu, apontando com o dedo para algo invisível.

— Lá, no meio de centenas de milhões de vias lácteas, reina a Divindade. Mas naquela prisão celestial você se transformará, no máximo, numa mola, num fio elétrico a mais da máquina criadora, preservando de sua individualidade apenas a consciência de si: você deixará de odiar e amar, e fará parte da rotação universal, "perfeito" e "feliz", pois de você não sobrará nada além do vazio, que substituirá o seu coração morto...

Sem ouvir mais, Supramati lançou-se para frente, seguido de Dakhir, que o apoiava pelo braço. Atrás deles se ouviam gargalhadas de escárnio – terrificantes, demoníacas, sonoras, que faziam estremecer todas as fibras do ser.

– Dakhir! – gritou Supramati, sufocando-se e sem condições de dominar-se. – Será que tudo que ele disse é verdade? Será verdadeira a afirmação de que a imortalidade é eterno sofrimento, eternas provações, eterna morte, morte em diversas formas? De fato, o inferno é o único capaz de urdir um plano diabólico de deter os espíritos no meio do caminho e obrigá-los a se desviar do progresso, do céu e da luz. É fato também que eu, feito um cego, almejo o desconhecido e que este se estende diante de mim em infinito. Aos poucos eu vou me despojando de todos os sentimentos que me são caros, aos quais eu me acostumei, e para tornar-me o quê? – gritou ele e silenciou, assustando-se com a sua própria voz, lamentosa, doentia e trêmula, feito uma corda partida.

– Acalme-se! – disse Dakhir. – Não se entregue à dúvida, o pior inimigo do homem. Ela foi invocada pelo discurso malicioso de Sarmiel e dominou-o com tal força que, se diante de você as portas do céu fossem abertas, você teria recuado, duvidando da luz diante de seus olhos. Não se pode empolgar-se desse jeito!

"Tudo que ele disse é verdade, mas enfocado sob um falso ponto de vista. Ele não quer admitir que para a alma – já que ela é imortal – seria insuportável permanecer estática num único lugar por toda a eternidade, e que as transformações, por mais que elas sejam difíceis, possuem um grande objetivo inevitável.

"A perspectiva que Sarmiel abomina de poder se tornar uma das molas propulsoras da perfeição deverá constituir-se, entretanto, num ideal que qualquer espírito deve almejar. Livrar-se para sempre de dúvidas que atormentam, de sentimentos mesquinhos e de impulsos impuros, para abraçar toda a humanidade num sentimento de amor puro e tranquilo, desprovido de qualquer interesse pessoal, deve ser uma felicidade bem maior que todas as nossas imperfeitas alegrias terrenas. Além disso, por acaso, a sensação límpida da consciência saciada em ter alcançado a totalidade do conhecimento e compreendido a origem e a finalidade de todo o existente não conta nada? Não, não! O céu vale a pena ser alcançado.

"Da mesma forma, para compreender e vencer o mal é necessário estudá-lo.

"Depois do que lhe falou Sarmiel, você deve ter uma visão clara dos motivos pelos quais as legiões do mal são tão numerosas e poderosas.

"Todos esses espíritos agastados por dúvida, que veem no sofrimento uma injustiça e não provação, esperam, por meio da difusão do mal, deter nos outros a inexorável aspiração à perfeição.

"Para vencer esse exército de cegos, nós devemos estudar o mal; não para utilizá-lo com o objetivo de opor-se às inabaláveis leis, mas para nos elevarmos até a luz, a qual, apesar de todos os obstáculos, nos arrasta a ela, feito uma mariposa à lâmpada.

"Nós fomos feitos de luz e nela nos transformaremos de novo. Nenhuma escuridão pode se misturar com a origem ancestral da pureza perfeita. É possível que alguma imundície se grude a ela, mas chegará a hora que esta mácula se soltará e se transformará em cinzas, e de seu bojo fulgirá uma luz ofuscante, que representa a essência de nosso ser, uma herança eterna de nosso lar celestial. E a este lar nós retornaremos, apesar de todas as provações no infinito caminho através de todos os reinos da natureza; apesar de todos os sofrimentos e amarguras passados, para depois gozar de paz e harmonia perfeita."

Um silvo estridente e uma furiosa rajada de vento interromperam Dakhir.

Uma nuvem negra recortou feito furacão o ar e diante deles surgiu o funesto Sarmiel. Todo o seu ser tremia e dele, à semelhança de cratera de um vulcão, expeliram-se chamas, colunas de fumaça e feixes de faíscas.

– Vão-se enganando com as falsas esperanças! – trovejou zombeteiro o espírito das trevas. – Não é à toa que se diz: "Bem-aventurados são os pobres de espírito, porque deles será o reino dos céus".

— Não blasfeme, espírito orgulhoso e cego! – disse em tom severo Dakhir. – Você é grande e poderoso por seu conhecimento, e é imenso o seu reino! Turbas desprezíveis fervilham aos seus pés; crimes, os mais variados possíveis, se espreitam sob as suas asas, e infinito é o número de destruições e de vítimas que você semeou no mundo; contudo, há quanto tempo você preside aqui sem alcançar a vitória? Debalde o seu exército luta ferozmente contra o céu; você não avançou um passo sequer ao centro da luz sublime, pois as trevas até ali não alcançam.

"Você martiriza as criaturas de Deus, pensando com isso magoar o céu, no entanto você mesmo sofre da insatisfação de todos os seus desejos.

"Você blasfema e abomina a paz, a harmonia perfeita e a límpida e tranquila consciência do dever cumprido. E por que, então, o seu coração mortificado, atormentado por dúvidas e sem esperanças, não está satisfeito? Isso é inegável; apesar de minha ignorância, eu vejo isso através de sua couraça. A despeito de toda a sua indignação, você também é uma criatura de Deus, gerada a partir da mesma luz divina, que com todas as fibras de seu ser aspira à paz – essa, talvez, a principal força motriz que impulsiona toda a humanidade a subir pela escada íngreme e estreita da perfeição, na expectativa de algum dia gozar da sua indescritível bem-aventurança."

A cara do demônio desfigurou-se estranhamente; de seus lábios soltou-se um grito sinistro e dilacerante, feito soluço, e ele baixou a cabeça por uns instantes. Mas, quase imediatamente, ele se endireitou, sombrio, ameaçador e cheio de ódio. Sacudindo o punho cerrado, ele brandiu:

— Bem, e daí? Quando eu estiver cansado do mal que não me leva a nada, quando eu estiver saturado dele, eu tomarei de assalto os muros ígneos para descobrir o que acontece atrás deles.

— Você não será o primeiro audacioso a aventurar-se dentro dos limites do muro sagrado. Mas você já viu, por acaso, alguém que de lá retornou para dizer aos mortais o que há por trás daquela proteção misteriosa? Quem poderá garantir que o caminho ao cimo de lá não é mais comprido do que o daqui?

O lúgubre e flamejante olhar do demônio pareceu se grudar ao pálido mas decidido rosto de Dakhir.

– Eu acho que ambos estamos longe do objetivo final!... – ressoou ele.

– Talvez. Só que você reconhece isso por orgulho, e eu porque assim me sugere o meu modesto senso – redarguiu Dakhir.

Sarmiel nada respondeu. Sua figura diluiu-se numa gigantesca nuvem negra e em seguida desapareceu no espaço sem deixar vestígios.

Dakhir pegou a mão de seu amigo e ambos voaram para a frente.

CAPÍTULO 6

 Tentando se recuperar espiritualmente e acalmar os impetuosos pensamentos que se desencadearam em sua mente, Supramati não deu, no início, qualquer atenção ao que ocorria em volta; mas, logo percebeu que em torno dele se abria um espaço cinzento e nuvioso. Como se através de uma cortina ele via o céu, salpicado de estrelas, no entanto essas pareciam bem maiores do que vistas a partir da Terra.

 – Dakhir! Leve-me para algum planeta, pois eu quero ver se as pessoas que nele habitam têm tantos vícios, se são tão ignorantes, tão ávidas por prazeres como na nossa repulsiva Terra. Ou talvez ali reinem harmonia e sapiência!

 – Eu não posso fazer isso – respondeu Dakhir. – Para empreender tal excursão, só Ebramar dispõe de força e conhecimentos necessários. Quando nós nos tornarmos seus discípulos, e eu espero que isso seja relativamente breve, é provável que ele nos leve aos mundos inferiores, onde pareceremos uns anjos, e também aos mundos sábios e disciplinados, onde nos sentiremos insignificantes. Aliás, eu atenderei, parcialmente, ao seu desejo e o levarei a um mundo bastante original, ou seja, à residência de Ebn-Ari.

Supramati começou a rir.

– O Rei das Larvas possui a sua própria residência? E os seus súditos moram junto com ele?

– Exatamente! Você mesmo vai ver que no espaço existem, para criaturas maléficas e perigosas, o mesmo tipo de prisão que nós temos.

– Então você quer me mostrar uma dessas prisões?

– Sim! É um pequeno planeta morto de nosso sistema. Fica bem perto da Terra, mas é muito escuro e invisível para nós. Como vê, no espaço nada se perde e os mundos extintos, que já não produzem nada, servem, enquanto ainda não se desintegraram, para local de permanência de espíritos que abusaram de sua liberdade.

– E aquele mundo é estéril?

– Sem dúvida. Lá não existe mais nem vida vegetal nem animal. Os seres humanos lá não conseguem sobreviver devido às condições desfavoráveis: frio intenso, gases venenosos, e assim por diante. A desintegração é lenta, até que uma explosão final espalhe as suas partículas. E até lá o planeta abandonado serve de reino a Ebn-Ari e seus súditos – as asquerosas larvas. Esses seres maléficos que sugam as forças vitais dos encarnados tornam-se finalmente pesados demais para subir ao espaço. Anfíbios de dois mundos – mundo dos espíritos e mundo dos vivos – , eles vagam invisíveis na terra, semeando morte e terríveis doenças de espírito por todos os cantos.

"Sobre essas criaturas nocivas foi instituída uma severa vigilância permanente. Para que eles não se apoderem da Terra, eles são, na maioria dos casos, juntados num mesmo local. Mas este local deve ser suficientemente resistente: como uma pedra, jogada na água e que não pode subir à tona, e como um espírito, separado do corpo material, saturado de fluidos grosseiros, que não consegue elevar-se ao éter, caindo em seguida para a terra. Somente privados das condições que os unem à vida terrena e da fonte de alimentação, que são as pessoas vivas, eles, por bem ou por mal, são obrigados a desistir de seus atos mortíferos.

"O planeta abandonado atende a todos os requisitos. Por isso, quando morre corporalmente essa espécie de criatura larval, que com o tempo se torna um vampiro, ela é agarrada e levada àquele mundículo para lá permanecer até que se purifique o bastante para retornar às condições normais.

"Eu sei que as pessoas negam a existência desses seres, zombam da credulidade dos que acreditam, chamando-os de tolos e loucos por acreditarem em vampiros, larvas, súcubos e íncubos. Bem, o que podemos fazer?! O mais insolente dos risos e a mais teimosa incredulidade são impotentes diante de um fato. Sempre houve narrativas fantásticas, que os cientistas diziam ser produto de alucinações, de autossugestão, mas que nada mais são do que ardis de vampiros. Os assassinatos ocultos que deixaram pistas palpáveis, apesar de sua evidência, são negados devido ao temor de se parecer ridículo."

– Você tem razão! Eu mesmo, apesar de gostar de ciências ocultas, achava que tais narrativas eram lendas, baseadas na credulidade de gente pouco desenvolvida. Agora entendo que os estudos que eu considerava sérios eram totalmente vazios.

– Sim, não há ignorância mais teimosa que a presunção científica, imaginando que tudo já foi pesquisado. Olhe! Nós estamos nos aproximando do nosso objetivo. Está vendo aquele contorno negro? É o cadáver daquele mundículo – o nosso vizinho, de cuja existência os astrônomos nem suspeitam. Mas, antes de nós penetrarmos em sua atmosfera, devemos nos fortificar, pois precisaremos de força.

Dakhir tirou de trás do cinto dois frascos e deu um deles para Supramati, que o esvaziou de um só gole. O líquido pareceu quente, mas destacava-se por um gosto agradável; uma sensação de calor vivificante percorreu-lhe todos os membros, enchendo-o de forças e energia, mas, praticamente no mesmo instante, ele sentiu-se tonto e pareceu-lhe que um turbilhão de vento o agarrou e arrastou velozmente com silvos para não se sabe onde.

Ele sentiu estar caindo, como atraído por uma poderosa corrente. Em seguida, o torpor e o estado semiconsciente dissiparam-se, dando lugar a uma outra sensação.

Pareceu-lhe estar em pé junto à janela de um trem-relâmpago, olhando para os contornos imprecisos de objetos e vistas estranhas que se abriam diante dele, ora numa penumbra embranquecida, ora escarlate e até violeta-escura.

Subitamente ele sentiu um empurrão tão inesperado que fechou os olhos, e o movimento cessou.

Supramati abriu os olhos suspirando. Teria ele acordado de um sono fantástico? Não despertaria ele, finalmente, da alucinação da loucura? Seria possível tudo aquilo que ele havia visto, vivido e sentido? Não acordaria ele, novamente, em seu humilde quarto londrino com os raios solares penetrando através das cortinas das janelas, brincando nas flores do tapete e na moldura dourada do retrato de seus pais?...

A voz de Dakhir dissipou seus devaneios.

– Acorde! Nós já chegamos.

Supramati aprumou-se e olhou curioso em volta.

Ele estava em pé nos degraus da escada feita de pedra preta, parecida com o basalto. Nas laterais da escada enfileiravam-se figuras genuflexas moldadas; nas mãos erguidas elas seguravam uma espécie de tocha. Em torno, divisavam-se as ruínas de um gigantesco templo ou palácio abandonado.

Viam-se galerias, sustentadas por colunas com brilhantes inscrições esmaltadas. Mas todas aquelas esculturas e ornamentos tinham um estranho e inusitado aspecto; jamais ele vira algo semelhante. Além disso, a cor vermelho-sanguínea da atmosfera acentuava ainda mais a estranha impressão geral.

– Onde estamos? – indagou Supramati.

– No palácio de Ebn-Ari. Ele não está em casa, mas nós podemos esperá-lo. A entrada aqui é proibida, uma vez que aqui repousa, após um longo dia de trabalho estafante, o terrível anfitrião.

Eles subiram a escada, passaram por uma comprida galeria que dava uma volta no prédio e pararam diante de uma maciça porta negra, brilhante como vidro, na qual estavam esculpidas as figuras de animais e plantas.

Dakhir empurrou a porta, que se abriu imediatamente, e eles adentraram uma imensa sala, cujo teto tinha a forma de uma cúpula. Ao redor, enfileirava-se uma série de colunas baixas, ricamente entalhadas e pintadas em cores vivas. Entre as colunas viam-se grandes vasos, nos quais ardiam chamas violeta, verdes e amarelas.

No fundo da sala, num estrado de alguns degraus, erguia-se uma espécie de trono, feito de rocha preta; em seu espaldar viam-se pousadas duas aves, parecidas com águias, abrindo as asas sobre o trono em forma de baldaquim.

No centro da sala, num pedestal alto, estava erigido um enorme crucifixo alvo, envolto em névoa azulada fulgurante, à semelhança de auréola. A certa distância um do outro, estavam dispostos bancos de pedra.

A porta lateral levava para uma outra sala, da mesma forma ampla e lúgubre, mas mobiliada luxuosamente. A luz purpúrea que a inundava conferia-lhe um aspecto bem sinistro.

Dessa segunda sala, uma porta levava ao terraço, ao pé do qual, perdendo-se ao longe, se abria um imenso jardim. As folhagens verde-escuras das enormes árvores eram densas; os arbustos cobertos de flores formavam grupos; ao longe, divisava-se um lago de superfície lisa e brilhante, e um pouco antes dos penhascos azul-índigo se precipitava uma catarata espumante. Mas o silêncio mortal que reinava ao redor era um forte contraste com aquela visão cheia de vida. Não se movia sequer uma folha, não se ouvia o menor ruído do lado da catarata. Supramati já abria a boca para fazer uma pergunta ao seu amigo quando subitamente, por entre os arbustos, num pequeno relvado, notou um grupo de figuras humanas e foi, quase correndo, em sua direção.

Mas com a mesma rapidez ele se deteve, olhando surpreso para uma jovem e bonita mulher, parada imóvel a alguns passos dele. Ela parecia estar petrificada em meio ao turbilhão de dança. Seu braço estava erguido sobre a cabeça, uma das pernas pairava no ar, a túnica fina grudara-se ao corpo pela rapidez do movimento, os cabelos soltos esvoaçavam ao vento; no entanto, ela não se movia. Os seus olhos estavam esbugalhados e um sorriso congelara-se em seus lábios.

A alguns passos da mulher, doze jovens mulheres se seguravam pelas mãos como se fossem iniciar uma dança de roda, mas elas também estavam imóveis como a primeira.

– Dakhir! O que significa tudo isso? Por que esse silêncio mortal e essa imobilidade tanto na natureza como nas dançarinas, que parece terem se transformado em estátuas?

– Você tem razão! Tudo que você vê aqui está petrificado. Encoste na folha, no arbusto, na flor ou nos cabelos dessa mulher e você vai ver que tudo está tão duro como rocha.

Convencido das palavras de seu amigo, Supramati disse decidido:

– Tudo aqui é artificial! Que obra de arte estranha e ao mesmo tempo perfeita! Quem conseguiu conferir a estas obras um aspecto tão vivo? Até os matizes das cores destacam-se por frescor e naturalidade extraordinários; no entanto, tudo não passa de pedra! Só não consigo entender qual é o objetivo desta obra artística.

Dakhir suspirou. Com um olhar triste, ele percorreu aquele quadro sinistro que os cercava.

– Tudo que você vê não é uma reprodução de arte, mas representa o resultado de uma terrível catástrofe que desabou muito tempo atrás sobre este mundo infeliz, transformando-o num cadáver planetário.

"Uma explosão repentina de gases destruidores envenenou a tal ponto a atmosfera que as pessoas que aqui viviam, os animais e as plantas, tudo ficou asfixiado e cristalizado, mantendo o aspecto natural de vida: os movimentos, as poses, as expressões daquele instante quando surgiu a morte, transformando-os instantaneamente em estátuas. Aqui, você está numa espécie de Pompeia, mas bem mais surpreendente que a nossa terrena, pois aqui tudo se conservou, transformando-se em pedra. Apalpe a água que cai da cascata: ela também se tornou uma densa massa cristalizada sob o efeito de sopro mortífero, que aniquilou no planeta o calor, os movimentos e a luz, pois os densos vapores que o envolvem absorvem os raios solares, criando uma pálida luz avermelhada, conforme você vê."

— Como este planeta parece com nossa Terra!

— Ele é composto dos mesmos elementos. É de um mesmo pedaço que criou o nosso planeta, desprendendo-se da massa cósmica; as mesmas falanges dos espíritos habitavam, alternadamente, ambos os mundos vizinhos. Sendo assim, não há nada de extraordinário, salvo algumas diferenças insignificantes, que aqui reinassem as mesmas concepções de mundo, usos e costumes. A civilização ia progredindo de maneira semelhante e até as ideias religiosas eram passadas de um planeta a outro. E depois, como você vê, a aniquilação da vida neste planeta não rompeu os elos, e nossa Terra envia para cá os seus rebeldes habitantes fluídicos. Mas vamos adiante para darmos uma olhada no palácio, antiga residência imperial; mais tarde eu o levarei à cidade, povoada de larvas.

Mudo de nervosismo, Supramati seguiu seu mentor, que, pelo visto, conhecia bem a topografia local.

Eles passaram através de uma alameda cercada de árvores e floreiras e logo se encontraram diante de uma escadaria que levava a uma longa galeria a céu descoberto. A galeria estava apinhada de gente.

Os serviçais, tendo nas mãos pratos, ânforas e cestos com frutas, estavam paralisados em sua sôfrega carreira, mas tudo produzia a impressão de tal vivacidade arrebatadora que Supramati, ao passar ao lado daqueles serviçais apressados, imaginou ter sido empurrado por um deles em sua azáfama.

Um grande arco, guardado por duas sentinelas, levava à sala do banquete, iluminada com luz sanguínea sinistra que penetrava através de enormes janelas abertas. No interior da sala, estendiam-se em duas fileiras longas mesas, às quais estavam os convidados – homens e mulheres – cujos trajes eram uma mistura de moda egípcia, grega e assíria.

Com frio no estômago, ia passando Supramati ao longo daquelas mesas, olhando para os rostos imóveis, nos quais se congelou a expressão daquele instante em que a morte os fulminara inesperadamente.

No fundo do recinto, sobre um estrado dominando o ambiente, havia uma pequena mesa, ao redor da qual estavam sentadas apenas seis pessoas. No centro da mesa, numa cadeira de espaldar alto, erguia-se a figura de um homem jovem, traços finos e regulares de rosto, com expressão soberba. Sobre a cabeça ele trazia uma espécie de tiara, que terminava com uma ave de asas abertas. Suas mãos e pescoço eram adornados por maravilhosas joias e na mão erguida ele segurava uma taça, prestes a ser enchida por um criado que estava atrás do rei.

Um sorriso orgulhoso cheio de satisfação iluminava-lhe o rosto, e os lábios semiabertos, sem dúvida, eram um sinal de que ele estava falando no momento em que o sopro da morte os cerrou para sempre.

Com os olhos enuviados de perturbação, olhava Supramati para aquela sala de banquete que se tornou um cemitério e para aquela multidão festiva e relaxada que agora nada mais era senão estátuas de pedra. Que terrível *memento mori* da fragilidade humana!

– Vamos?! – propôs Dakhir, pegando Supramati pelo braço. – Aqui só há restos da civilização inopinadamente extinta. Na cidade você verá as larvas, vampiros e todos aqueles habitantes que anseiam por vida real, tendo que sobreviver neste mundo cristalizado.

– Como é horrível aqui, no meio deste silêncio mortal, em companhia desses mortos e com esta luz vermelha!

– Oh! As larvas e os vampiros também são mortos. Mas vamos! Os belos guerreiros que guardam e protegem a mesa imperial e o portão não poderão impedir a nossa saída.

Tremendo de terror, Supramati passou entre as estátuas armadas que protegiam o trono ou que estavam perfiladas na larga escada que levava da sala contígua a um imenso pátio, atravancado de todo tipo de bigas e liteiras.

Um cavalo atrelado, com a crina e o rabo esvoaçando, empinava-se nas patas, às custas contido pelo cavalariço. O maravilhoso animal poderia servir de belo modelo para um escultor. Bem junto da escadaria estava parada uma liteira; uma jovem e bela mulher, num traje rico e luxuoso, estava descendo dela e virando a cabeça; parecia emitir uma ordem ao criado, parado respeitosamente diante dela e ouvindo-a atento.

– Que espetáculo perturbador! Não será fácil passar por entre todos – observou Supramati. – O que estariam comemorando? Quem eram essas pessoas poderosas, ricas e provavelmente cobertas de glória, que estão aqui imóveis séculos a fio entre os serviçais reverenciosos, transformados em pedra por um poderoso e enigmático sopro, ceifando-lhes a vida, a grandiosidade e o poder? Que mísero, ignorante e cego você se sente diante do grandioso terror de tais catástrofes!

– Sim, nós pouco ainda sabemos do que ocorre em volta de nós na natureza e estamos longe de entender as leis que nos governam – concluiu Dakhir.

Continuando a conversar, eles atravessaram o pátio, depois passaram por um outro, tão grande como o primeiro, e saíram para uma larga margem do rio apinhado de embarcações de todas as espécies e tamanhos, cuja maioria estava enfeitada com flores. Na descida ao rio comprimiam-se os passageiros.

Do outro lado do rio espalhava-se a cidade, recortada por largas ruas, emolduradas por graciosas e grandes casas. A ornamentação e o esmerado acabamento dos prédios indicavam uma civilização já bem desenvolvida.

Aqui, como em outros lugares, via-se uma povoação numerosa, surpreendida no meio de seu afã e prazeres. Mas entre as estátuas humanas moviam-se seres vivos, com os rostos desfigurados pelas paixões, com expressões animalescas e sofridas, desavergonhadamente expondo os corpos desnudados cobertos de chagas nojentas.

— Está vendo aqueles homens e mulheres, de todas as idades, que emporcalharam tanto o seu corpo espiritual? Eles, assim como antes, estão repletos de desejos insaciáveis; rejeitam a purificação através do sofrimento como a única salvação capaz de arrancá-los desse terrível estado, que lhes foi imposto pela separação do corpo carnal, e que deles fez renegados de ambos os mundos, sem conseguirem fundir-se totalmente com nenhum deles.

"A sua permanência aqui é um castigo cruel, principalmente para aqueles que foram arrancados da prazerosa ocupação de sugar as forças vitais dos encarnados, ou de se grudar a algum indivíduo para gozar de sensações carnais, com o auxílio de seus sentidos.

"Ebn-Ari, com os seus serviçais, traz para cá centenas dessas asquerosas e maléficas criaturas, que, furiosas e desesperadas, vagam por entre as seduções que as cercam. Todas as suas sensações se excitam com a visão de mesas cheias de iguarias e de tantos homens e mulheres no resplendor da juventude e beleza. Resumindo, aqui não existe uma paixão que não pudesse achar objeto de sua excitação; no entanto, tudo aqui está morto! Nem ao menos o menor sopro de vida bafejará aqui para satisfazer a sede incitada dos prazeres. Blasfemando terrivelmente, os seres realizam entre si as orgias mais deprimentes e entregam-se neste silêncio e escuridão às mais torpes paixões."

— A cidade, pelo visto, tinha muitos habitantes — observou Supramati, olhando com aversão para os espectros vampíricos que vagueavam entre as estátuas humanas.

— Sem dúvida! E não só nesta cidade, mas em todas as outras no continente e em todo o globo, pereceram todos os seres viventes — confirmou, suspirando, Dakhir. — Mas vamos! — acrescentou ele. — Eu gostaria de lhe mostrar mais um lugar, uma vista sinistra e grandiosa que me deixou uma impressão formidável ainda na primeira vez em que estive aqui.

Respirando com dificuldade naquela atmosfera não habitável para qualquer outro ser vivente em condições normais, Supramati seguiu seu amigo. Eles passaram por algumas ruas e subiram num morro alto, em cujo cume se erguia um enorme prédio; seus contornos maciços e as pesadas colunas desenhavam-se nitidamente no fundo escarlate da atmosfera.

Sob uma enorme cúpula avolumava-se uma gigantesca figura alada, envolta numa túnica. Numa das mãos ela segurava no alto um grande crucifixo; na outra, trazia aos lábios um trompete. Em sua cabeça assentava-se uma coroa e cada dente seu reverberava chamas multicolores, à semelhança de luzes errantes. Todas essas luzes saltitavam, moviam-se e ardiam feito fogo de artifício na cabeça da estátua, formando em volta dela uma estranha auréola que se desenhava magicamente no firmamento vermelho-sanguíneo.

– O que é aquilo? – perguntou Supramati.

– É a estátua do anjo de Deus, conclamando os homens para orarem e mostrando-lhes o símbolo da eternidade, que é único onde quer que seja. Antigamente, conforme me contaram, daquele trompete se ouvia um hino harmônico durante as liturgias, extremamente bonito, pois um mecanismo artificial acionava os instrumentos parecidos com o órgão. Agora, disse-me certa vez Ebn-Ari, entre as larvas corre solta uma lenda que diz que, na hora da destruição final do planeta, o trompete do anjo soará novamente e toda a população petrificada, assim como a natureza, irão se animar e que somente na catástrofe final tudo irá morrer de fato. De acordo com a lenda, todo esse povo petrificado é um terrível monumento da ira Divina que puniu as pessoas que esgotaram a paciência e misericórdia do Senhor com seus atos maléficos, desprezo por todas as leis divinas e humanas, e guerras fratricidas.

Sem pararem de conversar, eles subiram pela alta e monumental escadaria talhada na rocha, parecida com pórfiro, mas mais vermelha e transparente. Pelas laterais da escada viam-se mendigos, paraplégicos e vendedores, provavelmente de artigos religiosos; entretanto, Supramati não lhes deu qualquer atenção, tanto estava perturbado, pois toda sua atenção se concentrava na visão de uma multidão de pessoas humildes, estendendo as mãos para os passantes, para sempre pregadas à terra. Apesar de tudo que ele já havia visto, a impressão era tão deprimente que o coração de Supramati batia acelerado quando ele entrou pelo portão aberto do templo, imerso numa penumbra escarlate.

A despeito do lusco-fusco sinistro, Supramati conseguiu distinguir nitidamente os detalhes do ambiente.

As pilastras esmaltadas com cores vivas sustentavam a abóbada. Entre as colunas via-se imobilizada uma multidão de fiéis. Alguns degraus levavam ao santuário em cujas laterais se postavam os membros de um coral, segurando nas mãos os seus instrumentos; seus dedos parecia vagarem pelas cordas, e os lábios estavam semiabertos. O sopro destruidor que trouxe a morte passou tão rápido que não lhes deu tempo de cerrar os lábios.

Diante da entrada do santuário estava postada a alta e majestosa figura do sacerdote. Sua longa barba branca caía-lhe sobre o peito, suas vestes brilhavam de gemas preciosas; as mãos estavam erguidas em solene oração. Atrás dele, no fundo do santuário, divisava-se vagamente um crucifixo dourado e um castiçal de sete braços.

Subitamente entre as estátuas do santuário em penumbra, Supramati divisou certos seres estranhos que se movimentavam e passavam de um lugar para outro. Apavorado, ele reconheceu neles os espíritos vampíricos, sentados ou deitados no piso de pedra gemendo surdamente.

– O que significa isso? O que eles estão fazendo?

– Eles vieram buscar apoio e alívio neste local consagrado à divindade. Aqui se preservou, ou melhor, ficou impresso na densa atmosfera o puro e benéfico fluido da oração, da fé e do anseio ao Criador, por isso a este lugar têm vindo aqueles infelizes, cansados da punição que os atingiu e que aspiram pela renovação. A visão do crucifixo, símbolo da eternidade e expiação pelo sofrimento, faz renascer em suas sombrias almas a vontade de sacudir de si a lama que os sufoca e voltar para o caminho da reabilitação, do trabalho e da ascensão – explicou Dakhir persignando-se.

O olhar nervoso de Supramati pregou-se por alguns instantes ao rosto inspirado do sacerdote, de cujos lábios semiabertos provavelmente partia uma oração, uma bênção ao povo ali reunido, e seu coração bateu com sentimento de pena e respeito indescritíveis. Que poder tinham as forças puras, ali invocadas, se até os seus vestígios haviam se conservado até aquele momento, feito uma fonte jorrando vida, força e esperança naquele mundo morto e hirto!

Supramati prostrou-se de joelhos e rezou por longo tempo. Em seguida, levantando-se, ele pediu ao amigo para abandonarem aquele sinistro planeta, cuja visão muito o oprimia.

– Seu desejo não é muito cortês em relação ao seu anfitrião. Não podemos sair sem vermos Ebn-Ari! Além disso, temos um dever a cumprir, ou seja, visitar nossos irmãos imortais, adeptos do elixir da longa vida, que esperam por libertação pela morte ou transferência para um outro mundo em formação – observou sorrindo Dakhir.

Supramati empalideceu e deu um passo para trás.

– Meu Deus! Aqui habitam os imortais? – exclamou ele, apertando a cabeça com as mãos. – Aqui existem infelizes que passaram pela morte de seu planeta? Existem vivos entre estas ruínas e cadáveres? Mas o seu sofrimento é mil vezes maior do que a punição dos espíritos padecentes aqui aprisionados! Como é que eles conseguem viver aqui? Isso é medonho!

– Por meio de conhecimentos, meu amigo, e com o auxílio da matéria primordial à disposição deles. Repito-lhe que será extremamente descortês de nossa parte menosprezar-lhes a companhia neste planeta.

– Sem dúvida! Então vamos! Nem me passaria pela cabeça ir embora daqui sem visitá-los, se soubesse de sua presença – interrompeu-o Supramati, impaciente. – Vamos rápido! Mas diga-me, Dakhir, as larvas sabem que aqui habitam pessoas vivas?

– Para elas isso não faria nenhuma diferença, pois de chegar até os imortais elas não têm nenhuma possibilidade.

Saindo do templo, eles se dirigiram para os arredores da cidade. Passando através de um jardim, Supramati tropeçou.

Ao inclinar-se, ele viu que ali estava o corpo de uma criança de dois, no máximo três meses de vida, deixada, pelo visto, por sua mãe, já que a poucos passos se via em pé uma mulher desenrolando uma roupinha, prestes a trocar aquele encantador pequerrucho de cabelos enrolados.

— Dakhir! Eu posso levar daqui como recordação esta criança, que eu colocaria sobre a minha escrivaninha como peso de papel? Isso me serviria como prova de que eu não tinha sonhado, perdido o juízo ou fui vítima de uma extraordinária alucinação.

— Por que não? Pelo que sei, isso não é proibido, e eu de bom grado prepararei o honorável meninote para que você possa levá-lo consigo. Antes de mais nada, porém, é necessário desprendê-lo da terra com uma corrente elétrica e, depois, aliviá-lo do peso e da densidade. Mas antes vamos visitar os nossos irmãos da "Távola Redonda da Eternidade".

— E eles são numerosos aqui? Por que as larvas e outros espíritos impuros não conseguem chegar até eles? – perguntou Supramati.

— Porque eles já são purificados, e o conhecimento deu-lhes o poder suficiente para manter uma distância respeitável daqueles animais nocivos. Quanto ao número dos imortais, ele é, naturalmente, pequeno e não tem aumentado, ainda que seja composto de ambos os sexos. Isso se deve ao fato de que não existem nascimentos entre eles por causa daquelas excepcionais condições em que eles se encontram. Aliás, nem eles querem que isso ocorra.

Ao saírem da cidade, Dakhir desenhou com o bastão no ar um sinal cabalístico. Imediatamente eles se alçaram no ar e voaram, ainda que pesada e lentamente, em direção da cordilheira que se projetava no horizonte.

Lá, parecia haver se juntado uma série de densas nuvens brancas. Quando eles se aproximaram, a massa nebulosa verificou-se ainda mais densa e deixou em Supramati a impressão de que aquilo era um muro que cercava um imenso vale.

— De fato, o muro é real, ainda que fluídico, e protege os domínios da irmandade dos imortais – observou Dakhir, enquanto eles o atravessavam.

Do outro lado abriu-se um mundo totalmente diferente. O verdejante vale era emoldurado por escarpas; o ar era puro e, ao invés da antiga iluminação vermelho-sanguínea, ali se filtrava uma luz pálida mas clara. Numa das elevações erguia-se um enorme prédio portentoso, cercado por grossos muros.

– Eis a fortaleza de nossos irmãos – disse Dakhir, detendo-se junto ao portão trancado.

E ele desenhou no ar um sinal cabalístico que, provavelmente, representava alguma palavra na língua comum a todos os iniciados, mesmo que estes se encontrassem num outro planeta.

A porta se abriu e os viajantes adentraram uma galeria abobadada, em cuja entrada eles foram recepcionados por um velho muito bem conservado, vigoroso e forte. Ele trocou saudação com Dakhir, apertou a mão de Supramati e levou-os para uma sala onde estavam reunidas cerca de doze pessoas de idade variada. Todos eram altos e bonitos, de olhos verdes e brilhantes.

Eles cercaram os visitantes e, para surpresa de Supramati, este persuadiu-se de que entendia quase tudo o que falavam. A língua usada pelos imortais parecia sânscrito, porém era mais elaborada e rica em expressões.

Dakhir anunciou que trouxera o seu irmão imortal, que passava pelo primeiro grau de iniciação, e que não conseguia entender como eles poderiam viver num mundo morto.

– Eu lhe expliquei que vocês sobrevivem aqui graças ao seu conhecimento. Se algum de vocês pudesse ser-lhe um guia, e mostrar o local de tanto interesse para o meu amigo, eu ficaria muito grato. Eu ficaria aqui conversando com vocês, enquanto ele iria comprovar os milagres que podem ser produzidos pelo conhecimento até num mundo extinto.

Um jovem de olhar triste e sonhador separou-se do grupo e aproximando-se de Supramati disse-lhe sorrindo:

– Não gostaria de ir comigo, irmão? Eu terei prazer em lhe servir como guia!

Supramati, agradecido, aceitou a oferta.

Eles passaram por algumas salas e desceram ao jardim. O guia mostrou a Supramati os campos meticulosamente trabalhados que parecia estenderem-se até os limites dos contrafortes que emolduravam o vale. Mais ao longe nada se via além de densas nuvens que, feito um muro, se erigiam no horizonte e perdiam-se no céu cinzento.

Ali, por todos os cantos reinava a vida. Viam-se árvores, frutas, flores, pássaros cantando em meio a folhagens, gado que pastava em paz na grama, água que caía barulhenta das escarpas. Ao longe brilhava a superfície de um grande lago. Apenas faltava o céu azul e os vivificantes raios solares para aquela tranquila e alegre paisagem.

Examinando tudo com a máxima atenção, Supramati conversava com o seu guia tentando adaptar-se à sua língua, entendida parcialmente; neste caso, ajudou-lhe muito o seu conhecimento de sânscrito. Logo eles conseguiam se explicar livremente, e Supramati perguntou de que forma eles tinham conseguido se salvar da catástrofe e dar vida àquele cantinho de terra.

O seu cicerone suspirou.

— Você me faz lembrar de coisas tristes, contudo eu entendo a sua curiosidade e tentarei satisfazê-la, contando-lhe os fatos testemunhados. Antes de tudo, devo-lhe dizer que a aproximação da catástrofe era de nosso conhecimento...

Ante o olhar surpreso de Supramati, ele acrescentou sorrindo:

— Seríamos cientistas medíocres, se não tivéssemos condições de prever o desastre. Mas era impossível evitá-lo.

"Assim, os nossos magos sabiam o que estava por vir. O modo como a atmosfera ficou desequilibrada sempre leva à morte instantânea e à cristalização de toda a superfície do planeta. O calor interno se volatiliza, feito o ar de um fole furado, o globo planetário fica envolto numa camada tão grossa de gases e vapores que os raios solares não conseguem atravessá-la. E, assim, a morte do nosso planeta era inevitável: mas nós, imortais, não podíamos morrer e por isso é que fomos obrigados a sanear o nosso abrigo, onde podíamos sobreviver tal qual num oásis vivo no meio deste cadáver planetário. Para alcançar o objetivo, nós tínhamos à disposição a matéria primeva do elixir da longa vida, conforme vocês o denominam. Orientados por nossos magos, irrigamos com a essência vivífica as terras do vale, borrifamos as plantas e a misturamos no alimento dos animais; resumindo, criamos um lugar indestrutível mas reduzido, dentro dos limites do qual nós podíamos purificar a atmosfera e manter as condições necessárias para a sobrevivência. Feito isso, nós vivemos aqui uma vida bem singular, dedicando-nos por inteiro à ciência e aguardando pacientemente o momento de nossa libertação, já que o destino nos condenou não só a viver, mas a sobreviver ao planeta onde nascemos."

Um tremor involuntário percorreu o corpo de Supramati; todo o horror desta existência eterna, para a qual ele também se sentenciara insensatamente, apoderou-se dele com força redobrada. Enxugando com a mão trêmula o suor da testa, ele observou em voz baixa:

– Sim, a sua sina é terrível! Mais terrível ainda é presenciar semelhantes desastres e sobreviver a eles. Se as recordações não lhe forem por demais penosas, conte-me as suas sensações no momento da desgraça e tudo o que você sentiu depois que se viu na escuridão nesta terra morta. Parece-me uma sentença insuportável não poder sair dos limites deste vale, onde a ciência mantém ainda uma vida quimérica para não se ver em trevas, não topar a cada hora em milhares de cadáveres e não ouvir os gemidos e blasfêmias dos asquerosos e covardes seres para os quais este cadáver planetário, como você o chama, serve de calabouço.

O companheiro de Supramati no início nada respondeu e subiu calado os degraus de um grande pavilhão arborizado, perto do qual eles se encontravam. Uma balaustrada delimitava o imenso salão. O imortal eremita acotovelou-se sobre o corrimão e, apontando para a paisagem à sua frente, disse:

– É verdade! Uma vida longa é penosa; não obstante, não devemos fazê-la ainda mais dura, dando-lhe um caráter trágico e desesperador.

"Dispomos até de um conforto invejável. A natureza em nossa volta é linda, ainda que seja estranha; o acervo das ruínas do passado fora dos limites do vale é uma consequência inevitável do tempo, que a tudo destrói, ainda que mais lentamente que certas catástrofes, mas não com menos firmeza. Assim, diante de nós abre-se um vasto campo de estudos e pesquisas científicas, e o trabalho nos faz esquecer do resto. Acredite, irmão, que o verdadeiro mundo de um homem se insere nele próprio e que dele depende criar para si um paraíso ou inferno."

Supramati recostou-se em silêncio sobre uma das colunas que sustentavam o telhado do pavilhão e olhou pensativamente para aquele quadro, imerso na pálida luz espectral que conferia a todos os objetos uma tonalidade extremamente suave.

Diante deles, estendia-se um grande lago, cercado de vegetação exuberante. Em sua superfície espelhante, não agitada por nenhuma brisa, nadavam sem pressa grandes aves de pescoço comprido e penacho na cabeça, parcialmente assemelhando-se a pavões e cisnes; havia as de cor branca, preta, púrpura e até azul feito safira, com penachos dourados – todas pareciam pedras preciosas vivas.

Apenas o silêncio mortal reinante imprimia àquele maravilhoso ambiente um selo de mistério e tristeza.

Supramati começou a examinar o caramanchão a céu aberto onde agora eles se encontravam. Era amplo, cercado de flores e vegetação, com mesinhas e cadeiras confortáveis. Algumas das mesas estavam atravancadas com livros e manuscritos.

– Como você vê, irmão, temos um conforto necessário – disse o guia de Supramati. – Sentemo-nos aqui! Vou atender ao seu desejo e contar-lhe as minhas impressões no momento do desastre. Confesso-lhe que estas recordações são muito duras para mim, mas a sua curiosidade é justa, e eu considero de meu dever satisfazê-la.

"Conforme eu já disse, nós estávamos prevendo a inevitável catástrofe, mas não sabíamos com precisão o momento em que ela ia se dar. Baseando-nos em diversos sintomas, perturbações atmosféricas, chegamos à conclusão de que o minuto fatal estava próximo e de que o início seria dali a sete anos, e que depois – nós sabíamos – seria o fim de tudo.

"Todos os nossos preparativos estavam concluídos, entretanto éramos oprimidos por tristeza e pavor. Sentíamos uma imensa pena de milhares de criaturas, negligentes e despreocupadas, fazendo pouco caso de todos os avisos e vaticínios da iminente morte. Naquele tempo eu contava alguns séculos e não possuía parentes diretos, mas entre os habitantes da cidade eu tinha amigos e conhecidos. Foi neles que eu tentei incutir a necessidade de oração e arrependimento para que a terrível transição os apanhasse puros e preparados. Minhas pregações não tiveram êxito, pois os cientistas oficiais asseguravam que tudo estava em ordem, que nada na natureza prenunciava o fim, e que os profetas da desgraça eram simplesmente ridículos.

"Os indícios do perigo, no entanto, vinham crescendo, mostrando-nos que a decomposição da atmosfera já havia começado – o que provocaria a formação de gases mortíferos. As últimas semanas notabilizaram-se por saltos incríveis da temperatura: um frio terrível, sem qualquer transição, dava lugar ao calor insuportável, e vice-versa. Em diversas partes do planeta ocorreram catástrofes regionais: furacões inéditos, terremotos terríveis, erupções de vulcões em locais onde eles nunca aconteceram e, finalmente, o arquipélago foi inesperadamente tragado pela água. Por fim, chegou o dia fatídico.

"O calor era de rachar; o ar estava denso e sufocante. Atendendo à ordem do mago superior, nós reunimos todos os animais a serem preservados e ministramos a eles o elixir da longa vida, defumando ervas umedecidas com a essência primeva nas trípodes. Contudo, ele não nos disse que a hora do desastre já tinha soado. Tomado de aflição, eu me dirigi ao templo. Minha intenção era rezar e depois visitar meus amigos, cuja sorte me preocupava sobremaneira.

"Toda a cidade estava em pé e fervilhava em animação. Devo acrescentar que um pouco antes daquele dia tinha acabado uma longa guerra devastadora, coroada com a vitória do nosso jovem monarca. Na véspera do dia fatídico, o rei entrou triunfalmente na cidade liderando o exército. A vitória seria comemorada durante três dias consecutivos, e os festejos públicos atraíram à cidade a população circunvizinha. Você não reparou no acampamento onde estava aquartelado o exército, à espera da revista que deveria ocorrer logo depois do banquete do rei?"

— Não! Dakhir não me levou lá.

— Foi medonho! Dez mil soldados e quinze mil espectadores ficaram para sempre erguidos naquele acampamento. Mas continuemos!

"Eu cheguei a cavalo e logo me dirigi ao templo. Ao ver a multidão ruidosa e alegre que enchia as ruas, meu coração comprimiu-se; e eu ainda ignorava que a vida de milhares de pessoas duraria tão pouco.

"Mandei de volta o cavalo com o meu acompanhante, pois tinha a intenção de pernoitar na cidade e só no dia seguinte retornar à irmandade.

"Passou cerca de uma hora. A liturgia estava chegando ao fim e eu já estava prestes a abandonar o templo quando, subitamente, aconteceu uma coisa estranha.

"Todo o ar começou a crepitar, sendo recortado, cruzado por raios azuis, verdes, amarelos, vermelhos e violeta. A seguir tudo pareceu incendiar-se. As chamas começaram a sair da terra, de paredes, pessoas, céu, árvores e todos os objetos; era um mar de fogo. Fiquei tonto e asfixiado. Uma dor dilacerante percorria todos os meus membros, cada nervo do meu ser parecia estar sendo arrancado e queimado ao contato com as chamas que se desprendiam de mim. Depois eu perdi os sentidos.

"Não sei dizer quanto tempo fiquei desacordado. Quando abri os olhos, a luz do dia foi substituída pela penumbra escarlate, que está aí, e que imprime a tudo esse aspecto funesto.

"Fiquei apavorado. Naquele minuto esqueci de minha imortalidade e conhecimento. Eu não passava de uma mísera poeirinha humana, tremendo diante da destruição e consciente de sua impotência ante os elementos enfurecidos da natureza.

"Naquela hora não me dei conta de que tudo estava acabado e imaginava que aquilo era um prólogo da catástrofe. Provavelmente agora – pensava eu então – a terra irá tremer; ouvir-se-á um estrondo subterrâneo, os rios sairão dos leitos, e do interior da terra se soltarão correntes destruidoras de lavas, cinzas e gases mortíferos. Um suor gelado cobriu-me o corpo...

"Tudo que lhe conto agora passou na minha mente com a velocidade de um raio.

"Mas nada veio a ruir, nada se moveu; fui envolto em silêncio mortal. Foi justamente aquele silêncio, após aquela animação toda, que me deixou apavorado. Olhei em volta. Por toda a parte viam-se pessoas, só que estacionadas, como se fulminadas por terror. Eu corri para um homem mais próximo, peguei-o pela mão – ela estava rígida e fria como pedra. Recuei aterrorizado. Pela segunda vez a natureza humana com as suas medíocres fraquezas deixou-me estupefato. Só então compreendi o sentido da revelação feita para nós: 'Morte instantânea e cristalização de toda a superfície do planeta'.

"E, assim, tudo se realizou... Todos aqueles seres humanos que me rodeavam, feito vivos, eram cadáveres, como se petrificados por encanto de um bastão mágico. E eu estava vivo! Saí incólume da terrível catástrofe!

"O que senti naquele momento é indescritível! Tinha medo de mim mesmo... medo do futuro! Como um alucinado, corri para fora. Se alguém me visse naquela hora, não teria acreditado que eu era um representante imortal do conhecimento superior.

"Antes o instinto, do que a vontade, me trouxe à casa de meus amigos. Na entrada estava estático o porteiro. Feito furacão passei por ele e entrei no quarto, onde normalmente se reunia toda a família.

"De fato, todos estavam ali. O dono da casa, sua esposa e o filho pareciam conversar perto da janela aberta. Os outros membros da família se encontravam junto à mesa, enquanto a irmã mais velha servia-lhes frutas.

"Chorando copiosamente, apalpei todos, fixando seus olhos imóveis que, feito vivos, refletiam pensamentos: sérios, alegres ou maliciosos, do último instante de suas vidas.

"Fiquei longo tempo chorando, rezando e refletindo. Só depois que me voltou uma relativa tranquilidade, eu me pus a caminho de volta para a irmandade.

"No caminho tudo estava inteiro e nada mudou de aspecto; apenas as árvores e seus frutos viraram pedra e as águas dos riachos e cascatas solidificaram-se. Foi pela primeira vez que vi os muros branco-nuviosos que cercavam o vale, mas, atravessá-los, eu já não tinha forças. Sentia-me muito mal e feito uma massa inânime desfaleci na terra. Apesar do elixir da longa vida, o meu organismo ficou muito abalado, e minha alma teve de suportar todo o martírio da agonia.

"Quando voltei a mim, vi-me deitado no terraço do palácio da irmandade. Em torno de mim havia uma luz suave, e uma brisa aromática respingava em meu rosto gotículas do chafariz localizado perto de mim. Agarrei hesitante um galho de árvore sob a minha mão – ele era flexível; por todos os cantos, as flores emanavam aroma, os pássaros chilreavam, o prado estava verdejante.

"Estaria sonhando?! Talvez a medonha visão da terra morta tivesse sido um pesadelo?! Mas este equívoco durou pouco. No terraço apareceram alguns de nossos irmãos. Em seus rostos, normalmente serenos, li tristeza e infelicidade.

"Era evidente que eles haviam passado por horas difíceis. A essência primeva preservou-nos da morte, mas não nos livrou de sentimentos humanos, da dor e das paixões. Somente os magos superiores estavam invariavelmente calmos e impassíveis.

"Aos poucos nós fomos nos acostumando à nossa nova situação e olhávamos com indiferença, quando o planeta se foi povoando com os asquerosos espíritos: rejeitos do nosso vizinho – a Terra.

"Aqui se instalou Ebn-Ari, e sua interessante personalidade agradou-nos bastante. Ele é um grande sábio e um dirigente austero de seu povo diabólico e traiçoeiro."

– Eu não imaginava que Ebn-Ari tivesse relacionamento com a comunidade – disse sorrindo Supramati.

Seu cicerone também sorriu.

– Para ser franco, ele pouco mantém este relacionamento e nunca, sem um convite expresso, atravessa os muros de nossa irmandade; no entanto, nós sabemos que ele gosta de descansar em nosso tranquilo e pacífico abrigo. Ocorre também que os espíritos vampíricos, cansados de sua triste vida, vêm para cá para pedir-nos que os ajudemos a sair deste local de sofrimentos, e nós fazemos de tudo para impedir que o nosso planeta seja alvo destas desagradáveis visitas. Mas isso é muito difícil: o fardo desses pobres seres – anfíbios de dois mundos – é por demais pesado.

O guia se calou e, apontando com a mão Dakhir, que apareceu na curva da alameda em companhia de alguns imortais, acrescentou:

– Seu irmão está chamando! Está na hora de vocês irem!

Supramati agradeceu ao seu cicerone e todos se beijaram em despedida. Alguns minutos depois, os nossos viajantes já se encontravam além dos limites do muro nuvioso.

CAPÍTULO 7

    Perturbado, Supramati quis iniciar uma conversa sobre as particularidades da catástrofe que ceifou a vida de tantos milhões de pessoas, mas Dakhir anunciou que eles ainda teriam muito tempo para isso no castelo da Escócia e que eles teriam de se apressar para ir à residência de Ebn-Ari, que, àquela hora, já devia ter retornado para casa.

    Na enorme escada de basalto que levava aos seus próprios aposentos, eles viram Ebn-Ari, que, pelo visto, tinha acabado de chegar com seus companheiros. Eles tinham trazido cerca de uma dúzia de seres de ambos os sexos que estavam num estado indescritível de desespero e raiva.

    A densidade destes era tal, que antes poderiam ser tomados por encarnados vivos do que por espíritos. Seu rugido ouvia-se de longe.

Nos degraus da escada, junto aos pés de Ebn-Ari, contorcia-se um ser feminino de beleza demoníaca, mas ao mesmo tempo nojento devido à expressão animalesca de seu rosto. A mulher gritava em voz alta e exigia que a devolvessem à Terra ou, pelo menos, à atmosfera terrestre; sem lhe dar ouvidos, o Rei das Larvas empurrou-a com desprezo. Ao seu sinal, os ajudantes retiraram-na dali.

Virando-se para os visitantes, Ebn-Ari fez um sinal de saudação e disse:

— Desculpem-me, meus amigos, por eu recebê-los com este concerto lancinante, mas o monstro espiritual, arrancado da Terra, está possesso por eu tê-lo separado de suas vítimas. E, no entanto, o que lhe falta aqui? Ela poderá ocupar, a seu bel-prazer, um dos palácios abandonados. A mobília é luxuosa, as mesas estão fartas de pratos requintados, os porões estão cheios de vinhos finos e a sociedade é numerosa, ainda que um pouco calada. E que belos jovens e encantadoras mulheres a frequentam! Há-há-há!

Ebn-Ari soltou uma sonora gargalhada de escárnio.

— Mas você está sendo muito cruel com os seus súditos – observou Dakhir. – É terrificante ter que ficar nesta escuridão, cercado de objetos que de vida só têm a aparência! É um cemitério vivo, um suplício em dobro para espíritos sofredores.

Uma expressão de implacável e cruel sorriso esboçou-se no rosto de Ebn-Ari.

— Faltar-me-ia misericórdia para ter pena de todas essas criaturas imprestáveis, e, caso elas não queiram ficar aqui, que vão embora e se submetam à purificação inexorável. Já estou enojado de ter que dirigir este pensionato de moças com essas maneiras depravadas. Se isso continuar da forma que está, logo não vai caber mais ninguém. Então que fiquem até se arrependerem e aguentem os suplícios de Tântalo, saciando suas taras com damas e cavaleiros de pedra.

Continuando a conversar, Ebn-Ari levou os visitantes ao quarto contíguo. Lá eles se sentaram e começaram a falar sobre o estranho planeta e a catástrofe que o levou àquele estado.

Mas logo a conversa passou novamente a abordar as larvas, que interessavam sobremaneira a Supramati.

– Diga-me: por que os espíritos se tornam tão materiais, que até a morte não consegue lhes devolver o estado espiritual? Depois, o que eles devem fazer para se purificarem? – interessou-se Supramati.

– Os motivos de tal estado são simples e claros. A vida material, repleta de toda a espécie de abusos, impregna a tal ponto o corpo astral com os fluidos impuros, que, quando a morte o separa do corpo material, o espírito, pesado como uma montanha, já não está em condições de se elevar à atmosfera. Ele sente todos os desejos carnais e, para saciá-los, utiliza-se de todos os recursos, até dos mais criminosos.

"O que se refere à purificação desses sujeitos, ela se processa muito lentamente, e é difícil, exigindo arrependimento, concentração e orações ardentes. Para tornar-lhes mais fácil esta tarefa, aqui se acha instalada uma cruz, saturada de fluidos puros; tocando nela, eles podem se purificar e fortalecer-se até que alcancem a leveza necessária para deixar este mundo com sua terrível atmosfera e passar à esfera preparada para a encarnação.

"Se você tiver interesse em ver este trabalho de purificação, eu poderei mostrar-lhe. Justamente agora nós temos um espírito ansioso em abandonar o planeta."

Supramati agradeceu-lhe efusivamente. Todos os três foram à sala, onde já tinham estado antes, no centro da qual se erguia um crucifixo branco, reluzindo como neve ao sol.

Não longe da porta, Ebn-Ari parou e apontou com a mão um ser de vagos contornos humanos. O ser estava abaixado no pedestal e, envolvendo-o com os braços, encostou a testa à base do crucifixo.

Do símbolo da expiação parecia jorrarem feixes ígneos e correntes de vapor azulado que penetravam no corpo da criatura genuflexa, tornando-a cada vez mais transparente e aérea. Vez ou outra raios cintilantes recortavam a cruz de cima para baixo. De repente, a auréola azulada que o envolvia tremulou e começou a vibrar, e o espírito genuflexo subiu lentamente ao ar, ainda se segurando na cruz. Seu rosto expressava uma felicidade desmedida. Apoiado por ondas azuladas que o envolviam, o espírito continuava a ascender. Por fim ele soltou a cruz e, oscilando, subiu até o fim da abóbada, desaparecendo na sombra.

— Este espírito logo irá deixar-nos: ele está prestes a se purificar totalmente — observou Ebn-Ari ao se virar para a saída da sala.

Supramati seguiu-o pensativamente. Pouco depois ele perguntou:

— Poderia você, Ebn-Ari, dar-me uma definição mais precisa sobre um assunto que nos interessa? Vocês chamam de "larvas" os espíritos nocivos que povoam este planeta; vocês falam também de espíritos "larvais". Bem, já bem antes, quando eu estudava o ocultismo, eu li em algum lugar que os ocultistas modernos dão o nome específico de "larvas" aos parasitas psíquicos gerados pela mente humana, cuja existência depende do grau da força mental que as cria. Explique-me, pelo amor a Deus, as diferenças que caracterizam esses seres!

— Se eu fosse descrever e explicar-lhe em todos os detalhes a questão colocada, levaríamos muito tempo — disse sorrindo Ebn-Ari. — Além do mais, a nossa terminologia nesta questão é deveras pobre, sendo motivo de muitos mal-entendidos.

"Os ocultistas modernos — conforme você me diz — dão o nome de 'larvas' ao pensamento humano, ativo e criador, que, no decorrer de um tempo maior ou menor, vive como um ser específico — um pensamento, contudo, maléfico, que age negativamente sobre o organismo como uma força demoníaca. A mim me parece que seria mais lógico chamar essas substâncias efêmeras, que vivem à custa da vida de outrem, de 'parasitas psíquicos', e o termo 'larvas' deve ser deixado para designar os espíritos criminosos que destroem conscientemente as vítimas em que eles encostam.

"Eu já lhe disse que esta questão é por demais complexa e é difícil esgotá-la em algumas palavras. Aos poucos você aprenderá tudo isso na prática e na teoria. Em resumo, eu lhe digo que damos o nome de 'espírito larval' para um espírito sofredor, cujos anseios carnais se mantiveram tão fortes que, ao invés de compreender o seu estado e tentar através do arrependimento, orações e purificação quebrar os elos que o ligam a esta matéria, ele, pelo contrário, busca com todos os meios saciar as suas paixões não satisfeitas. Tais espíritos anseiam por excreções humanas e visitam todos os locais onde fartamente se depositam fluidos materiais, tais como: cozinhas, restaurantes, banquetes e orgias. Eles são companheiros inseparáveis de pessoas viciadas e voluptuosas, e seu corpo astral vai adquirindo, aos poucos, tal densidade, que eles têm dificuldade de se mover até na atmosfera densa da primeira esfera e por isso se agarram ao corpo de uma pessoa para servir-lhes de sustentação. A partir desse momento é que começa a obsessão e, se possível, a possessão.

"Ocorre uma coisa estranha: num mesmo corpo humano habitam dois espíritos, que contestam o poder um ao outro. Às vezes sai vitorioso o espírito do vivo, mas, com maior frequência, vence o espírito possessor, que começa a se regalar com todas as sensações da vida carnal. Entretanto, tal confrontação sempre acaba mal para o organismo, causa alterações no cérebro, provoca paralisia progressiva e termina em morte.

"Tais espíritos são impuros, nocivos – é claro – e ávidos por prazeres, no entanto eles não são totalmente irrecuperáveis, pois causam o mal não pelo simples prazer de fazê-lo, mas devido ao seu egoísmo, leviandade e volúpia. Estes nós chamamos de espíritos 'larvais'.

"O nome de 'larva' nós damos ao assassino e bandido do espaço, o qual, caso consiga, se apossa do corpo de uma pessoa viva e sem qualquer compaixão expulsa o proprietário legal, formando laços que o ligam ao corpo. Ao se tornar o senhor do organismo, sentenciado pela lei da natureza a se decompor, a larva acha um jeito de prolongar por algum tempo, maior ou menor, a vida ilusória, graças ao fluido material acumulado em seu corpo astral em consequência da atividade constante sobre os vivos, e à extraordinária força que ela utiliza para manter, com dificuldade, o instrumento adquirido.

"Esta criatura asquerosa utiliza o cadáver habitado para diversos tipos de abusos e para a consecução de coisas decididamente inéditas. Para manter aquela vida efêmera, a larva, com implacável crueldade, vai tomando de assalto novas vítimas, dilacera-as e mata, pois o fluido contaminado da decomposição, assim que sai de seu corpo astral, é fatal para qualquer ser humano vivo.

"A larva tem a capacidade também de se materializar facilmente e manter essa densidade corpórea durante dias, meses e até anos, se lhe for dada a liberdade de se revitalizar. Algumas se materializam durante a noite; outras aparecem até de dia, e para um profano é difícil diferenciá-las de seres vivos. Mas, numa relação com elas, o seu contato é trágico para os encarnados, e esses tugues do espaço não podem ser tolerados; é por isso que são afastados: os mais submissos são mantidos prisioneiros na atmosfera da Terra, enquanto os mais perigosos são transferidos para cá, onde elas, queiram ou não, são obrigadas a parar com sua atividade funesta.

"Neste planeta extinto, onde as larvas têm de ficar, não há liberação de fluido material e vivífico, portanto, o corpo astral que as preenche e a matéria que as sobrecarrega vão aos poucos se volatilizando.

"É claro que, se a oração e o arrependimento não acompanharem a purificação, esta estende-se por longo tempo e poderá durar séculos inteiros, pois a má vontade do espírito servirá de impedimento para a purificação.

"O espírito que você acabou de ver agora orando junto à cruz pertence aos habitantes mais antigos do planeta morto. É um ex-adepto da magia negra que abusou de seu conhecimento para satisfazer seus baixos instintos. Fulminado por contragolpe durante um dos seus atos maléficos, ele se tornou uma larva e acabou sendo enviado para cá.

"O espírito da mulher que eu trouxe faz parte dos mais perigosos. Para dizer a verdade, ela já deveria ter sido expulsa da Terra faz muito tempo, mas ela conseguiu até hoje, com uma diabólica habilidade, evitar o banimento, o qual teme mais que tudo.

"A traiçoeira alma, profundamente depravada, ex-bruxa e heroína de sabás medievais, essa sacerdotisa de todo tipo de vícios já esteve presa numa solitária do espaço. Mas, tão logo saiu, encontrou um meio de se reencarnar, ainda que isso lhe fosse vedado.

"Pode-se entender: a família dela propiciou-lhe condições favoráveis, pois os pais eram criminosos. Sua mãe, a despeito da natureza animalesca e impura, não suportou o contato com os fluidos de putrefação e do corpo astral contaminado que nela germinou. Ela morreu prematuramente dando à luz um monstro espiritual, que começou a sua carreira terrena já com este primeiro assassinato.

"Depois, tudo correu como era de se esperar. Absorvendo inconscientemente o sumo de todos que a rodeavam, os quais enfraqueciam, definhavam e sucumbiam, este ser mortífero foi crescendo até se tornar uma moça, e conseguiu achar para si um ambiente adequado. Os repugnantes mistérios de antigos sabás nem de longe são lendas: eles são realizados até nos dias de hoje. Nessas asquerosas reuniões ela tinha um papel de destaque. Tudo em sua volta morria de extenuação, intoxicado pelo contato devastador desse vampiro encarnado, que recebeu o apelido de 'Vênus Fatal'.

"Aliás, ela não se limitava aos assassinatos inconscientes: ela tirava de seu caminho todos aqueles que a incomodavam. Acidentalmente, se é que existe alguma coisa acidental – ajuntou com um sorriso de mofa Ebn-Ari – , acidentalmente, o veneno que se predestinava à sua rival foi tomado por ela mesma, e ela morreu poucos dias depois.

"Sua fúria, no momento em que ela se encontrou no espaço, é impossível de ser descrita. Todas as suas paixões animalescas tempestearam em seu ser e para satisfazê-las ela recorreu a atividades diabólicas. Em pouco tempo ela praticou dez assassinatos; no décimo primeiro eu a peguei – como se diz – em flagrante e pus termo às suas andanças, trazendo-a para cá para ela refletir sobre seus êxitos passados e se amainar. Ela só irá sair da minha capital depois de se purificar, mas ninguém irá apressá-la" – finalizou Ebn-Ari com seu habitual riso ríspido e desdenhoso.

Supramati ainda quis fazer algumas perguntas, mas Ebn-Ari balançou a cabeça e disse:

– Por hoje basta! Está na hora de você, Dakhir, levar o seu neófito. A agitação passada por ele, mais as condições em que ele se encontra, são demasiadamente fortes até para seu corpo imortal.

– Você tem razão! Eu mesmo estou vendo que é hora de irmos – concordou Dakhir. – E, assim, até o nosso próximo encontro na Terra, terrível Senhor das Larvas e protetor de suas vítimas!

Ebn-Ari suspirou.

– Cansa-me muito a minha missão e o asqueroso mundo de vícios para onde fui chamado para trabalhar. Frequentemente fico aborrecido e enojado da crueldade que eu tenho de empregar; mas não há o que fazer. As leis têm de ser respeitadas: a vida material, para os encarnados; a vida no espaço, para aqueles que chamamos de "mortos". Cada um tem de ficar e trabalhar em sua esfera, e eu sou obrigado a cumprir até o fim a tarefa que assumi voluntariamente.

Continuando a conversar, eles saíram para a escada de granito, onde aportaram ao chegarem àquela cidade estranha. Dakhir ergueu o seu bastão; no ar desenhou-se um sinal flamejante. No mesmo instante a cabeça de Supramati tonteou e ele sentiu uma poderosa rajada de vento levantá-lo impetuosamente ao espaço.

Logo depois veio aquela sequência de solavancos, iluminação inusitada; vibrações lancinantes fizeram Supramati concluir que eles haviam adentrado as camadas atmosféricas da Terra.

Ao sentir uma forte e inesperada sacudida, como se tivesse topado em alguma coisa, o voo teve o seu término. Supramati verificou surpreso que eles se encontravam no pavilhão de cristal de onde tinham partido em aventura ao mundo da quarta dimensão.

O pavilhão agora estava iluminado em uma espécie de luz púrpura e junto da mesa estava Nara, colocando em duas taças um líquido vermelho flamejante de uma ânfora dourada.

— Tome, Dakhir! Ele, sem falta, terá que descansar. Suas forças estão totalmente esgotadas devido ao estado insólito do corpo.

Supramati mal ouviu as últimas palavras da esposa, levando aos lábios dele a taça.

O líquido aromático encheu seu organismo de calor vivífico e de bem-estar extraordinário. Uma profunda sonolência dominou-o e ele perdeu os sentidos.

Quanto tempo durou aquele sono profundo, feito morte, nem ele tinha condições de dizer. Quando abriu os olhos, estava deitado numa grande cama com colunas e baldaquino, em seu dormitório no velho castelo escocês. As cortinas estavam meio levantadas e deixavam penetrar raios brilhantes de sol, vertendo reverberações douradas no fundo escuro do tapete.

Nos primeiros instantes, ele não conseguia se lembrar de nada e sentia só uma necessidade premente de ar fresco e luz. Saltando da cama, correu até a janela e a abriu. Uma corrente de ar puro e refrescante bafejou-lhe o rosto. Ele se debruçou no parapeito e inspirou avidamente o sopro do oceano que se estendia diante dele. Os raios do sol ascendente inundavam em ouro as ondas eternamente inquietas.

Aos poucos as vagas lembranças começaram a despertar em seu cérebro; mas os quadros que se erguiam de sua viagem aérea eram a tal ponto estranhos que o ceticismo inerente a ele assomou-se-lhe imediatamente. Com um sentimento misto de desconfiança e irritação, Supramati perguntava-se se Nara e Dakhir tinham ousado fazer uma brincadeira de mau gosto com ele, levando-o a ter alucinações para fazê-lo acreditar que ele realmente havia feito uma viagem ao mundo do além-túmulo.

Supramati espreguiçou-se e já quis chamar o criado para ordenar que lhe trouxessem roupa para se vestir, quando estacou e resmungou pensativo:

— Que diabos! Eu me lembro bem de ter vivido uma sensação diferente. Estou sentindo agora o peso do corpo, e antes eu estava tão leve que podia pairar no ar e até perdia o equilíbrio.

E, então, lembrou-se claramente de tudo: Sarmiel, com sua terrível lógica diabólica; o planeta morto, os irmãos imortais e Ebn-Ari com seus nefastos súditos. A impressão destas recordações era tão forte que ele se recostou por uns instantes à parede, apertando a cabeça com as mãos. Como se em sonho, Supramati dirigiu-se até a campainha. Ele queria se vestir e ir falar com Dakhir, mas de repente viu surpreso um objeto volumoso sobre a mesa ao lado da cama.

Supramati aproximou-se rapidamente e julgou tratar-se de um fragmento de pedra, arrancado de uma rocha. Mas, mal se inclinou sobre ele, de seus lábios soltou-se um grito contido de estupefação, e ele se apoiou sobre a mesa, tremendo de perturbação.

Diante dele estava a prova de que a viagem ao mundo do além-túmulo não fora um sonho.

A superfície da pedra parecia estar coberta por uma delicada vegetação de cor azul-esverdeada. Naquele outrora suave leito repousava o corpo de um bebê – a obra insigne da infausta e trágica arte da natureza.

As mãozinhas e os pezinhos macios e delicados do pequeno ser parecia serem feitos de marfim escurecido, sua cabecinha cobria-se de madeixas negras como asa de corvo e sua boquinha estava semiaberta.

Com as mãos trêmulas, ergueu Supramati a pedra e começou a examinar interessado aquele ser, nascido no outro planeta – testemunha muda do terrível desastre. Os grandes olhos cinza-esverdeados da criança pareciam fitá-lo com um límpido olhar sorridente; os pequenos e encaracolados fios de cabelo, grudados na testa, parecia serem flexíveis e sedosos, no entanto, tudo era tão sólido como pedra. Com que terrificante rapidez teriam agido os mortíferos gases para resguardarem em suas vítimas aquele aspecto da vida? E de que forma Dakhir conseguira trazer para ali aquele fragmento pesado de pedra?

Depois de colocar o bebê sobre a mesa, Supramati cobriu-o com um lenço e decidiu guardar aquela estranha obra de arte numa vitrine especial. Vestindo-se rapidamente, ele foi ao aposento da esposa. Sentia uma necessidade irreprimível de vê-la para transmitir-lhe as suas impressões e fazer algumas perguntas.

Em sua excitação, pensou até em acordar Nara se ela estivesse dormindo, no entanto esta já havia acordado e estava sentada junto da porta aberta do balcão, folheando um livro.

– Nara! De fato, é preciso ter uma cabeça boa para não endoidar de tantas aventuras. Quando eu penso no que vi e passei, torno a achar que aquilo foi sonho.

Nara estendeu-lhe sorrindo a mão e, fazendo-o sentar-se com ela no sofá ao lado, disse jovialmente:

– Não será toda a nossa vida, meu querido, um sonho ininterrupto? Até os acontecimentos de nossa vida eterna passam de lado, à semelhança dos quadros alternáveis de decorações teatrais que, mal aparecem, desaparecem de novo... Mas conte-me as impressões e as peripécias de sua inusitada viagem ao mundo do além.

Supramati contou emocionado tudo o que viu e sentiu.

– Quanto mais mistérios eu conheço que governam a vida humana, quanto mais eu me familiarizo com as terríveis leis da eternidade, tanto mais eu quero estudá-las – concluiu Supramati.

– Faz bem! O conhecimento é a âncora da salvação de nossa longa vida. Só ele pode nos fazer aceitar os sofrimentos espirituais da existência eterna, que nos nega até o necessário descanso tumular. Para nós o trabalho é um apoio, esquecimento e progresso, se não quisermos decair como decaiu Narayana – observou pensativamente Nara.

A partir daquele dia Supramati voltou a trabalhar com um ardor cada vez mais crescente. Seus estudos absorviam-no a tal ponto que ele esqueceu do resto. Seu interesse à vida externa extinguiu-se totalmente e ele vivia exclusivamente no excêntrico mundo do conhecimento ocultista, que lhe abria horizontes cada vez mais novos. Dakhir, vez ou outra, até tinha que interrompê-lo para lhe dar alguns dias de descanso.

No velho castelo os dias não eram contados. Ali nada mudava e como sempre reinavam luxo moderado, silêncio e isolamento. Alguns criados velhos desapareceram e foram substituídos por outros – da mesma forma velhos, calados e humildes. Supramati mal notava essas mudanças, pois a administração da casa era de inteira responsabilidade de Nara. Ele estava inteiramente imerso no estudo de fórmulas mágicas, que logo não apresentavam para ele qualquer mistério. Podia realizar as invocações e penetrar nos campos da magia negra com seu terrível poder de fazer o mal.

Supramati não desdenhava também a Medicina. Só que agora ele estudava um método totalmente diferente de tratamento e a utilização de novos remédios. O magnetismo, a clarividência e a homeopatia desempenhavam um papel preponderante. Mas, com especial afinco, ele se dedicava à exercitação da força da mente. Seu pensamento disciplinado fazia surgir no espelho mágico imagens cada vez mais perfeitas e complexas. Sua poderosa e inflexível força de vontade jamais o traiu e governava os espíritos superiores e forças destruidoras.

No ambiente imutável em que vivia Supramati, ele foi o único que sofreu mudanças e somente ele não se dava conta de que do antigo médico Ralf Morgan não havia restado praticamente nada. O sorriso cético desapareceu totalmente dos lábios do sábio mago; o mundo com suas alegrias torpes e interesses miúdos parecia não existir para ele, e em seus grandes olhos escuros ardia aquela estranha chama que certa vez o fez assombrar-se ao verificá-la nos olhares de outros membros da irmandade imortal.

Uma noite Supramati teve êxito de levar até o fim uma operação mágica muito complexa, que exigia tanto conhecimento quanto energia. Dakhir apertou-lhe alegre a mão e disse:

– A minha missão terminou. Você, meu irmão, adquiriu a *primeira iniciação*. Nós estudamos o mal, pesquisamos as suas raízes e aprendemos os seus contravenenos. Agora você está no limiar da magia branca. Após um descanso merecido, nós podemos voltar para Ebramar e já sob a sua direção iniciar o estudo da *ciência da luz.*

No dia seguinte, quando depois do almoço todos foram a uma pequena sala de estar, Supramati iniciou a conversa sobre a ida deles à Índia, mas Nara o interrompeu:

— Espere! Antes de se enterrar no Himalaia, nós precisamos descansar um pouco, retornar à sociedade e realizar algumas pequenas viagens.

— Que sentido tem perdermos o tempo em contatos com multidão ignara e viajar sem qualquer objetivo?!

— Você se engana profundamente, meu querido, e se esquece de que, para o nosso conhecimento tornar-se *real*, devemos aplicá-lo naquelas mesmas pessoas que você chama de "multidão ignara". Antes de iniciarmos novos estudos, devemos enfrentar a sociedade para nos certificarmos de que as paixões e o turbilhão de prazeres não têm autoridade sobre nós, e também para renovar os laços que nos unem à humanidade, os quais nunca deverão se romper, se não quisermos nos tornar um ridículo anacronismo vivo.

— Meu Deus, Nara, como você exagera! Em alguns três ou quatro anos que nós passamos aqui isolados, nós não conseguimos ficar tão atrasados em relação à sociedade. Mas, se você também, Dakhir, acha que isso é recomendável e até necessário, vamos viajar e levar uma vida mundana! Graças a Deus, nós não temos problemas de falta de tempo! Mas para onde iremos?

— Primeiro a Paris e depois a Veneza. Podemos também esticar a viagem até as geleiras e visitar o depósito do qual você é um dos guardiões. Depois iremos ao castelo da irmandade, quando chegar a hora de nos reunirmos lá para relatar o nosso trabalho e traçar o programa para o futuro. A pobre Lora vai ficar feliz em rever Dakhir, do qual nos apossamos por tanto tempo. Agora, senhores, se vocês estão de acordo com o meu programa, permitam-me que eu arrume tudo para a viagem e cuide de seus trajes. Quando estiver tudo pronto, eu os avisarei. Enquanto isso vocês podem cuidar livremente de seus trabalhos normais.

A proposta foi aceita em meio a risos.

O resultado de tudo isso foi que Nara teve uma conversa confidencial com Tourtoze, e esta, na mesma noite, deixou o castelo.

CAPÍTULO 8

Passaram-se cerca de três semanas depois da conversa que acabamos de descrever. Certa manhã, Nara anunciou que todos os preparativos já estavam concluídos e que no dia seguinte eles deixariam o castelo.

O restante do dia os homens dedicaram à colocação em ordem do laboratório e à arrumação dos pertences que levariam consigo. Eles queriam deixar tudo arrumado para o tempo de sua longa ausência.

Na manhã do dia seguinte, a criada de Supramati trouxe ao seu senhor um traje novo, bem diferente em seu aspecto e corte daqueles que ele normalmente usava.

– É a última moda em Londres, Vossa Alteza – assegurou Tourtoze ao notar um olhar desconfiado de seu senhor. – Veja! O meu traje tem um corte exatamente igual.

– Hum! Estou vendo que a moda mudou muito. Estou curioso para ver o vestido de Nara – resmungou Supramati, abotoando uma comprida sobrecasaca de lã da cor de morcego.

A seguir, pegando um chapéu de feltro, de aba pontiaguda, ele saiu apressado ao quarto da esposa.

Nara estava diante do espelho ajeitando o chapéu. Ela trajava um vestido justo de lã com cortes nas laterais, o que permitia que fossem vistas as pantalonas bufantes, as meias pretas, as pernas bem delineadas e os pequenos sapatos de salto alto.

– Nara! Você já se viu no espelho? Seu vestido é indecente e esse chapéu com três penas e um enorme laço é simplesmente ridículo! – exclamou Supramati.

– É a última moda em Paris! – atalhou com firmeza a jovem mulher.

Ao medir o marido com um olhar de chacota, ela acrescentou:

– E você por acaso está se achando lindo nesse roupão e chapéu pontiagudo? Parece um judeu empetecado da Galícia! E ainda teima em reclusar-se da sociedade da qual nada sabe!

– Diabos! Começo a crer que vamos encontrar muitas surpresas – arrematou rindo Supramati.

Depois do desjejum em companhia de Dakhir, que também vestia traje idêntico ao de Supramati, todos os três saíram. No pátio aguardava por eles um automóvel que, bem mais rápido do que os cavalos, levou-os a toda para uma pequena estação ferroviária.

A região desértica que cercava o castelo não sofrera qualquer mudança, porém os povoados que eles haviam visto de longe no dia da chegada tinham crescido enormemente, e as altas chaminés fumegantes apontavam que ali tinham sido instalados diversos centros fabris.

A estação também estava mudada. De um pequeno prédio, perdido na vastidão ao redor, ela se transformara numa enorme estação, executada exclusivamente em ferro e vidro, erguendo-se no centro da formosa cidade cujas casas e graciosos chalés, cercados por jardins, espalhavam-se ao longe em redor.

Pensativo e cada vez mais surpreso, ia contemplando Supramati tudo em volta, começando a desconfiar de que ele tinha passado no velho castelo bem mais tempo do que havia imaginado.

Nos primeiros dias de sua permanência na Escócia, Supramati recebia e lia jornais; entretanto, ao se entregar cada vez mais aos estudos, ele começou a deixar a leitura no segundo plano. A política já não tinha para ele qualquer interesse; os acontecimentos mundanos que agitavam a sociedade, com a qual não tinha nada em comum, tornaram-se para ele indiferentes e até aversivos.

Mas, agora, na ânsia de recuperar as suas informações sobre a vida moderna, assim que eles entraram no saguão da estação, ele começou a procurar sofregamente um vendedor de jornais.

Não encontrou nenhum; por outro lado, ele viu uma espécie de mostrador que girava ao redor de seu eixo. Em cada compartimento havia diversos periódicos. Embaixo, uma máquina automática indicava o preço de cada jornal.

Um minuto depois, Supramati segurava nas mãos um exemplar do *Times*. Um tremor nervoso atravessou-lhe o corpo. Ele leu: "30 de setembro de 1940" – sua ida ao velho castelo ocorrera, entretanto, em agosto de 1900! Consequentemente, desde o dia de sua chegada à Escócia tinham passado quarenta anos, e não quatro ou cinco, como ele havia imaginado.

Seria isso possível? Não estaria ele sonhando?

Supramati não teve tempo de desfazer a dúvida; nesse exato momento, assobiando e soltando fumaça, à plataforma aproximou-se o trem; sua locomotiva pouco lembrava aquelas que ele conhecia. Uma vez que a parada seria bem rápida, Nara, aparentemente nem um pouco perturbada, pegou seu marido pelo braço e arrastou-o para um dos vagões.

Supramati deixou-se cair na poltrona, desorientado. Sua cabeça girava. Ele não conseguia se recuperar do nervosismo ao descobrir que tinha ficado praticamente meio século no laboratório. A dúvida novamente lhe assomou.

Ao tirar do bolso sua carteira, ele começou a escarafunchá-la. Recordou-se de que nela ficaram guardados alguns papéis, marcados com data, relacionados com o tempo de sua viagem para a Escócia. A primeira folhinha que lhe caiu nas mãos verificou-se ser uma conta da compra que ele havia feito na véspera da partida deles de Veneza. Comparou a sua data com a do jornal. Não havia a menor dúvida: sem percebê-lo, passara quarenta anos no laboratório e agora já contava setenta e quatro anos. Quem iria acreditar! Ainda hoje, pela manhã, contemplava no espelho o seu aspecto juvenil. Aliás, não ignorava que a sua juventude era eterna e, em comparação com a idade de Nara, era mais novo que um bebê de colo. Mas, a despeito de tantos séculos vividos, a suave beleza de sua esposa não ficara nem um pouco prejudicada; somente os seus olhos, ao contemplarem o espaço, às vezes traíam cansaço e desilusão de uma longa vida. Pelo visto, o trabalho abrevia o tempo, e bem que Nara estava certa quando disse que para os imortais, mais do que para outros seres humanos, o trabalho é a âncora da salvação.

Neste instante, Supramati sentiu uma espécie de onda quente. Levantou os olhos e interceptou o olhar apaixonado da esposa, que lhe sorria triste e marota.

Ele se aprumou. Passando a mão pela testa, como se quisesse afugentar pensamentos enfadonhos, disse em tom alegre:

– Perdoem-me, amigos, que eu, apesar de seus ensinamentos, não consiga me livrar das antigas asneiras. Uma simples bobagem, de quarenta anos terem passado tão rápido e imperceptivelmente, deixou-me zonzo; e, então, eu fiz as contas e cheguei à conclusão de que estou com setenta e quatro anos. Mas agora estou bem! Sou senhor de minha posição e tentarei, o mais rápido possível, entender a realidade. Entretanto, no futuro, vou procurar manter contato com o mundo para não parecer um extraterrestre.

– Todos nós passamos no começo pelas mesmas surpresas e o compreendemos perfeitamente – observou rindo Dakhir. – E agora leia o seu jornal para se orientar pelo menos um pouco.

Supramati aprofundou-se na leitura, cujo entendimento era mais difícil do que supunha. Eram latentes as profundas mudanças no plano político do mundo. Os nomes das pessoas que dirigiam o destino dos povos eram-lhe totalmente estranhos. Mas o que saltava aos olhos do sábio e futuro mago era o fato irrefutável de que o *acaso* reinava na terra, que o mais forte oprimia e explorava o mais fraco com mais crueldade, e que o egoísmo insensível tiranizava a sociedade, nivelando todas as posições, colocando em primeiro plano uma única divindade: o ouro.

Em Londres, os nossos viajantes ficaram apenas uma semana. Dakhir e Supramati aproveitaram esse tempo para saber dos acontecimentos dos últimos quarenta anos. Quanto a Nara, esta parecia conhecer mais que todos e contou-lhes sobre a sorte de algumas personalidades pelas quais se interessava.

Supramati pensou em visitar a sua antiga residência, mas o velho prédio de Kromwell havia desaparecido juntamente com o jardim, dando lugar a um colossal edifício de quinze andares; sendo que o próprio quarteirão, outrora num subúrbio, agora era uma parte do bairro central da cidade, que se espalhara por todos os lados.

A clínica psiquiátrica ainda estava lá, ainda que três vezes maior do que como ele a conhecia. Estava apinhada de pacientes. Os casos de doenças mentais iam aumentando a cada ano numa proporção que inspirava uma tomada de medidas drásticas. Como era de se esperar, ninguém se lembrava do doutor Ralf Morgan.

Supramati comprou algumas obras científicas e uma coleção inteira de *Revue*. Ao folhear atentamente os livros adquiridos, ele se familiarizou rapidamente com todos os fatos históricos que tinham ocorrido desde o seu afastamento da vida mundana, formando um quadro preciso sobre a situação social, econômica e religiosa da sociedade naquele momento em que ele nela reaparecera.

Tudo que leu o abateu profundamente. A evidente decadência da humanidade, bestificada por vícios e cobiça, parecia se precipitar incontrolável para a sua destruição.

Algumas tentativas humanitárias de extinguir as chamas da guerra não lograram êxito. Por duas vezes o mundo ficara inundado de sangue e coberto por cadáveres. Numa dessas campanhas trágicas, a Inglaterra derrotada perdera uma parte de suas colônias em benefício da América, que estendia por toda parte os seus tentáculos em suas ambições insaciáveis.

O comércio, em todas as suas modalidades, era o centro de tudo, e ao redor dele giravam os interesses da humanidade. O ouro – a mais terrível força diabólica – saíra das trevas e reinava aberta e autoritariamente como o único ídolo do Universo; abalara os tronos, enfraquecera a Igreja, destruíra a moralidade, substituíra a justiça pela violência bruta da riqueza. As mãos mais sujas, desde que tivessem o ouro, podiam profanar impunemente os altares mais puros e escarnecer de qualquer direito e honra.

À medida que aquele triste quadro se desenrolava, e mais nitidamente se desenhavam todos os seus pormenores, Supramati ficava dominado de tristeza cada vez maior.

Na véspera de sua partida de Londres, depois de ler o relatório sobre alguns processos, nos quais a venalidade do poder judiciário e a vergonhosa injustiça saltavam aos olhos, Supramati afastou com repugnância os livros e os jornais, perguntando-se terrificado para onde tudo aquilo iria levar.

De repente ele se lembrou de um antigo vaticínio, feito por um mago, lido num velho manuscrito mágico. Em sua mente ergueram-se, quase literalmente, as palavras proféticas:

"Das profundezas da terra surgirá o diabo, que se tornará poderoso aliado do mal. Ele será amarelo e brilhante, e o seu aspecto e o cheiro irão excitar as mais baixas paixões.

"Somente alguns conseguirão segurá-lo escorregadio nas mãos. No lugar onde se detiver, haverá fartura de prazeres e honrarias, mas, ao mesmo tempo, os corações humanos endurecerão e a chama divina se extinguirá sob a mão pesada do demônio, cujo lema será 'Prazer a todo custo'!

"Depois chegará o tempo em que, tendo se entediado de viver entre os seus eleitos, esse terrível e escapadiço demônio aparecerá na arena social à procura de poder, honrarias e veneração.

"Elevado ao trono por seus adeptos e súditos, ele a todos subjugará, tudo comprará e zombará da aniquilação total.

"Em seu desmedido e desenfreado orgulho, o desavergonhado demônio exigirá que as virtudes se prostrem aos seus pés e que as grandes verdades o sirvam como escravos. Ele ameaçará irado os seus súditos, se não lhe trouxerem a virtude ridicularizada e enlameada, outrora objeto da veneração.

"E sua vontade será satisfeita. A justiça coberta de lama, com a boca espumando ouro, com as mãos sujas amarradas, perderá a capacidade de pronunciar a verdade e julgar imparcialmente. O amor pervertido e vendável se transformará em depravação asquerosa, em cujo rosto irão cuspir; a misericórdia será apenas uma justificativa para os abusos, um termo convencional para tirar dinheiro dos tolos e, finalmente, a fé – essa consolante divina – , banida e ridicularizada, não irá mais iluminar com os raios de esperança os corações e os rostos martirizados, desfigurados por dúvida, revolta e paixões desorganizadas.

"Nessa época, o bezerro de ouro irá reinar sobre todo o mundo e aos seus pés rastejará a humanidade ultrajada.

"Então chegará a hora, quando Deus verdadeiro, Criador do Universo, ficará entediado com tantos crimes, e Ele se insurgirá contra o enganador que O havia rejeitado, que Lhe tomou o lugar, falou de Seu nome e zombou de Seus servidores puros.

"E a ira de Deus desabará sobre esse rebanho bípede, e a voz, feito um trovão, retumbará no espaço insondável:

"– Insensatos! Se o demônio de ouro é tudo o que vocês querem, então fiquem com ele e se regalem daquilo que ele oferece; mas tudo que Eu lhes dei, Eu mesmo tomarei de volta.

"E o Senhor chamará todas as suas criaturas que não veneraram o demônio e lhes perguntará se eles preferem ficar na terra ou segui-Lo.

"Então as criaturas inquiridas exclamarão em pranto:

"– Leve-nos, Senhor! Só a Você nós veneramos e só em Sua misericórdia nós temos fé. O demônio é nosso inimigo. Ele nos persegue e destrói.

"E terá início uma grande migração. As aves, os peixes, o gado doméstico e os animais selvagens – tudo que povoava o ar, as águas, as florestas e as planícies – , tudo que alimentava, vestia e divertia os homens, desaparecerá da face da terra. Em seguida desaparecerão as flores, as árvores e a grama, seguir-lhes-ão as fontes de água e os rios. Tudo isso fugirá e encontrará o abrigo no seio do Eterno. E a terra estéril se transformará em deserto, onde resplandecerão soberbos os magníficos palácios repletos de tesouros – mas não haverá o pão de cada dia.

"Então, ao ver a morte se aproximando de todos os lados, um grito de terror se soltará do peito da humanidade criminosa. Esta chamará pelo demônio, mas ele ficará surdo aos gemidos e queixumes, pois ele era grande, poderoso e zombador só até aquele momento em que explorava a natureza criada por Deus, enquanto usava e abusava de Suas criaturas.

"Levadas ao desespero, as pessoas irão andar em barras de ouro, mas a procura por alimentos será inútil, e o impassível e inclemente demônio irá rir da impotência delas. Elas, que tudo venderam e se humilharam por um punhado de ouro, não saberão nem orar. O Senhor, ao ver Seus templos vazios e o Seu Nome olvidado, não suavizará Sua ira e entregará esse ingrato gênero humano à morte cruel que ele mesmo preparou para si"...

Supramati estremeceu. A profecia coincidia com a de Ebramar; e tudo que ele leu e estudou era uma prova de que os homens se precipitavam em direção do fim prenunciado. E o destino dele era ser uma testemunha dessa terrível catástrofe, dessa agonia medonha do mundo inteiro!

– Oh, que traidor é Narayana! E por que é que eu fui tomar a taça sedutora da vida eterna? – murmurou Supramati.

Na noite do dia seguinte, os nossos viajantes chegaram a Paris. A carruagem que esperava por eles levou-os rapidamente ao palácio de Supramati. A eletricidade inundava praticamente com a luz do dia todas as ruas. Por cima das ruas, em trilhos aéreos corriam pequenos trens cheios de passageiros; por todos os cantos elevavam-se prédios de quinze ou mais andares. A atividade febril da metrópole crescera de forma patente.

No dia seguinte, Supramati e Dakhir decidiram dar um passeio pela cidade para estudar a fisionomia de Paris. Em Londres, eles pouco saíram de casa, ao se dedicarem sobretudo a leituras, visando se instruir para enfrentar o mundo novo ao qual eles tinham retornado.

O palácio de Supramati em nada mudara; de seus muros, como antes, podiam ser vistas as folhagens amareladas das árvores seculares. O velho prédio tinha agora um estranho aspecto antigo e destoava das edificações colossais que o comprimiam de todos os lados.

A criadagem numerosa, de rostos desconhecidos, reuniu-se para recepcionar o senhorio. Todos os criados, pelo visto, tinham uma especial predileção por maneiras refinadas. Desde o serviçal, a fazer mesuras constantes imbuídas de dignidade própria, até a camareira, vestida em saia de seda, de relógio e anéis nos dedos, que saudou Nara com reverência de corte, todos observavam entre si uma rigorosa hierarquia.

Ordenando que o jantar fosse servido o mais rápido possível, Supramati foi ao seu aposento para trocar de roupa e, ao retornar em seguida à sala de jantar, nela encontrou surpreso um homem, provavelmente o mordomo, com ares de um funcionário graduado de ministério. Ele dirigia cerca de uma dúzia de jovens que desembrulhavam cestos e passavam aos criados os pratos prontos de um lauto jantar.

— Por que é que trouxeram a comida em cestos? O cozinheiro não foi avisado de nossa vinda? – perguntou Supramati.

— Vossa Alteza então desconhece que mesmo pessoas tão ricas como o senhor não têm condições de manter um cozinheiro? Esse tipo de empregado doméstico já não existe mais. Agora temos catedráticos em gastronomia que dirigem fábricas de alimentos que abastecem a população.

— Verdade? Depois de morar muito tempo na Índia, onde tudo é tão conservador, eu ainda não tive tempo de me familiarizar com os novos hábitos de Paris. Há muitas fábricas desse tipo? Como é que elas conseguem satisfazer o público? – perguntou sorrindo Supramati.

– Existem vários tipos de fábricas: cozinha aristocrática, burguesa e popular. Os catedráticos em gastronomia, que dirigem as instituições da primeira categoria, ganham até cem mil francos; os da segunda – sessenta, e os da terceira – quarenta; seus auxiliares também ganham bem. O cardápio dos desjejuns, almoços e jantares é publicado todos os dias pela manhã, e os pratos escolhidos são levados aos clientes através de dutos pneumáticos especiais. Devido à ausência de Vossa Alteza, o palácio não foi equipado com esses dutos. Assim, eu ordenei que os pratos fossem trazidos por entregadores. O meu contrato prevê que eu devo cuidar de tudo que se referir ao serviço de mesa de Vossa Alteza. O resto não é da minha conta.

– Tudo isso é maravilhoso! Mas por que eu vejo aqui tantos criados? Seu número é por demais grande para servir a três pessoas apenas.

– Isso é à primeira vista. Cada um desses criados é um especialista que se formou numa determinada profissão. Um, por exemplo, cuida somente de bebidas e deve saber que tipo de vinho corresponde a um determinado prato. Além disso, é de praxe que nas casas de alto nível haja sempre dois turnos de empregados, pois, em razão das recepções, grande número de convidados e a necessidade de se levantar cedo e dormir tarde, o serviço torna-se muito estafante. Além disso, é muito difícil encontrar pessoas que se disponham a aceitar este trabalho duro. Espero que Vossa Alteza não tenha nada contra por eu ter recorrido ao método usual!

– Absolutamente; eu quero que tudo seja feito de acordo com o costume local.

Neste instante, na sala de jantar entrou Dakhir, seguido de Nara, e todos os três se sentaram à mesa.

O jantar estava magnífico, mas compunha-se essencialmente de pratos de carne; e, como os nossos viajantes haviam se desacostumado de alimentos de origem animal, optaram por não se servir deles.

– Futuramente, Grospen, cuide para que nos sirvam pratos vegetarianos. Espero que eles possam ser adquiridos na fábrica de alimentos! – disse Supramati, dirigindo-se ao mordomo que, com ares de importância, dirigia os criados.

– Sem dúvida, Alteza! A partir de amanhã a sua ordem será cumprida. E isso é até mais fácil, pois a maioria da população é vegetariana, uma vez que o número de gado e aves diminui a olhos vistos.

– Por quê? Já não se dedicam à atividade de pecuária e avicultura?

– As causas ainda não são claras, mas o fato é que as aves vêm diminuindo e tornaram-se um artigo bastante raro; algumas espécies de peixe já não existem mais.

Supramati trocou um olhar significativo com Dakhir e a esposa. Os sintomas da ira de Deus já tinham começado, então, a se manifestar...

Supramati e sua esposa foram se deitar bem tarde. A visão dos quartos que ele ocupava, quando ainda começava a nova vida de imortal, e diversos objetos que provocaram a recordação de uma série de fatos durante a sua permanência ali originaram uma jovial e animada conversa. Nara, em tom de malícia, perguntou a Supramati se ele não tinha a intenção de procurar por sua antiga paixão – Pierette – e até sugeriu-lhe utilizar-se do espelho mágico para localizar a antiga rival.

– Engraçadinha! Uma rival agora não constitui um perigo. Quanto ao espelho, eu não quero lançar mão dele em minhas investigações. Esqueçamos por enquanto os nossos estudos e a magia; vamos utilizar as faculdades humanas normais. Amanhã eu vou me informar sobre o pobre visconde De Lormeil, que durante todo esse tempo deve ter entrado em muitas dívidas; e também sobre Pierette, Lilian e a caridosa Rosali. Serei acompanhado por um secretário que deverá vir amanhã.

– No mínimo ele terá o aspecto de um ministro! – observou rindo Nara.

No dia seguinte chegou o secretário, um homem discreto, simpático e jovem, com o qual Supramati iria à cidade. Ele tinha que passar em alguns bancos para acertar umas contas e descontar uma quantia para as despesas.

Desta vez eles foram a cavalo. De seu administrador, Supramati soube que era dono de magníficos cavalos, mas que aquele meio de locomoção era um capricho de pessoas nobres.

À medida que eles passavam pelas ruas bem familiares, Supramati se convencia cada vez mais do enorme progresso que fora dado em direção ao luxo e conforto. Tudo funcionava na base da eletricidade e vapor, e as máquinas fizeram com que o trabalho humano fosse praticamente desnecessário. Não obstante, as pessoas não pareciam mais felizes; os rostos pálidos e magros, as roupas surradas e todo tipo de sinais de pobreza eram encontrados a cada passo.

– Oh, Deus! Quanta miséria! Será que não se faz nada para diminuir a pobreza, ou os órgãos responsáveis são impotentes para minorar a sorte dos infelizes? – perguntou Supramati.

– Os órgãos, Alteza, não conseguem acabar com a terrível pobreza, e a questão social aguçou-se como nunca – respondeu o secretário. – O capital dos investidores e dos industriais alcançou dimensões colossais. O custo de vida subiu terrivelmente e os preços dos gêneros de primeira necessidade estão em patamar jamais visto. As pessoas de classe média já não conseguem viver como antigamente e por isso a luta pela sobrevivência tornou-se cruenta. Só Deus sabe como será o futuro!

Neste instante, eles estavam passando ao lado da catedral de Nossa Senhora. O antigo templo tinha aspecto abandonado e seus portões estavam fechados.

– Por que a catedral está fechada? – inquiriu Supramati.

– Está fechada para evitar profanações e sacrilégios. Além disso, as missas são celebradas nos domingos de grandes festas religiosas e, mesmo assim, como se diz, a sete chaves.

– Mas por que tudo isso?

– Por muitas razões, Vossa Alteza! Primeiro, os ofícios públicos do culto cristão são proibidos. O clero, que não mais recebe subsídios do governo, tornou-se reduzido; o número de fiéis está diminuindo a cada ano.

– Todos ficaram contagiados com a liberdade de pensamento! – troçou sorrindo Supramati.

– Não totalmente. Temos uma infinidade de seitas. Os budistas são muito numerosos e possuem diversos templos. Quanto às sinagogas, só Paris conta com cerca de duzentas. Pelo visto, os povos orientais guardam com mais força as suas religiões que nós – concluiu em tom amargurado o secretário.

– As suas palavras me fazem crer que o senhor pertence ao número de cristãos dos mais renitentes.

– Sim, Vossa Alteza! Eu pertenço a uma família muito antiga que permanece firme à fé de seus antepassados e à doutrina de antigamente.

Somente no dia seguinte Supramati começou a procurar os seus velhos conhecidos.

Primeiramente ele se informou de Rosali Berken. Ela havia falecido cerca de quinze anos atrás, mas era lembrada no quarteirão e pelo visto todos sentiam pena daquela humilde benfeitora dos pobres.

Sobre Pierette e Lormeil ele não conseguiu nenhuma informação. O hotel do visconde fora vendido cerca de vinte anos antes para pagamento de dívidas, e ele desaparecera a partir daquele dia.

Todas as tentativas de encontrar alguém dos antigos conhecidos não deram em nada. Supramati já estava perdendo as esperanças de achar algum fio vivo que o unisse com o passado, quando soube que, num clube artístico, o ex-tenor Penson ainda estava vivo e recebia uma pensão da sociedade dos artistas dramáticos e operísticos.

Supramati pegou o endereço e dirigiu-se imediatamente para o lugar afastado onde morava Penson.

A viagem foi longa. A residência do ex-tenor localizava-se nos arredores de Paris. Por ali ainda podiam ser encontradas pequenas casas cercadas de jardim, o que conferia àquele lugar um aspecto campestre e patriarcal.

Ali habitavam pessoas humildes e trabalhadoras; funcionários da classe média ou aposentados, governantas, comerciários e trabalhadores de escritórios. Todas as manhãs, uma verdadeira miríade de bicicletas levava aquele povo ao local de seus afazeres diários.

A casinha onde morava Penson era retirada, e o jardim que a ladeava possuía uma alta cerca. A porta foi aberta por uma menina. No início ela anunciou que o avô não estava em casa, mas, depois de lançar um olhar para o bem-vestido visitante e para a sua suntuosa carruagem, ela convidou-o para entrar e esperar até que avisasse o avô.

— Eu gostaria que a senhorita só me indicasse onde está o senhor Penson. Eu sou um velho amigo dele e queria fazer-lhe uma surpresa.

A menina levou-o ao jardim, cuja maior parte estava ocupada por uma horta. Apontando para um homem vestido numa jaqueta de nanquim e com um grande chapéu de palha na cabeça, ela disse:

— Ali está o meu avô!

Em seguida ela se retirou discretamente.

Ao aproximar-se, Supramati viu que o ex-tenor estava ocupado com o corte de alcachofras. Um grande cesto de seu lado estava cheio de pepinos, suculentos repolhos e outros legumes.

Apesar de seus oitenta anos, ele era um velho bem vigoroso e forte.

Ao ver o visitante, ele foi ao seu encontro, mas, subitamente, recuou e soltou um ai surdo. A faca de jardim caiu-lhe das mãos.

— O que foi, Penson? Eu o assustei ou o senhor não me reconheceu? — perguntou Supramati, sorrindo e estendendo-lhe a mão.

— Por Baco! Eu acho que o reconheci. Pessoas como o senhor não podem ser esquecidas! E, ainda que o senhor me tenha assustado, não há nada de anormal nisso. Já faz — que Deus me perdoe — quarenta anos que a gente não se vê. Consequentemente, pelas leis da natureza, o senhor deveria estar com uns setenta anos, e eu sei como é duro chegar a essa idade. O senhor, pelo visto, permaneceu como era — um belo jovem de trinta anos. Se o senhor não for o próprio diabo, no mínimo deve ter obtido dele um elixir contra a velhice.

– Oh! O diabo não tem nada com o meu aspecto externo. É que nós, os hindus, demoramos para envelhecer – explicou sorrindo Supramati.

Provavelmente lisonjeado com aquela visita, o artista levou Supramati a um pequeno terraço anexo e não sossegou até ele aceitar um copo de vinho e uma cigarrilha.

Conversaram sobre o passado e o futuro. Supramati interessou-se sobre o destino de algumas pessoas conhecidas de ambos. A maioria já havia falecido, mas, quando a conversa tocou o visconde, o rosto do velho entristeceu.

– Oh, sim! Eu sei o que lhe aconteceu. Para a sua própria infelicidade ele ainda continua vivo, mas não sei se é por muito tempo. A vinda do senhor será providencial, pois eu conheço a sua generosidade. Se o senhor procura por ele, isso provavelmente aliviará os seus últimos dias.

– É esta de fato a minha intenção. Mas qual foi a confluência dos fatos que o levou à miséria? Onde ele mora?

– Aqui perto, na casa de fundos de uma viúva que dá abrigo aos pobres dessa categoria, ou melhor, às pessoas de alta-roda arruinadas. O senhor deve-se lembrar de que Lormeil gostava de viver bem e além do mais era um jogador. Antes de viajar, o senhor o recompensou bem, mas com o passar de alguns anos ele torrou tudo e os credores venderam os seus bens, ficando ele, por assim dizer, na rua.

"Todos viraram o rosto, pois ele se comprometeu com alguns atos malvistos. A partir de então, ele foi levando uma vida bem obscura: foi um crupiê em Mônaco, depois foi um agente numa seguradora e, por fim, membro de uma claque. Resumindo, descendo de degrau em degrau, ele acabou na miséria e totalmente doente, sendo recolhido pela benfeitora de que lhe falei.

"Tudo isso eu soube por acaso e então fui visitá-lo. A partir desse dia, à medida do possível, nós o ajudamos, pois ele necessita praticamente de tudo. A minha filha e a neta levam-lhe diariamente um prato de sopa, e de duas velhas saias costuraram-lhe um roupão. Não temos muito para dar, mas é que é duro ver a situação de penúria de um homem que já teve dias melhores."

A pena por aquele homem comprimiu o coração de Supramati.

– Se não é longe daqui, poderia o senhor me levar à casa do visconde?

– A dois passos; eu terei imenso prazer em acompanhá-lo – prontificou-se Penson.

Meia hora depois eles estavam entrando numa casinha semidestruída e, através de um estreito e escuro corredor, foram dar num quarto úmido e sujo. Toda a mobília consistia de uma velha mesa, dois banquinhos de madeira e uma cama rústica, na qual jazia um ser humano, envolto num cobertor surrado.

"Oh, infeliz!", pensou Supramati, lembrando-se dos luxuosos aposentos do garboso esbanjador.

Aproximando-se da cama, Supramati inclinou-se sobre o homem deitado com os olhos fechados. Com seu olhar de médico, ele imediatamente concluiu que diante dele estava um moribundo, mas nunca teria reconhecido Lormeil naquele esqueleto ressequido, metido em pele que mais parecia um pergaminho, sulcada por rugas profundas.

– Visconde! – chamou Supramati, tocando a mão gelada do moribundo.

Ao ouvir aquela sonora voz metálica, Lormeil estremeceu e endireitou-se como se recebesse uma descarga elétrica. Cerca de um minuto, os seus embaçados olhos vítreos fitaram desorientados Supramati, acendendo-se em seguida em chama de alegria. Estendendo-lhe as mãos trêmulas, o visconde exclamou, tremendo com todo o corpo:

– Supramati! Meu magnânimo protetor!

– Meu pobre amigo! Como me arrependo de não ter vindo antes; se ao menos eu soubesse que o senhor estava nessa situação tão infeliz. Mas não se desespere, tudo irá mudar e eu tomarei providências para que a sua vida seja cercada de tranquilidade e conforto.

Uma expressão de profunda amargura percorreu o rosto lívido do moribundo.

— Agradeço-lhe, Supramati, pelas boas intenções, mas neste mundo eu só preciso de um túmulo. Eu desperdicei criminosamente a minha vida e os meus bens, e fui duramente punido com uma vida longa e pobreza insólita. Passei fome e frio, dormi nas estradas, pedi esmola e me alimentei de cascas de pão, atiradas aos cães...

Um choro convulsivo impedia que ele falasse, mas, dominando-se rapidamente, ele continuou com voz rouca e entrecortada:

— Morrer... morrer... é a única coisa que eu desejo. Ouça, Supramati. Se o senhor quer realmente prestar-me um último favor, mande que me enterrem decentemente, que não joguem o meu corpo numa vala comum!

Profundamente emocionado, Supramati apertou forte a mão do visconde.

— Juro-lhe que farei isso! Se o senhor tiver algum desejo quanto ao seu enterro, diga-me e eu o atenderei.

— Eu fico muito grato! Nesse caso eu gostaria de ser enterrado no cemitério da minha propriedade rural. Ali, naquele saco de linho, o senhor encontrará alguns papéis onde se acham as indicações necessárias. Naquela propriedade nasci; lá também estão as sepulturas dos meus pais e...

A voz do velho passou ao sussurro, o rosto empalideceu mortalmente e, dominado por uma inesperada fraqueza, ele esmoreceu na cama.

Supramati olhava pesaroso e pensativo para o visconde. Ele sentia uma imensa pena por aquele pecador, tão duramente castigado, e ao mesmo tempo uma vontade de salvá-lo com algumas gotas do elixir da longa vida. Não estava ele também a ponto de morrer, quando apareceu um desconhecido, salvou-o e o fez rico, independente e sábio?! "Talvez o visconde, purificado por sofrimento, arrependa-se e torne-se um seguidor!"

Nenhuma lei, nenhuma condição impede que o adepto e o detentor da essência primeva dela não pudesse se utilizar a seu critério e aumentar a corrente dos membros da irmandade. Dakhir havia lhe dito que nenhuma responsabilidade recairia sobre aquele que, sob a influência de um ímpeto de magnanimidade ou pena, imortalizasse alguém, pego aleatoriamente sem qualquer escolha.

Supramati já tinha posto a mão no bolso para pegar o minúsculo frasco, quando um novo pensamento lhe assomou à mente.

Praticaria ele uma boa ação ao visconde, dando-lhe a vida eterna? E se, incapaz de um trabalho sério, ele, gozando de perfeita saúde e detentor de imenso patrimônio, recaísse em seus antigos vícios e se tornasse um outro Narayana, ainda mais desprezível e mesquinho que o primeiro? Não teria sido o visconde um representante genuíno de gente ociosa e pervertida que só vive em função de prazeres, sempre pronta a lamber a mão mais esquálida que lhe ofereça o ouro? Não! É sábia a lei que arrasta para a vida do além-túmulo seres inúteis e com vícios.

Todas estas reflexões, longas para serem descritas, duraram apenas alguns segundos. Lançando um último olhar para o corpo quase exânime, Supramati virou-se e suspirando fundo saiu do quarto.

Antes de se sentar na carruagem, Supramati agradeceu a Penson, pediu-lhe para alugar para o visconde um lugar decente e fazer todo o possível para minorar o sofrimento de seus últimos minutos; disse também para pegar os papéis do visconde para atender ao último desejo do infeliz e enterrá-lo junto a seus pais. O tenor aposentado aceitou as incumbências e prometeu avisá-lo da morte do visconde – o que não iria demorar muito.

Supramati dirigiu-se para casa com o coração oprimido. Apesar da convicção de ter agido bem, parecia-lhe ter assinado uma sentença de morte, e esta pesada impressão oprimiu-o pelo resto do dia.

Somente à noite, ao ficar a sós com Nara, ele contou-lhe em que situação encontrara o visconde e tudo que sentiu e pensou em relação a ele.

A jovem ouviu triste e pensativamente, e apertou participativa a sua mão:

– Você fez bem, Supramati, e não pode se censurar por não ter salvado a vida inútil e criminosa de um homem totalmente incapaz de suportar a dura provação de uma vida quase eterna.

"Não se esqueça de que, se não quiser ser como Narayana, é preciso trabalhar duro e espiritualizar-se em vivo.

"Para dizer a verdade, o nosso destino é terrível, e os adeptos não devem aumentar demasiadamente as suas fileiras. Eu mesma tenho na consciência alguns pecados semelhantes, mas eu dei a essência da vida somente a pessoas úteis e trabalhadoras, que sobem obstinadas e enérgicas a estreita vereda do progresso. E você, que não pensou em preservar para o bem dos pobres a vida útil da madame Rosali, chora por não ter dado a imortalidade a um patife!"

— Era justamente o que eu dizia para mim. Desconheço a razão de eu ter tanta pena de um homem moribundo, cuja salvação estava em minhas mãos.

— Você teria prestado para ele um mau serviço. Uma vida eterna às vezes pode se constituir num suplício insuportável para as pessoas incapazes de se adaptarem às condições anormais. A propósito, eu me lembro de um episódio que quero lhe contar e cujo protagonista foi Narayana, incorrigível em sua leviandade criminosa, apesar de seus conhecimentos sobre os mistérios da vida.

Aconteceu por volta de 1340 e 1350. Nós passamos com Narayana alguns meses na Itália e íamos à Bavária, onde ele possuía um pequeno castelo do qual agora não sobra nada. Lá, Narayana tinha a intenção de se dedicar a algumas experiências mágicas junto com um dos nossos, que vivia nos arredores.

Ainda que nos utilizássemos de todas as facilidades a que tínhamos acesso naquela época, a viagem era por demais morosa, pois as estradas eram uma lástima e à noite tínhamos de parar.

Certo dia, ao passarmos pelo Tirol, fomos pegos em meio a uma terrível tempestade e ficamos numa situação difícil, pois, como era de nosso conhecimento, por perto não havia nenhuma casa para nos abrigarmos. Então, um dos cavalariços, natural daquele país, sugeriu levar-nos a um pequeno castelo ali perto, fora da estrada principal.

Narayana aceitou alegremente a proposta, e o cavalariço foi nos levar através de atalhos para um vale isolado em direção ao castelo, grudado numa escarpa.

Nós fomos recebidos de braços abertos pelos proprietários do castelo – pessoas simples, bondosas e hospitaleiras.

A família compunha-se de um cavaleiro, sua esposa, três filhos e alguns serviçais de fisionomias patriarcais.

Durante uma conversa que se entabulou no jantar, Narayana começou a perguntar ao cavaleiro sobre a vida e os anseios dele e da esposa quanto ao futuro.

Os cônjuges responderam que eram muito felizes. O belo vinhedo proporcionava-lhes bastante vinho, os campos lhes asseguravam o pão necessário, o castelo, pela solidez e localização, era bastante seguro, os filhos eram bons e sadios, a senhora do castelo era um exemplo de esposa e mãe e, finalmente, os criados eram honestos e fiéis.

– O Senhor, em Sua bondade, deu-nos de tudo. A única coisa que nos preocupa é o tempo, que tudo mudará: nós e nossos criados ficaremos velhos; os filhos crescerão e abandonarão o nosso ninho, e a morte separará todos. Se por algum milagre tudo pudesse permanecer como está; se nem a morte nem a velhice nos ameaçassem, então todos os nossos desejos seriam realizados – concluiu rindo o bom cavaleiro.

Eu notei um sorriso estranho no rosto de Narayana, mas, no início, não dei qualquer importância. Mesmo depois, quando ele ficou revolvendo a bagagem, não cheguei a desconfiar de nada.

A pedido de nossos anfitriões, nós adiamos a partida até o dia seguinte. Ficou decidido que viajaríamos logo depois do almoço. Quando Narayana, sentando-se à mesa, anunciou que por sua vez ele gostaria de oferecer aos donos da casa um vinho sem igual, que eles, sem dúvida nenhuma, jamais haviam tomado, tive um pressentimento e fiz-lhe uma observação em grego.

Narayana nada me respondeu e com sua habitual teimosia pegou a garrafa e encheu a taça dos presentes, sem se esquecer dos filhos do cavaleiro. Não satisfeito, ele pediu a permissão de servir os criados, o que foi cordialmente aceito.

Eu estava tremendamente perturbada, sem acreditar que ele pudesse abusar da confiança daqueles infelizes; mas, antes que eu pudesse tomar alguma providência, eles secaram as suas taças. Ao ver que todos caíram, como se fulminados por um raio, eu entendi que o mal já estava feito.

— O que você fez? — gritei eu possessa.

— O que eu fiz? Dei-lhes a felicidade que eles queriam: eles não mais ficarão velhos nem morrerão — respondeu ele rindo.

A seguir, umedecendo com aquele terrível líquido dois pedaços de pão, ele os deu a dois cães caçadores, deitados embaixo da mesa.

Quando uma hora depois nós partíamos, os dois criados que nos acompanhavam e que não haviam tomado a bebida sinistra acharam que seu senhorio estava embriagado mortalmente. Narayana confirmou-lhes a suposição e ordenou que não os incomodassem até que eles acordassem sozinhos.

Cento e oitenta anos depois nós passávamos pelo mesmo caminho, e Narayana, lembrando-se do episódio, disse que queria visitar o castelo. Eu me recusei categoricamente a acompanhá-lo e fiquei num hotel próximo, enquanto Narayana partiu.

Ele voltou no dia seguinte e começou a contar alegremente como no castelo, de início, foi tomado por diabo; o criado que serviu a mesa naquele dia fatídico atirou-se no chão e começou a chamar em auxílio todos os santos do paraíso.

O cavaleiro, mortalmente pálido, sacudia-lhe em ameaça uma cruz, e a esposa borrifou-o com água benta. Mas Narayana persignou a si mesmo e anunciou que ele era um cristão e não tinha medo nem da cruz nem da água benta, e que ele estava extremamente surpreso com aquele modo de recepção.

— Se o senhor não é um demônio, nem anticristo — observou em tom triste o cavaleiro — , talvez o senhor seja um habitante do céu, vindo para libertar-nos, pois a sua visita anterior ocasionou consequências estranhas que nos fazem temer quanto ao salvamento de nossas almas.

Depois o cavaleiro contou que ele e sua esposa não envelheciam nem morriam, ainda que ele contasse duzentos e quinze anos e a sua esposa, duzentos e seis. Ainda mais estranho era que eles ainda continuavam a ter filhos, que cresciam e morriam como todos, enquanto que os três primeiros permaneciam iguais, sem crescer um milímetro. Dois dos criados e até dois cachorros de caça também estavam vivos. Todas essas circunstâncias inéditas nos anais do mundo chamaram a atenção do clero.

– Foi feita uma investigação e nós fomos acusados de ter coisas com o diabo. O povo nos evita e nos amaldiçoa. Pouco tempo atrás, minha esposa foi ameaçada de ser queimada viva feito uma bruxa e o nosso castelo, de ser incendiado. O que será de nós? Já sem isso, os tempos mudaram tanto, que é impossível viver – concluiu o pobre cavaleiro chorando copiosamente.

Eu apontei para Narayana todas as inconveniências que surgiriam, se aquelas pessoas fossem expostas à curiosidade geral, e ele concordou que era preciso escondê-los, pois a sua consagração aos mistérios levaria muito tempo e, além do mais, eles já estavam chamando muita atenção.

No dia seguinte, Narayana retornou ao castelo e convenceu os imortais involuntários de que lhes revelaria o segredo da insólita aventura.

– Aproxima-se o fim do mundo – disse ele. – Para lutar contra o anticristo, Deus está selecionando homens beatos e bons, que Ele livra da morte. Estas pessoas formarão o exército do Senhor e depois serão levadas para o céu como Enoque e Elias.

Depois completou que ele, Narayana, fazia parte dos eleitos e que para ali viera para todos empreenderem uma romaria a Jerusalém.

Preocupada, mas feliz, aquela gente aceitou a oferta. Dias depois Narayana pôs fogo no castelo. Mas, em vez de Jerusalém, eles foram levados à Índia...

– E até hoje eles vivem lá? – perguntou Supramati.
– Os dois filhos, sim; os outros morreram todos...
– Como assim?
– Foram debalde as tentativas de consagrá-los nos mistérios. A mente deles, pouco desenvolvida, não estava preparada para os estudos; eles se sentiam infelizes e estavam tão desesperados que o mago responsável por eles achou melhor devolvê-los ao mundo do além com o auxílio de um preparado análogo ao que Narayana havia recorrido. A partir deste exemplo, meu querido, você vê como é perigoso dar vida infinita para aquele que não pode usufruir dela para o próprio aperfeiçoamento. Desta forma, só lhe falta parabenizar-se por ter resistido à tentação de fazer do visconde um imortal.

– De fato, é assim mesmo, e eu entendo perfeitamente que a morte é uma lei misericordiosa. No entanto, o ser humano sente sempre uma grande infelicidade quando um ser próximo ou apenas conhecido passa para o outro mundo.

– E isso é bem natural! – observou sorrindo Nara. – O fluido vital, espalhado pelo mundo e inserido em cada átomo em forma de uma atração comum e inerente a cada criatura, forma uma corrente resistente. Assim, sempre que algum ser se desprende dessa corrente, todos aqueles que eram unidos por essa atração sentem um vazio, e a infelicidade, motivada pelo rompimento dessa corrente fluídica, é normalmente muito grande. Os elos que são criados pelo fluido vital são tão poderosos que até os objetos que serviram por longo tempo ao homem são por ele impregnados e se lhe tornam muito caros. Por isso acontece ser muito difícil separar-se de um móvel velho ao qual se acostumou; também de uma casa, onde se morou por tanto tempo, e assim por diante.

Alguns dias depois apareceu Penson para avisar da morte do visconde, e Supramati aproveitou a ocasião para lhe dizer que logo ele viajaria à Índia; como lembrança, doou ao ex-tenor uma quantia bem substancial na qualidade de dote para a neta.

De fato, sua permanência em Paris pouco interessava e até oprimia Supramati. Ele tinha um caráter totalmente diferente de

Narayana, que levava uma vida dispersiva apesar dos estudos e isolamento a que vez ou outra recorria. Isso se devia ao fato de que Narayana nunca se purificava. Ele era sempre dominado pelo lado material, que o arrastava para toda sorte de desregramento.

Supramati, no entanto, sóbrio, puro e sério, no transcorrer dos anos utilizados para a primeira iniciação, libertou-se em definitivo da parte "decadente" de sua pessoa. O poder oculto adquirido por ele não lhe servia de entretenimento, e ele não se cercou da auréola de um mágico para maravilhar ou assustar as turbas festivas. Pelo contrário, encarava seu poder como o primeiro degrau da longa escada do conhecimento que teria de galgar. Todos os seus pensamentos eram ocupados pelo futuro, sem lhe dar tempo de se interessar pelo presente.

Supramati habituou-se, uma vez por todas, ao isolamento, ao trabalho árduo e aos contatos com o outro mundo. Por vezes, quando se debruçava sobre um manuscrito astrológico e encontrava dificuldade em solucionar algum problema difícil, ele sentia alguém tocá-lo levemente e bafejá-lo com um sopro quente ou frio. Então, diante dele surgia uma cintilante figura aérea ou um vulto denso e escuro; mas Supramati não se assustava com as visitas do espaço e os tratava bem ou com muito respeito, dependendo do que elas mereciam – mas sempre aceitava agradecido os seus ensinamentos.

Não raras vezes em seu laboratório retirado, surgia Ebn-Ari ou algum outro demônio poderoso e, debruçando-se sobre a mesa, um deles desenhava algum sinal desconhecido para ele ou explicava-lhe o seu poder.

Fica claro que, com este tipo de caráter e tal orientação da mente, Supramati ficava entediado e se sentia um estranho no meio daquela turba leviana e ignorante em que vivia.

Além disso, aquela "sociedade" em que ele tinha ingressado mudara muito e chocava suas ideias e convicções. Era-lhe repugnante aquela orientação de "mercantilismo" geral que igualara todas as posições sociais, sem aparar as desigualdades dos deserdados...

Ainda mais, chocavam-no o caos religioso e a numerosidade das seitas que se hostilizavam entre si; fora delas cada um tinha a sua própria religião, cada um explicava a seu modo os mistérios da vida, procurava uma solução mais cômoda para as questões que lhe interessavam, propagava os mais diferentes paradoxos e, na essência, não acreditava em nada.

Não menos aversivo era-lhe o cinismo geral das mulheres, ainda mais insolente do que o dos homens. Qualquer preocupação em manter um mínimo de decoro externo, qualquer sentimento de vergonha, de dignidade e dever, parecia, definitivamente, serem proscritos. Aquilo que quarenta anos atrás era visto como vergonhoso e humilhante, agora adquiria um direito de cidadão. Ninguém se constrangia em viver como lhe era de agrado e ninguém nada tinha a ver com isso. Necessário era apenas ter o ouro e, então, quem o tivesse poderia criar as suas próprias leis e não ter que obedecer a elas.

Compreende-se que em tais condições a "família" – na antiga acepção da palavra – praticamente deixou de existir, e as estatísticas constataram a diminuição da população em proporções terríveis.

A graciosidade aristocrática de Supramati e de seus companheiros, assim como a sua riqueza, não deixaram de criar-lhe na sociedade uma posição privilegiada e chamaram para eles a atenção geral. Dakhir era tido como um irmão de Supramati, e ambos eram bajulados de igual forma. Quanto a Nara, os homens estavam loucos por ela, ficando furiosos com a "virtude engraçada" daquela encantadora mulher.

Apesar de seu materialismo vulgar, aquelas pessoas sentiam que os três tinham algo especial, e um velho diplomata, famoso em definir com precisão as pessoas no primeiro olhar, disse que Supramati e sua encantadora esposa pareciam ter vindo do inferno.

– Todos os três têm a mesma palidez leitosa e o mesmo olhar ígneo autoritário, e na expressão de seus olhos e sorriso entrevê-se algo que nos faz pensar que eles leem os pensamentos alheios – diziam eles.

Não obstante por assim se dizer a tal reputação "diabólica", todos disputavam a companhia dos ricos estrangeiros, ansiando serem apresentados a eles.

O antigo Ralf Morgan era por demais médico em sua alma para tentar utilizar na prática os novos conhecimentos de Medicina que ele adquirira. No início ele curou algumas pessoas pobres e, depois, uma de alta sociedade. Mas essa série de curas miraculosas trouxe-lhe uma fama tão grandiosa e ameaçava com tantos clientes que Supramati achou por bem sumir para o mais longe possível. Numa bela manhã, todos os três deixaram, às escondidas, Paris e viajaram para Veneza, mantendo-se rigorosamente incógnitos.

CAPÍTULO 9

No velho palácio, que se afigurava tão forte e indestrutível como os seus proprietários, Supramati continuou ainda mais dominado pelas recordações.

Após o jantar, ele passou aos seus amigos as impressões de outrora, quando, então, novamente elevado à condição de príncipe, chegara ao palácio e sentira-se extremamente constrangido em sua nova posição. Esse fato engraçado fez com que Dakhir e Nara rissem muito. Mais tarde, ficou decidido que eles ficariam em Veneza até o dia de sua partida para a reunião da irmandade.

— Você está querendo fazer umas visitas, Nara? Será muito embaraçoso se alguém nos reconhecer — observou Supramati.

— Acalme-se! Ninguém nos reconhecerá. O máximo que dirão é que você é muito parecido com um dos seus parentes — rebateu a jovem mulher. — Lembro-me de um caso cômico que aconteceu com o debochado Narayana. Vocês sabem que este título de príncipe lhe pertencia de longa data. Uma vez que Narayana gostava muito de Veneza, ele não perdia a oportunidade, pelo menos uma vez por século ou, às vezes, até mais, de passar aqui alguns anos.

"Certa vez, numa de suas estadas aqui no início do século XIX, Narayana encomendou a um artista famoso a pintura de seu retrato; vocês devem ter notado que ele tinha essa mania! Todos se surpreendiam com a extraordinária semelhança do retrato. Logo após nós viajamos, e uns oitenta anos depois retornamos novamente a Veneza. Narayana não fez por menos e pendurou o seu retrato no gabinete. Este, naturalmente, chamou a atenção de todos. Um velho nobre disse-me maravilhado: 'Como o seu esposo se parece com seu antepassado! É simplesmente fabuloso! Não fosse o traje, poder-se-ia jurar que era o próprio'.

"Narayana ficou felicíssimo e imediatamente encomendou um novo retrato. Essa brincadeira se repetiu até 1740, quando nós viemos para cá de novo. Ele se divertia com aquelas exclamações e, em consequência, toda vez encomendava um novo retrato. Oh, Narayana! Em muitos assuntos, ele parecia uma criança grande."

— Por certo essas pinturas ainda existem? — perguntou Dakhir.

— É claro! Todas estão penduradas no gabinete anexo à biblioteca — respondeu, levantando-se, Supramati. — Vamos dar uma olhada: são, decididamente, obras de arte notáveis.

Todos foram ao gabinete e começaram a admirar quatro retratos pintados de corpo inteiro e no tamanho natural. Nos ricos trajes dos séculos passados, a beleza de Narayana se destacava em todo o seu esplendor.

— É uma pena que esse homem, tão belo e talentoso, tenha tirado pouco proveito das vantagens de seu extraordinário destino para desenvolver o espírito, interessando-se apenas por coisas supérfluas — observou Supramati.

— Vamos torcer para que ele aproveite melhor sua existência no mundo do além-túmulo. Os duros sofrimentos e as condições difíceis que vêm depois da morte farão com que ele se torne mais sério – ponderou Nara.

Em seguida, com um leve sorriso, ela completou:

– De qualquer forma, graças à sua mania de retratos, ele nos deixou uma lembrança interessante.

– É verdade! Eu só lamento que ele não lhe tenha transmitido esse gosto pelos retratos. Os seus, infelizmente, são muito poucos.

– Oh! Eu me sacrifiquei só para satisfazer-lhe essa paixão. Uma prova disso são as fotografias e o retrato que adornam a escrivaninha e o seu gabinete, Supramati. Eu realmente não gosto de ser retratada. A única imagem que me é cara é a minha estátua. Naquele tempo, eu de fato era jovem de corpo e alma. Atualmente já não sou capaz de sentir os ímpetos e as paixões ou sonhar com o futuro como antigamente. Aquilo foram coisas do passado, que, feito um sonho, já não existem mais. Meu corpo permaneceu jovem, mas meus olhos traem a minha velhice. Nenhum artista conseguirá captar a expressão deles, e um retrato se restringiria à pintura do traje.

Supramati e Dakhir permaneceram calados. Tristes, eles olhavam para a imagem de seu antigo companheiro, que no transcorrer de séculos conseguira conservar o vigor de sentimentos e a capacidade de gozar os prazeres.

– Mas em nossa galeria falta um retrato. O seu, o terror dos marinheiros, o fantasma sinistro dos oceanos! – disse inesperadamente Nara, colocando a mãozinha no ombro de Dakhir.

Este, subitamente arrancado de seus pensamentos, estremeceu.

– O herói de uma lenda perde sua aura se divulgar o seu retrato ou começar a distribuir cartões de visita – argumentou Dakhir com triste sorriso.

– Estou vendo que você tem em alta conta o seu prestígio de "espantalho", mas nós sabemos, tanto como Wagner, ainda que por intuição, que o "Holandês Voador" era um jovem bonito e perigoso só para os corações femininos. Nós queremos ter uma lembrança sua e assim pedimos que faça uma pose para o seu retrato.

– Em meu traje tradicional?

– É claro!

– O desejo de uma dama para mim é uma ordem. Mas para cumpri-la eu não vou me submeter ao fastio de posar para qualquer "pincelador" incapaz de transmitir todo o misterioso encanto com que respira a minha legendária individualidade. Vou lhes dar um retrato obtido de outra forma.

– Espertinho! Você quer nos mostrar uma habilidade que ainda não conhecemos? – interessou-se Supramati.

– É verdade! Confesse que eu estudei mais que você. Providencie para que amanhã, à tardinha, preparem uma moldura do tamanho da parede com uma tela branca. Eu, na presença de vocês, farei meu retrato – anunciou jovialmente Dakhir.

No dia seguinte, todos se reuniram na pequena sala de estar de Nara. Foram retirados todos os quadros e enfeites da parede, agora ocupada por uma enorme tela com moldura dourada, do chão até o teto.

A noite estava nevoenta e escura. Uma chuva fina tamborilava na janela; nos quartos do velho prédio estava frio devido à umidade que vinha dos canais. Nara ordenou que fosse acesa a lareira, ainda que esse tipo de calefação já não estivesse em uso.

– O tempo não está muito propício para a nossa experiência – notou Dakhir. – Vamos ter de esperar até que o fogo apague na lareira, enquanto eu faço alguns preparativos.

– Vá se preparando! Mas previno-o de que eu o estarei observando e posso descobrir o seu segredo. Não sou mais tão tolo como antes, quando você me ensinava a fixar os pensamentos – disse Supramati rindo.

– Oh! Naturalmente você irá descobrir o meu método, mas para aplicá-lo terá que estudar ainda muito.

Dakhir trouxe de seu quarto um grande escrínio, que ele chamava de "laboratório do inferno", e uma trípode com carvão. Quando o fogo na lareira se apagou por completo, ele trancou a porta a chave, acendeu o carvão na trípode e jogou sobre ele uma espécie de pó. A seguir, desligou a luz e o quarto ficou iluminado apenas por uma chama esverdeada na tripode, espalhando um forte cheiro resinoso.

Ao tirar da trípode um grande frasco com um líquido incolor, Dakhir começou a espargi-lo sobre a tela. Imediatamente se difundiu um forte cheiro de ozônio que absorveu completamente o odor resinoso de antes. A tela pareceu cobrir-se de gotículas de brilhantes, adquirindo uma aparência transparente.

Dakhir colocou, diante da moldura, uma pequena máquina elétrica equipada com longas e flexíveis espirais metálicas. Feixes de fagulhas elétricas espalharam-se sobre a tela e, transformando-se em jatos ígneos, começaram a sulcar em zigue-zague a sua superfície. Depois, cobrindo todo o fundo da moldura, formou-se uma camada nevoenta e fosforescente que se agitava feito água bafejada por vento. Em pé e com a mão erguida, Dakhir desenhou no ar alguns sinais cabalísticos que, por alguns instantes, fosforesciam e em seguida se transformavam em círculos, pontos e feixes de fagulhas cintilantes. No recinto ouvia-se um leve crepitar, acompanhado pelo sopro do vento. Subitamente, como se empurrado por aquelas correntes aéreas mornas, no ar surgiu uma espécie de grande retângulo preto-cinzento, transparente como teia de aranha, no qual se delineavam vagamente os contornos de alguns objetos. Não era possível ver os detalhes do desenho, pois o retângulo oscilava em todas as direções como se agitado por brisas que o empurrassem para o interior da moldura com as mesmas dimensões.

Pouco depois, o estranho objeto encostou-se à moldura e pareceu fundir-se à camada em movimento que cobria a tela.

Por alguns instantes, tudo se misturou numa massa fervente, reverberando todas as cores do prisma; em seguida, brilhou um raio cintilante, e os presentes acharam-se numa profunda escuridão.

– Por enquanto é muito difícil julgar a semelhança do retrato – observou rindo Supramati.

– Espere um pouco para depois criticar a minha obra – disse Dakhir, virando-se e apertando o botão.

Uma luz elétrica inundou o recinto e iluminou o quadro; ele emitia tal vivacidade que os espectadores fitaram os olhos nele encantados e mudos.

Diante dos dois se abria um oceano, iluminado por um pálido luar, meio fechado por nuvens; nas eriçadas ondas grisalhas, oscilava suavemente um navio espectral, e, sobre ele, recostado no mastro, estava Dakhir envolto numa capa escura. Um archote fixado ao mastro jogava uma luz purpúrea em seu rosto pálido e nos grandes olhos negros que fitavam tristes a escuridão nebulenta.

Em volta do navio, sobre as ondas, boiavam alguns cadáveres; ao longe, perdendo-se na penumbra, viam-se os fragmentos de um navio destroçado.

– Dakhir, isso não é um quadro! É o próprio passado, invocado por você, fixado na tela por um método que desconheço – balbuciou nervosamente Supramati. – É a própria vida! Olhe, Nara, como a luz do archote brinca no rosto do cadáver daquela mulher. E a espuma da onda que ergue aquele cadáver! Diga-me qual é o milagre que faz parecer que tudo esteja se movendo! Palavra de honra! Pode-se jurar que a água irá engolir agora aquele cadáver, que os corpos realmente estejam boiando em volta do navio e que o archote solta fumaça e crepita!

Supramati levantou-se e passou a mão pela tela.

– Apalpando, parece um quadro comum; se eu me afasto alguns passos, tudo fica animado, respira e se move – disse ele maravilhado. – Dakhir! Você é um grande feiticeiro! Os artistas que puderem contemplar esse incomparável quadro vão inutilmente quebrar a cabeça procurando descobrir que tinta inédita utilizou o artista ao executar esta maravilhosa obra.

– E, de fato, será difícil determinar a composição química destas tintas. Os cientistas dirão modestamente que isso é um segredo perdido, assim como os outros, e que a ciência do futuro irá descobrir o método da reprodução deste quadro – completou sorrindo Dakhir. – A propósito, você acertou: isto é realmente a reprodução do passado, cujo reflexo eu fixei na tela.

Eles ainda conversaram por longo tempo sobre o fenômeno visto, sobre os estudos que deveriam iniciar sob a direção de Ebramar e sobre as desgraças que estariam esperando a humanidade. Já começava a amanhecer quando se separaram, decidindo partir, o mais rápido possível, para a Índia.

No dia seguinte, à noite, resolveram ir ao teatro. Estava sendo apresentada uma ópera, e eles queriam conhecer as novas tendências da música italiana.

Mal as cortinas haviam se levantado e a sala de espetáculos mergulhava na penumbra, quando Nara e seus companheiros ocuparam o camarote. Eles começaram a ouvir a música, mais barulhenta que melódica, e assistiram com interesse a apresentação que, por seu realismo, estava muito além dos limites permissíveis no palco.

Durante o primeiro intervalo, começaram a examinar a sala, nela procurando algum de seus antigos conhecidos. Mas era difícil reconhecer nos respeitáveis velhinhos e nas velhinhas grisalhas, com as costas encurvadas, outrora mulheres jovens e bonitas e cavaleiros garbosos que cortejavam sem trégua Nara. Alguns daqueles restos distintos do passado que se encontravam na sala olhavam com surpresa compreensível para Supramati e Nara, lembrando-se deles, mas considerando-os como desconhecidos, e surpreendiam-se com a grande semelhança de seus antigos amigos.

Muitos não despregavam o olhar de Supramati, mas este não lhes dava qualquer atenção. De repente, ele estremeceu e, inclinando-se, focalizou com o binóculo o camarote em frente. Ali estava sentada uma jovem loira muito bonita e elegante, conversando animadamente com um rapaz que parecia apaixonado por ela.

– Nara! Está vendo aquela moça de chapéu branco, com diadema de esmeraldas na cabeça? É Lilian, vítima de Narayana, cuja história eu lhe contei – sussurrou Supramati no ouvido da esposa.

Nara focalizou rapidamente o binóculo no camarote apontado, mas, neste instante, a moça que ali estava sentada também os notou. Ela estremeceu tão forte que o leque lhe caiu da mão e empalidecendo mortalmente jogou o corpo no espaldar da poltrona. Seu olhar inquieto e estupefato pareceu pregar-se em Supramati.

– Coitada! Ela reiniciou o seu repugnante ofício. Graças ao elixir ela conservou sua juventude e beleza, mas não se pode dizer que em seus olhos brilhe alguma felicidade – observou Nara em voz baixa.

Um minuto depois ela acrescentou:

– Você deve falar com ela, Supramati. Talvez ela tenha perdido ou gasto o seu patrimônio, e isso a empurrou para o caminho da devassidão.

– Se eu for até lá, o que será de minha reputação de homem casado? – brincou Supramati.

– Oh! Eu não vou ficar enciumada de um marido tão exemplar, ainda que você tenha inspirado a Lilian paixão tão ardente – replicou Nara. – Vá em frente, com a consciência tranquila! Talvez nós sejamos úteis para aquele ser infeliz. Não se esqueça de que ela é uma vítima de Narayana, e isso impõe certas responsabilidades em relação a ela.

– Você tem razão. Amanhã irei visitá-la. E agora vou saber o endereço dela e o nome que adotou.

Dez minutos depois, Supramati já sabia que Lilian se transformara em Adrienne Levanti, tendo aparecido na sociedade de três a quatro anos atrás, e que era amante do marquês de Palestre – um toscano muito rico.

De posse das informações, Supramati foi até o café ao lado e escreveu a seguinte mensagem: "Amanhã, às 11 horas, esteja sozinha. Eu irei visitá-la. S.".

Essa mensagem enviada ao camarote da cortesã foi tão habilmente entregue pela porteira, aliciada com uma moeda de ouro, que o marquês que saíra para fumar no saguão de nada desconfiou.

Lilian ficou intensamente perturbada ao reconhecer em Supramati o seu benfeitor, que a salvara do terrível estado em que a colocou Narayana, ao torná-la rica e querendo orientá-la no caminho do bem e da vida séria e útil. Ela não se esquecera do belo e magnânimo jovem que não se dignara a amá-la, e, ainda que ele não lhe desse qualquer notícia, continuava um ideal inacessível em seu coração. Quando Lilian o viu inesperadamente belo e sedutor como antes, e ainda na companhia de uma encantadora mulher – sua esposa – , uma verdadeira tempestade desencadeou-se em sua alma. A infelicidade, a paixão e o ciúme sufocavam-na. A mensagem de Supramati acalmou-a um pouco. Ele a reconhecera e queria vê-la – isso já era um consolo! Lilian sentiu que não estava em condições de ficar no teatro e, em função disso, assim que o marquês retornou, alegou não estar bem – o que era confirmado por sua palidez e aspecto abalado – e voltou para casa.

Ela passou uma noite insone. Nas longas horas de devaneio solitário e no silêncio noturno, rememorou todo o seu passado – toda a estranha e inexplicável epopeia de sua vida. Mais tempo que o normal se arrastavam as horas da manhã que antecediam a chegada de Supramati. Em pé, no balcão, Lilian escrutava com o olhar os passantes. O seu coração palpitou acelerado e a respiração ficou ofegante quando, junto da entrada, parou uma gôndola, dela saindo Supramati.

Lilian recebeu-o no *boudoir*. Ela estava tão emocionada que não conseguiu soltar uma palavra e, estendendo-lhe calada a mão, apontou para a poltrona.

– Estou feliz que um acaso novamente me tenha feito encontrá-la jovem e bonita – disse ele, apertando-lhe amistosamente a mão. – Entretanto, eu não posso esconder, *miss* Lilian, que estou muito triste em encontrá-la num caminho espinhoso e humilhante, que eu tinha a esperança de que a senhora abandonaria para sempre.

Um rubor escuro cobriu-lhe o rosto.

– O senhor toca diretamente no ponto dolorido, mas ao senhor, meu benfeitor, eu devo fazer uma confissão completa e relatar-lhe sobre aquele estado em que o senhor tão generosamente...

– Não, *miss* Lilian, a senhora não me deve nenhuma explicação ou confissão – interrompeu-a Supramati. – Mas se quiser confiar-me, como a um amigo, o que aconteceu durante os longos anos de nossa separação, eu ficarei reconhecido. Acredite, estou muito interessado em seu destino. Não será a senhora uma vítima da leviandade criminosa do meu irmão Narayana.

— Oh! Eu ficarei feliz em confiar-lhe tudo! Mas depois o senhor também, por sua vez, responderá a uma pergunta que eu tenho e me explicará os mistérios que ocorrem em meu corpo. Eu lhe transmitirei apenas os fatos inéditos que aconteceram comigo.

— Estou adivinhando o que a senhora quer saber e responderei à medida do possível.

— Após a sua partida, eu tentei honrar a minha promessa e iniciei uma vida nova. Estudava, lia e me aperfeiçoava em canto e música. Além disso, sob a direção de madame Rosali, eu me dedicava a causas beneficentes e frequentava a igreja. Devo confessar que todas essas atividades, às quais não estava habituada e me entregava mais por obrigação do que por convicções íntimas, não preenchiam a minha vida e deixavam o meu coração vazio. A felicidade momentânea que eu experimentava ao minorar a miséria de algum pobre, ou ao ver o meu sucesso nas apresentações de piano, não me satisfazia. A única pessoa para a qual eu queria mostrar os meus talentos e por cujos elogios ansiava estava longe e não dava qualquer notícia de si.

— Se a senhora buscasse a aprovação divina e não de uma pessoa, tão imperfeita como a senhora, seu coração ficaria satisfeito – disse Supramati meio constrangido, meio nervoso.

— Não estou querendo justificar as minhas falhas e fraquezas; eu só quero confessá-las para melhor expor os motivos dos meus erros consequentes – rebateu Lilian suspirando pesadamente. – Mas, continuando... Durante três anos, levei uma vida isolada e de trabalho, sem encontrar nenhum conhecido, até que um dia me encontrei com o visconde de Lormeil, que eu não via desde a minha catástrofe com Narayana. O visconde de nada sabia. Alegre em me ver, disse que não me largaria, pois tínhamos muito o que conversar. Fomos ao jardim de um café que, por ser cedo, estava quase vazio, e me contou que Narayana havia morrido e a ele sucedeu o seu irmão. Ele se desfez em elogios a respeito do senhor. Concluindo, ele me contou que o senhor se casou em Veneza e depois partiu para a Índia...

Lilian calou-se indecisa, provavelmente perturbada e constrangida.

– Bem, *miss* Lilian?! Continue! Suponho que lhe foi muito desagradável a notícia sobre o meu casamento secreto – observou Supramati sorrindo.

– O senhor tem razão! – reconheceu ela. – Fiquei furiosa. Eu interpretei o seu casamento com aquela encantadora mulher, provavelmente merecedora do senhor, como uma ofensa pessoal. Em minha fúria, eu me senti livre do meu compromisso de levar uma vida honesta, sem compreender na minha cegueira que a virtude é útil, sobretudo, para aquele que a ela se atém.

"Apesar dos pedidos e ponderações de Rosali, irrefletidamente mergulhei em todo tipo de devassidão mundana, mas o meu coração permanecia vazio e, nas horas de solidão, os remorsos me dilaceravam por ter desdenhado os conselhos do meu benfeitor. Para preencher aquele vazio e sufocar a consciência pesada, lançava-me na prática de toda a sorte de excessos. Eu buscava sensações fortes, apostava na bolsa e na roleta, e acabei por gastar todos os meus bens numa especulação arriscada. Perdi tudo que tinha, mas isso não me deixou aborrecida. A minha beleza, sobre a qual nem o tempo nem os excessos tinham qualquer efeito, era uma inesgotável fonte de riqueza. Eu não conseguia atinar por que a minha beleza não murchava. Ainda que já contasse com cinquenta anos, o espelho refletia o rosto de uma mulher de vinte e cinco. Às vezes, eu pensava: será que não sou a segunda Ninon de Lenclos[1]?

"Certo dia – e isso aconteceu há sete anos – senti uma forte indisposição. Isso me surpreendeu e assustou, pois havia mais de trinta anos que não ficava doente. Eu sentia uma terrível fraqueza, um peso de chumbo nos membros e uma indescritível aversão à vida. O médico que me veio examinar não conseguiu

---

[1] Anne Ninon de l'Enclos, também chamada Ninon de Lenclos ou Ninon de Lanclos (nasceu dia 10 de novembro de 1620, em Paris, França - faleceu dia 17 de outubro de 1705, em Paris, França); foi uma cortesã, escritora e patrona de artes.

encontrar uma causa orgânica da doença e concluiu que, provavelmente, era o meu sistema nervoso que provocava aqueles sintomas doentios. Supondo que eu estava me aproximando dos quarenta, ele acrescentou que a idade tem as suas exigências e prescreveu-me repouso absoluto, durante alguns meses, em algum lugar retirado, longe do barulho de diversões mundanas. Eu deveria viver, preferencialmente, num local com ar puro, passar o maior tempo possível passeando na floresta, tomando leite, mantendo um regime vegetariano, enfim, nada fazendo ou vendo, para proporcionar ao organismo um repouso completo.

"Segui o conselho do médico e fui morar numa fazenda retirada no sul da Alemanha. Os donos eram pessoas pobres, simples, boas e honestas. Sua pequena propriedade era cercada pela floresta, o que – como o senhor sabe – é uma raridade nos tempos de hoje; mas o velho fazendeiro, pessoa de hábitos também antigos, por nada no mundo concordava em vendê-la. Eu me instalei naquele lugar ermo.

"Nos primeiros dias me senti melhor, mas logo os sintomas alarmantes reapareceram com força redobrada: o peso nos membros tornou-se insuportável, a visão deteriorava-se, a audição embotava-se, os cabelos começaram a ficar grisalhos, o porte curvou-se, e a pele, até aquele dia acetinada e fresca, ficou sulcada de rugas. Resumindo: em duas ou três semanas – não consigo determinar exatamente o tempo, pois eu estava feito uma louca – tornei-me uma velha horrível. O estado da minha alma estava péssimo. Eu estava tão acostumada a ser jovem e bonita que havia esquecido de minha idade atual. Em vão tentava me convencer de que a vinda da inesperada velhice era coisa natural e que só um acaso inexplicável a havia adiado por tanto tempo; não obstante, não conseguia me habituar a esta ideia.

"A última fase daquele terrível estado foi demasiadamente dura. Todo o meu corpo parecia ter ressecado, os cabelos caíam aos cachos, perdi todos os dentes. Em poucos três dias, minha boca não tinha nada, o crânio ficou desnudado, a fraqueza chegou a tal ponto que já não conseguia me levantar e achava que a hora já tinha chegado. O meu estado era motivo de preocupação dos donos da fazenda, e eles queriam buscar um médico, contudo eu fui energicamente contra. Viver do jeito que eu estava era mil vezes pior que a morte. Dei algumas ordens quanto ao meu enterro e também uma soma para isso. Eles não deveriam notificar ninguém da minha morte. Eu queria desaparecer sem deixar vestígios.

"Isso foi à noite. Estava deitada num pequeno quarto, mergulhada num pesado torpor, e, nos instantes de lucidez, via a agonia que antecedia a hora final. De repente, senti como se no local onde eu tinha um ferimento outrora causado por Narayana acendesse um fogo. Dali, parecia espargirem flechas ígneas que perfuravam o meu corpo em todas as direções, causando explosões internas, ora na mão, ora no pé, ora no olho ou no estômago e assim por diante. Sentia dores lancinantes que iam de um lugar para outro com incrível rapidez. Por fim, a minha cabeça pareceu despedaçar-se e perdi os sentidos. A proprietária me disse depois que, quando ela veio me visitar, achou que eu estava dormindo. Dormi assim por quarenta e oito horas. Quando acordei, estava me sentindo bem, apenas com muita fome. A criada que me trouxe o desjejum anunciou que eu estava com bom aspecto e havia rejuvenescido trinta anos.

"Resumindo: a juventude e a beleza me retornaram mais rápidas do que viera a velhice. Paulatinamente, saíram-me os dentes e os cabelos cresceram, e eu me tornei do jeito como o senhor me vê agora. A minha bondosa anfitriã, no início, olhava-me com medo supersticioso, mas depois se acalmou e confessou-me que considerava a minha enfermidade como uma feitiçaria, cujo efeito sinistro fora quebrado por uma sagrada relíquia que ela, sem que eu percebesse, havia posto embaixo do travesseiro. Eu nada disse, pois também não conseguia explicar o que havia ocorrido comigo.

"Quando me recuperei totalmente, tinha que retomar o meu vil ofício para viver da forma como estava habituada. Eu não queria aparecer com o meu antigo nome nem voltar para o lugar que frequentava antes. Adotei o nome de Adrienne Levanti e fui embora para a América. De lá me trouxe a Veneza o meu amigo italiano. O resto não tem a mínima importância.

"Agora, explique-me o que aconteceu comigo. O senhor, para quem o tempo não tem qualquer autoridade, deverá possuir a chave do mistério e poderá dizer-me quando será o fim da minha juventude artificial e da vida odiosa que me oprime como um fardo insuportável... Estou enfastiada de tudo, não tenho um objetivo na vida e não sirvo para nada. Diga-me, ao menos por compaixão: quando e como virá o meu fim...?"

Supramati ouviu com misto de surpresa e inquietação o longo relato. Só agora ele entendia as palavras de Ebramar, que dissera que a essência da vida, tendo sido introduzida no organismo de Lilian da forma como fora por Narayana, agia de modo diferente e aumentava em muito a longevidade, sem torná-la, entretanto, totalmente eterna. Mas... de que maneira? Ebramar não havia explicado, e Supramati desconhecia o que aconteceria a Lilian no futuro. O modo como o organismo dela rejuvenescera outra vez era uma novidade para ele e indicava apenas a diversidade de efeitos daquela substância miraculosa e ao mesmo tempo terrível.

– A senhora me pergunta mais do que eu posso responder-lhe – disse Supramati, após um minuto de silêncio. – É certo que existe uma substância desconhecida que aumenta a duração da vida num prazo maior ou menor e que mantém as forças e a juventude; mas é um crime utilizar-se desse perigoso meio tão insensatamente. Eu considero que Narayana praticou um delito contra a sua pessoa, pois não pediu o nosso consentimento e não pesou se a senhora seria capaz de suportar tal provação, condenando-a para a vida cujo fim eu não tenho condições de prever, mas que suponho seja muito longa. E isso ele fez só para satisfazer as suas paixões animalescas!

Ao ver que Lilian empalidecera mortalmente, fitando-o aterrorizada, Supramati acrescentou:

– Acalme-se e encare com coragem o futuro! No que depender de mim, farei tudo para aliviar-lhe a sua sina.

"Primeiro, eu lhe assegurarei um patrimônio que a livrará da necessidade de comercializar a sua individualidade. O capital será distribuído de tal forma que as ocasionais especulações não possam tirá-lo da senhora. Segundo, eu vou reiterar-lhe o meu conselho, ou seja: tenha uma vida orientada para algum objetivo nobre e útil, e não para uma ambição mesquinha. Nós devemos derrotar os sentimentos desenfreados que fervem em sua alma e não aproveitá-los como uma desculpa para a realização de diversas tolices.

"Eu não consigo acreditar que essa humilhante vida que a senhora leva possa satisfazê-la. A senhora mesma disse que essa vida era-lhe repulsiva. E não pode ser diferente! A fagulha divina, inserida em seu ser, impele-a para frente – das trevas para a luz. É nisso que consiste o destino das almas; é esse o caminho pelo qual nós devemos subir para nos unirmos ao nosso Pai Celeste.

"Dedique-se ao trabalho e ao aperfeiçoamento de si, e esta vida, que tanto a assusta, não lhe parecerá tão longa e a senhora sentirá menos o vazio deste passageiro mundo, onde a morte ceifa a todos em volta, deixando viva apenas a senhora."

– Tudo o que o senhor me diz é verdade, no entanto, quando penso no meu futuro aterrorizante, fico desesperada – balbuciou Lilian, cobrindo o rosto com as mãos.

Em seguida, aprumando-se rapidamente, ela acrescentou:

– O senhor me diz para trabalhar e me aperfeiçoar. Mas como? De que jeito? O isolamento e beneficência não me satisfazem e não trazem interesse algum para a minha vida.

– Eu cuidarei para arrumar-lhe atividades mais interessantes – observou sorrindo Supramati. – Antes de tudo, acertarei as questões patrimoniais. Até logo! Em breve a senhora terá notícias minhas.

Ao voltar para casa, Supramati contou a Nara os resultados de sua visita e discutiu com ela o que poderia ser feito para tornar menos penosa a sorte da infeliz vítima de Narayana, sentenciada, pelo visto, a uma vida prolongada.

Após refletir demoradamente, Nara sugeriu tentar interessar Lilian com as ciências ocultas. Talvez esses estudos despertassem o seu interesse e até a preparassem para ser uma ajudante deles no futuro. Nara queria conversar particularmente com a jovem e explicar-lhe toda a situação.

De acordo com a decisão tomada, Nara convidou Lilian para ir à sua casa.

Lilian foi, movida tanto por ciúme como curiosidade, mas todos esses sentimentos logo desapareceram na conscientização amarga de sua patente insignificância diante daquela mulher.

Foi aí que ela compreendeu, de uma vez por todas, por que Supramati, sendo o marido de Nara, não poderia amá-la. Ao mesmo tempo, sentia-se vencida pela benevolência carinhosa dele em relação a ela, e despertou-lhe a vontade de aproximar-se daquele casal eleito através do trabalho e da purificação moral.

Lilian aceitou agradecida a oferta de se entregar ao estudo das ciências ocultas; alguns fenômenos, mostrados por Nara, interessaram-na sobremaneira.

Ajudados por Dakhir, que tinha no continente muitos conhecidos, entraram em contato com um velho alemão que morava perto de Nuremberg num castelo isolado e se dedicava a ciências esotéricas. Tanto ele como sua esposa aceitaram que Lilian ficasse em sua casa na qualidade de discípula, enquanto um dos adeptos superiores, que morava em Londres, comprometeu-se a observar a neófita e orientá-la.

Quando todos os preparativos estavam concluídos, Lilian viajou para Nuremberg de posse de um novo patrimônio e animada com as melhores intenções de estudar e se aperfeiçoar. O seu coração estava mais calmo e a gratidão sugeria-lhe o desejo de justificar as preocupações em relação a ela e ganhar merecidamente o respeito de seus benfeitores.

CAPÍTULO 10

    Certa noite, depois da partida de Lilian, Supramati estava sentado sozinho em seu gabinete. Dakhir havia saído a algum lugar e Nara trabalhava em seu quarto, pondo em dia as suas observações e repassando o diário que mantinha religiosamente há vários séculos, e que continha as mais interessantes memórias que possam ser escritas por um ser humano.
    Deitado sobre o sofá, Supramati folheava os novos romances. Ele queria ter uma noção sobre a nova literatura italiana, porém, enfastiado com aquela tola e vazia leitura, jogou os livros sobre a mesa e começou a pensar.
    Encontrar-se naquele gabinete solitário sempre o fazia ficar com um estado de espírito peculiar. As lembranças de seu primeiro dia no palácio e toda uma espécie de sensações sentidas pelo pobre e modesto Ralf Morgan, de chofre deslocado para

um ambiente mágico das *Mil e uma noites*, assomavam-se-lhe à mente.

Desde então tinham se passado quarenta e cinco anos; mas, em certos momentos, parecia-lhe que tinham sido séculos, a tal ponto ele havia mudado. Que horizontes se abriram à sua mente; em que mistérios ele penetrara e que poderes adquirira! A sua vontade já não era um bambu balançando ao sabor do vento; o pensamento já não era uma chama tremeluzente que poderia ser apagada por uma brisa. Agora o ato de pensar tornara-se uma ígnea corrente flexível que, à semelhança de uma flecha, partia da mente disciplinada e alcançava o objetivo almejado.

Um sorriso maroto brincou nos lábios de Supramati. Feito um escolar que repete convicto uma lição bem decorada, ele concentrou por um minuto a sua vontade, fitando com o olhar brilhante a vela sobre a escrivaninha. Imediatamente o ar foi recortado por uma chispa e a vela acendeu. Pouco depois, um dos livros que estava no sofá se levantou no ar e, como se trazido por alguma força invisível, depositou-se em sua mão.

Um número infindável de tais experiências eram realizadas por ele, sempre com êxito, em seu laboratório. Desde o dia em que reingressara à sociedade, topando a toda hora com a ignara e leviana multidão, tinha a impressão de que todos os seus conhecimentos haviam ficado lá, no castelo escocês, onde, como num sonho, passara meio século mergulhado no trabalho que lhe absorvia todo o tempo.

Mas não! Ele nada havia esquecido ou perdido. Sua vontade era inflexível, dominadora e poderosa, e as forças ocultas se lhe sujeitavam submissas. Não, ele não voltou ao que era!

Involuntariamente o seu pensamento se afastou para aquele a quem devia o seu estranho e maravilhoso destino. Naquele recinto, tudo ainda lembrava Narayana. Aquela mobília – era Narayana que havia escolhido, naquele armário ainda estavam suas coisas e, ali, sobre a escrivaninha, estavam os retratos dele e de Nara.

Um suspiro de dó e lamento soltou-se do peito de Supramati. Ele tinha pena de seu antecessor, impelido por seus impulsos e paixões para atos criminosos, levando-o para um fim tão lastimoso. O que ele estaria fazendo? Encontrava-se Narayana naquele estado horrível, no qual o encontrara ali, naquele mesmo palácio? Agora já não o assustaria; já não era mais um acovardado que desmaiava ao ver um ser do outro mundo! Ele vencera todos os horrores com que o dragão impedia a entrada ao mundo invisível e tinha à disposição uma arma que submetia os espíritos inferiores e perigosos que povoavam os sumidouros do enigmático mundo do além-túmulo.

Continuando a olhar para o retrato de Narayana, notou uma pequena esfera da cor de safira correr pela tela, transformando-se em seguida numa pequena nuvem que começou a aproximar-se dele, girando e fosforescendo. Ele teve a sensação de uma espécie de teia de aranha escorregar-lhe pelo rosto e sentiu o odor de sangue.

Os trabalhos ocultos desenvolveram a perceptividade de Supramati, de forma que ouviu um leve crepitar, imperceptível a qualquer outro, produzido pela presença de um espírito – espírito de Narayana, provavelmente. Será que ele queria lhe falar alguma coisa? Não precisaria de ajuda? Fosse o que fosse, Supramati considerou como seu dever responder ao chamado e, assim, perguntou mentalmente: "Você quer que eu o invoque e materialize, Narayana?"

A voz sussurrou-lhe no ouvido:

– Peço-lhe...

Supramati levantou-se e trouxe do dormitório o escrínio com diversos frascos e pós. Colocando-o sobre a escrivaninha, tirou dele uma trípode de prata, uma travessa do mesmo metal, um castiçal com sete braços e uma vasilha larga de cristal.

Afastando a mesa até o centro do quarto, colocou sobre ela a travessa, o castiçal e a trípode, colocando na última alguns pedaços de carvão. Ao encher com água fresca a vasilha de cristal, ele pôs ao seu lado uma taça, completando-a com uma essência vermelha que tirou do frasco, e que difundia um aroma agradável e vivificante.

Terminados todos os preparativos, apagou a luz elétrica e tirou de baixo das vestes o bastão mágico, pendurado numa corrente de ouro. Após reverenciar norte, sul, leste e oeste, começou a ler cantando as fórmulas mágicas e desenhando no ar sinais misteriosos acima da mesa.

Mal haviam desaparecido os contornos luminescentes dos hieróglifos, o ar foi recortado por uma chama crepitante que acendeu as sete velas e o carvão com o pó, colocado por Supramati. O pó inflamou-se numa chama branca e viva feito luz de magnésio, iluminando os cantos mais afastados do gabinete. A seguir, a chama começou a reverberar todas as cores do prisma e finalmente se apagou com uma pequena explosão.

O fenômeno que acabava de ser produzido custava-lhe outrora muito esforço e trabalho, mas Dakhir exigia de seu discípulo esta habilidade, necessária para todo aquele que quisesse dominar as ciências ocultas, pois os objetos mágicos não podem ser acesos com chama comum e é necessário invocar o fogo do espaço. Por essa razão, os feiticeiros medíocres que não detêm poderes para invocar esse tipo de fogo tentam obtê-lo acendendo com um raio algum objeto e mantê-lo a todo custo para as sessões de magia.

Abaixando o bastão e continuando o canto pausado, Supramati afastou-se da mesa, junto da qual surgiu uma grande mancha cinzenta, transparente como teia de aranha. Uma brisa gelada agitava aquela nuvem.

À medida que diminuía e se extinguia a chama branca, a mancha cinzenta densificava-se e esticava-se, tomando a forma de uma figura humana.

O ser de contornos indefinidos e dois pontos fosforescentes no lugar de olhos, cambaleando e oscilando para todos os lados, aproximou-se da mesa. A mão aérea separou-se da massa nevoenta e agarrou a taça, esvaziada pelo estranho ser de um só gole. Quase imediatamente, a figura humana compactou-se e surgiu a cabeça coberta de cabelos negros, que mergulhou por algumas vezes na vasilha com água; a seguir, o vulto nela molhou também as suas duas mãos.

Agora já se podia divisar uma figura alta de homem, envolto numa larga capa branco-cinzenta. Quando o vulto se virou,

Supramati deu com o rosto de Narayana, que lhe estendia os braços.

– Agradeço-lhe, amigo Ralf, por você ter atendido ao meu chamado e ter-me trazido à vida real – disse Narayana em voz sonora.

Supramati apertou-lhe efusivamente a mão.

– Sou eu é que devo agradecer. De que forma eu poderia pagar-lhe por aquela dádiva sem preço que você havia me dado? Estou feliz que o meu conhecimento tenha permitido que eu o trouxesse para cá e pudéssemos conversar. Deixe-me cumprimentá-lo pela mudança de seu estado. Fiquei muito triste na última vez em que o encontrei aqui. Você deve ter trabalhado muito para ter se purificado até esse ponto!

Narayana aproximou a poltrona e se sentou. Por alguns instantes o seu olhar vagou pelos objetos em volta. À luz das sete velas, Supramati reparou que no belo rosto de seu antecessor se tinham gravado sinais de muito cansaço; por outro lado, a expressão de raiva infernal e os pequenos chifres vermelhos que se anteviam antigamente por detrás dos cabelos, negros como asa de corvo, desapareceram por completo. Naquele momento, Narayana tinha o aspecto de um homem totalmente real. Virando-se para Supramati, Narayana disse em tom meio zombeteiro, meio melancólico:

– Na última vez que você me viu, por força dos sofrimentos, eu era um ser repulsivo e cruel. Sim... Não há palavras para transmitir aquele inferno por que eu passei! Sem dúvida, pequei muito, mas para uma pessoa com o meu caráter era uma enorme tentação viver por centenas de anos, munido de incríveis poderes que me colocavam acima de toda a humanidade. Feliz é você, Ralf Morgan, porque em suas veias corre um sangue calmo e no coração habita um grande amor à ciência. Você vai subir muito na escada do conhecimento, e os séculos coroarão a sua fronte com a estrela do mago! Eu, no entanto, fiquei escravo da minha carne, um joguete de minhas paixões desenfreadas, e, no espaço, tornei-me um escravo da matéria primordial, que vertia as correntes de vida nas veias fluídicas do meu corpo astral. Você viu como eu decaí. Ao me conscientizar dessa decadência, sofri como na própria carne as dores físicas que dilaceravam o meu corpo astral. Entretanto, não foi em vão que adquiri alguns fragmentos do conhecimento; tinha uma mente parcialmente disciplinada e amigos, entre os quais o velho que você viu na gruta dos antepassados. Apoiado por eles, iniciei o trabalho para purificar-me e expiar, ao menos um pouco, o mal que causei. Você pode ver os resultados do meu esforço. Eu ainda continuo sendo um espírito sofredor, mas já não necessito de alimento nem de prazeres materiais. O crucifixo de Nara já não me obrigará a recuar. Mas, a propósito da minha ex-esposa, você está feliz com ela?

— Para mim, ela é um anjo!

— Antes assim! Em relação a mim, ela sempre foi ingrata e cruel. A mim ela não concederia nem meia hora de conversa! Verdade, eu lhe sou infinitamente grato por ter me materializado neste gabinete cheio de recordações. Tenho a impressão de que ainda sou o senhor deste castelo.

— Aos meus olhos você permanece sendo! Eu gostaria de provar melhor a minha gratidão.

— Se você realmente deseja fazer-me algo agradável, Ralf, ou melhor, Supramati, como aqui o chamam, deixe-me ficar aqui por quinze minutos para sonhar e entregar-me às lembranças, como se eu ainda pertencesse a este mundo.

Supramati, que estava sentado na poltrona, levantou-se rapidamente.

— Eu o deixarei sozinho imediatamente. Fique aqui e considere-se como dono desses quartos que ainda respiram você.

Supramati fez um sinal amistoso com a mão e retirou-se para o dormitório, cuja porta fechou a chave. Ele não percebera uma estranha expressão de zombaria que cintilara nos olhos do espectro.

Mal passaram alguns minutos desde a saída de Supramati do gabinete, a porta oposta, que levava ao aposento da esposa, abriu-se rapidamente e dela irrompeu Nara. Sua aparência denotava inquietude.

— O que você fez?! — gritou ela, correndo até o marido e agarrando a sua mão. — Você materializou Narayana e o deixou sozinho no gabinete? Como você pôde fazer essa loucura? Isso é imperdoável! Você não é nenhum profano que se diverte sem entender o que está fazendo...

Supramati olhou para ela sem nada entender. Sem esperar pela resposta, ela correu até a porta do gabinete, mas esta se abriu e na soleira surgiu Narayana. Seus olhos negros ardiam, nos lábios vagava um sorriso orgulhoso e triunfante, e nas faces pálidas estampara-se um suave rubor. Sua rara beleza apresentava-se em todo o seu esplendor.

Constrangido, Supramati olhava admirado para ele, sem entender o motivo da ira de Nara; não entendia que desgraça poderia advir de uma simples materialização ou do desejo do espírito de ficar por alguns minutos sozinho no quarto onde ele mesmo viveu por muito tempo.

Mas um olhar, lançado por acaso para o interior do gabinete, fê-lo estremecer. Na parede, em frente da qual estava sentado Narayana, havia uma abertura de cuja existência Supramati nem suspeitava, e sobre a mesa estava um escrínio aberto, que, pelo visto, fora retirado do esconderijo. Ao lado do escrínio, estava um frasco com rolha de ouro, que continha a essência primeva. O insolente espírito ousou se utilizar dela...

Supramati empalideceu. Mas não teve tempo de abrir a boca, pois Narayana mediu Nara com um olhar de mofa e disse:

— Você chegou muito tarde para impedir-me, minha bela ex-esposa! Apesar de ser muito precavida, você se esqueceu de prevenir Supramati, cujo coração os séculos ainda não tiveram tempo de endurecer como o seu.

— Você mereceu isso, mas a sua insensatez é, decididamente, incorrigível — replicou Nara cerrando o cenho.

— Não se preocupe, eu mesmo arcarei com as consequências do meu audacioso ato, e as desavenças conjugais já não me preocupam. Além do mais, os seus encantos perderam para mim qualquer poder — observou em tom zombeteiro Narayana.

— E, assim, tranquilize-se, encantadora e cruel Nara: eu não vou reclamar pelo espólio nem por você. Você sabe melhor que todos como será duro agora qualquer relacionamento com os seres humanos. Assim, eu irei ao palácio de um iogue no Himalaia e não vou perturbar mais ninguém.

Nara deu de ombros, virou as costas e, saindo do quarto, atirou ao marido:

— Tolo! Duplamente tolo!

— Não leve a mal que eu tenha sido o responsável por esse título honorífico, meu pobre amigo e herdeiro. Somente eu o escutei. Nos velhos tempos, aliás, eu fui agraciado por títulos mais vigorosos; mas, partindo de uma mulher bonita, a gente aguenta – disse Narayana, rompendo-se numa sonora gargalhada.

— Ah, você realmente não tem jeito! – observou Supramati rindo involuntariamente.

Depois, em tom já sério, ele perguntou:

— O que você fez?

— Somente aquilo a que eu tinha direito: eu me utilizei da essência primeva que lhe leguei. Você não ficará mais pobre com umas gotas a menos.

— Basta, Narayana. Tudo que pertenceu a você continuará seu. Eu não preciso de nada. A minha dádiva mais preciosa – a *iniciação* – ficará comigo.

— Você é uma pessoa boa e correta, Supramati! – elogiou Narayana em tom amistoso. – Eu quero que você saiba que não preciso dos bens terrenos que lhe deixei em herança.

— De qualquer forma, tudo fica à sua disposição. Não pense, no entanto, que eu lamento a sua ressurreição.

— Eu sei. Mas entenda, Supramati, que não me tornei um homem comum; eu sou um anfíbio que entrou por duas portas no mundo invisível. Não posso utilizar alimento comum, a não ser especial, que praticamente não custa nada. Eu simplesmente adquiri a capacidade de não me decompor por conta da essência primeva, que me supriu de vontade ou de força vital, permanecendo ao mesmo tempo um espírito. Assim eu, a meu critério, posso ser visível ou não. Vou lhe demonstrar agora.

Narayana pegou Supramati pela mão e imediatamente se fez desaparecer. Por mais que este olhasse em volta, só enxergava o ar transparente e, no entanto, sentia o aperto forte dos dedos de Narayana. Por fim, ele se tornou novamente visível, extasiando-se diante da surpresa e desorientação do jovem mago.

— Você ainda ignora muitos mistérios, pois teve acesso somente aos princípios da ciência; mas devo reconhecer que você os estudou coerentemente, ainda que os fenômenos que podem ser produzidos com o auxílio da matéria primeva lhe sejam praticamente desconhecidos. A sua multiplicidade é infinita, já que este agente com a mesma facilidade que torna coesas as moléculas também as quebra. Com a quarta parte do que sobrou neste frasco, você poderá ressuscitar um cemitério inteiro. Só que não será o mesmo que eu fiz comigo. Eu atraí do espaço uma quantidade de moléculas que me garantem unicamente a densidade necessária para uma vida semi-humana, livre, aliás, de quaisquer incômodos carnais. Tal vida eu pretendo levar num maravilhoso palácio, localizado no Himalaia. Você ainda não o viu, mas espero que vá me visitar lá. Você, apesar da imortalidade, sente o fardo do corpo material e necessita de milhares de coisas para o seu conforto, locomoção, e assim por diante. Se não consegue morrer de fome, de qualquer forma deve sentir outros desconfortos, dos quais já estou livre.

Supramati deixou-se cair impotente na poltrona e passou a mão na testa.

— Decididamente, eu começo a me perder no labirinto dos milagres e mistérios inexplicáveis, cuja fonte é a matéria primeva. Estou cada vez mais convicto de que não passo de um ignorante, que mal acabou de decorar o alfabeto. Mas você, Narayana, é hábil nessa ciência que desconheço totalmente; você estudou as propriedades da essência primordial. Tire-me algumas dúvidas que tenho!

— Terei prazer de lhe contar o pouco que sei.

— Neste caso, diga-me, antes de tudo: estava você brincando quando disse que com o auxílio da matéria primeva eu poderia ressuscitar o cemitério inteiro?

— Eu falei sério. E isso é totalmente possível.

— Eu não entendo. Devido ao nosso sistema de enterro, dentro das sepulturas só sobram os ossos, enquanto dos cadáveres incinerados apenas ficam as cinzas. De que forma, então, esses restos poderão reviver e se animar?

Narayana apagou as sete velas que ainda estavam ardendo. Depois ele foi ao quarto contíguo, sentou-se no sofá e disse para Supramati ocupar o lugar ao lado.

— Estou vendo que você tem muitas perguntas e, sendo assim, aqui será mais confortável. Enquanto sobrar qualquer remanescente de corpo humano, existirá um objeto impregnado de fluido vital. Isso, como queira, será o fundamento, junto ao qual poderá ser concentrado um sistema molecular, que outrora constituía uma coisa integrada. O processo pode ser desencadeado sempre e numa velocidade impressionante, desde que aos restos do corpo for introduzida uma partícula da matéria primeva, necessária para a aglomeração.

— E os seres ressuscitados desta maneira tornam-se imortais? – perguntou pálido e atônito Supramati.

— Não, não! Eles adquirem a vitalidade só por algum tempo, nunca muito longo devido ao fato de que a matéria é intensamente absorvida pelo processo, que possui também as suas inconveniências. Assim, por exemplo, para devolver ao corpo um espírito que ele antigamente habitava, às vezes é necessário arrancá-lo de um que ele anima no momento, o que provoca a morte daquele sujeito, pois a força atuante desconhece obstáculos e manifesta-se invariavelmente ali, onde se verifica ser mais forte. No caso que nos interessa, a força superior se encontrará no corpo destruído, uma vez que a dose da essência depende do operador. O espírito, trazido dessa forma ao seu *habitat* anterior, perde a lembrança do passado, indiferentemente se foi chamado do espaço ou arrancado do outro corpo. A propósito, com o auxílio desta matéria, a verdadeira essência da vida, é possível criar um ser humano artificialmente, mas a sua vida seria efêmera, porque a matéria vital é absorvida muito rápido. Tal criatura se transformaria em cinzas; mas repito: isso é bem possível.

— Por que Dakhir nunca me falou destas coisas tão importantes? – balbuciou Supramati.

— Oh! Dakhir é um mentor muito diligente e por demais metódico. Ele lhe ensinou as fórmulas mágicas que fazem submeter os seres inferiores, desenvolveu as suas potencialidades ocultas e disciplinou a sua força de vontade; no entanto não o familiarizou com as propriedades da matéria primeva, deixando isso, provavelmente, para o futuro. Eu, ao contrário, sempre fui um aluno rebelde e nunca suportei estudos muito lentos. Eu almejava orientar-me em todos os campos da ciência. Terei muito prazer em compartilhar com você os resultados de meus estudos neste campo. Se você quiser, eu lhe mostrarei algumas experiências que ilustram o que acabei de lhe falar sobre as propriedades e os poderes da essência primeva.

— Como se eu não quisesse! Ficarei reconhecido do fundo da minha alma se você me der alguma luz sobre as propriedades da matéria em meu poder, que não sei usar, correndo um risco de fazer o mal, onde só quero fazer o bem.

— Podemos iniciar imediatamente uma experiência de ressurreição. Já é quase meia-noite. A hora é favorável, e como eu, graças a Deus, não corro risco de me decompor, entrego-me a sua inteira disposição. Vamos até a ilha dos mortos. Lá nós escolheremos alguns defuntos e os faremos voltar para as alegrias da vida. Visto eles não terem condições de saber quem são os seus benfeitores, não poderão nos delatar e jamais aceitarão a ideia de que estavam mortos – concluiu rindo Narayana.

Supramati pôs-se a pensar indeciso.

A possibilidade de estar presente numa experiência tão inédita atiçava-lhe a curiosidade, e um certo aborrecimento em relação a Dakhir e Nara, que lhe iam ministrando os conhecimentos em doses homeopáticas, incitava-o a aceitar a proposta de Narayana. Por outro lado, sua boa e correta alma sentia-se atormentada com o temor de causar algum mal ao lançar mão, criminosamente, de poderes desconhecidos.

Narayana, que o observava atentamente, soltou uma gargalhada escarninha.

— Você está vacilando? Talvez – há-há-há! – você esteja com medo de Nara e Dakhir?! Neste caso, esqueça de que eu falei. Deus me livre se você receber uma reprimenda de seus severos mentores.

Um rubor brilhante cobriu o rosto de Supramati.

— Chega de falar besteira! Não recebo ordens de ninguém e quero assistir a esse fenômeno que você prometeu me mostrar. Só deixe que arrume as coisas e pegue minha capa!

— Você que sabe! Não se esqueça de levar o frasco com a essência e me arrume também uma capa qualquer. Eu não posso sair à rua com este traje do outro mundo – disse Narayana, atirando para o chão a capa que vestia e que, ao cair, desfez-se toda.

Ele encontrava-se agora num traje de veludo violeta com larga gola em renda e botas de cano longo com esporas.

Supramati olhou-o sorrindo e, depois, guardando apressadamente as coisas, perguntou:

— Diga-me: por que Nara tenta impedir, a todo custo, que você adquira o seu atual estado? Isso não lhe é indiferente?

Um sorriso enigmático deslizou pelos lábios de Narayana.

— Pergunte a ela! Talvez ela lhe diga a razão dessa má vontade em relação a mim. Eu não quero irritá-la mais ainda, suscitando talvez suspeitas infundadas.

Dez minutos depois, ambos saíram do palácio através de uma escada secreta que dava na laguna lateral. Aos pés da escada, havia um barco.

— Eu mudei os planos – anunciou Narayana sentando-se no barco e se envolvendo todo na capa. – Até a ilha dos mortos é muito longe e, além do mais, lá é difícil retirar os ossos. Pensei numa coisa melhor. Perto daqui – aí ele citou o nome de um dos pequenos canais laterais – há um velho palácio semidestruído. O seu dono, de família antiga tradicional, está totalmente arruinado e subsiste num dos quartos do primeiro andar, onde logo acabará morrendo, opondo-se, entretanto, a vender as ruínas. Naquele palácio havia outrora uma capela sob a qual construíram um túmulo, atualmente esquecido. Lá nós encontraremos o que precisamos.

– Está bem! – concordou Supramati pegando nos remos e se dirigindo ao local apontado.

Era um antigo quarteirão de Veneza. As casas, rodeadas por um pequeno canal, tinham em grande parte um aspecto desértico e abandonado.

Por fim, Narayana indicou um prédio mais destruído que os demais e disse:

– Que palácio, hein! Pare junto daquela pequena porta à esquerda!

Supramati encostou o barco junto a um velho anel de bronze, fixado na parede, e começou a subir a escada. Narayana ia à frente. Sob a pressão de sua mão, a porta abriu-se rangendo, fechando-se quase imediatamente.

– Aqui está mais escuro que na goela do diabo! – resmungou Supramati.

Dizendo isso, ele tirou do bolso uma esfera de vidro com cabo de bronze; a esfera começou a emitir uma luz brilhante.

– Oh! Então já descobriram o segredo das lâmpadas eternas que tanto seduziram os cientistas desde que elas foram encontradas nas sepulturas romanas? – observou Narayana.

– Sim, o segredo foi desvendado há trinta anos. Agora elas estão em moda. Bem, Narayana, ande na frente e indique o caminho, pois você conhece a disposição da casa.

– Oh, perfeitamente! Eu vi este palácio em seus tempos áureos, ou seja, em 1560. Na época, a casa era um luxo só.

Eles atravessaram rapidamente uma infinidade de salas vazias. A luz viva da lâmpada iluminava paredes desnudadas, afrescos cobertos de musgo e *plafonniers* balançantes que ameaçavam cair no chão. Havia um contraste marcante entre toda aquela pobreza e desolação e as maravilhosas lareiras de mármore branco e amarelo, pisos de mármore em mosaico, cobertos por poeira, e todo tipo de fragmentos.

Os passos de Supramati ressoavam fortemente pelo piso de pedra, enquanto Narayana deslizava silencioso ao seu lado.

Subitamente, uma sensação estranha e oprimente apertou o coração de Supramati. Naquele profundo silêncio noturno, naquele ambiente angustiante da destruição, nele despertou alguma coisa que recordava o antigo Ralf Morgan. Que aventura estranha ousava ele empreender em companhia de uma pessoa não menos estranha, vinda do além!

— Ah! — fez inesperadamente Narayana. — Não se entregue aos seus pensamentos tolos. Pense só naquilo que vamos fazer. Estamos nos aproximando do nosso objetivo. Se não me engano, no fim desta galeria nós vamos sair para um grande pátio onde, antigamente, havia um chafariz e do outro lado ficava uma capela.

E, de fato, após andarem por alguns minutos, eles se encontraram frente a uma porta que levava para um pátio calçado com piso de pedra e ladeado por uma galeria em arcos. Neste momento, a lua saiu das nuvens que cobriam o céu.

À luz fraca do luar, do outro lado do pátio desenhava-se uma construção com cúpula, encimada por uma cruz.

— A capela também tem uma saída do outro lado para uma travessa, mas, com toda certeza, aquela porta deve estar trancada por dentro, pois nenhum ofício religioso é celebrado ali há muito tempo — explicou Narayana.

— É incrível como você lembra bem da localidade, com todos os seus escombros — observou Supramati.

Narayana deu uma gargalhada.

— Eu tive aqui muitos amigos e durante uma época fui uma visita constante. Mas vamos! Temos de passar pela sacristia que servia de entrada aos senhores do palácio que construíram a capela.

Eles atravessaram o pátio e detiveram-se diante de uma pequena porta carcomida por vermes; com um empurrão de ombro, Supramati derrubou a porta.

A sacristia verificou-se estar completamente vazia, da mesma forma que a capela, que tinha um aspecto deveras melancólico.

Os vidros de duas altas e estreitas janelas seteiradas estavam partidos; o altar estava desnudado. Algumas lápides tumulares adornavam as paredes. Narayana foi até o fundo da capela, à esquerda do altar, onde se encontrava uma placa de pedra com um anel de bronze embutido no centro. Ele se inclinou e, sem um esforço visível, levantou a tampa. Então, à luz da lâmpada, divisaram os degraus estreitos de uma escada.

– É a entrada à câmara mortuária – disse Narayana começando a descer a escada.

Supramati o seguiu com a lâmpada. Logo depois, eles se achavam num pequeno subterrâneo que precedia a câmara mortuária. A porta de bronze da câmara estava com ferrolho, lacrado por um grande cadeado. Supramati pegou um ferro caído no chão e com alguns golpes quebrou o cadeado. Tirado o ferrolho, a porta abriu-se rangendo. Da câmara bafejou um ar viciado, repleto do odor sufocante da umidade. Sem dar atenção ao fato, Supramati entrou. A luz da lâmpada que ele segurava na mão iluminou uma fileira de caixões, grandes e pequenos, dispostos em suportes de pedra ao longo das paredes.

Alguns deles estavam podres, e a madeira putrefata resvalara-se no chão misturada aos ossos; outros caixões estavam inteiros. Narayana dirigiu-se diretamente a um grande e maciço caixão de carvalho enegrecido, com cantos em metal.

– Aqui – disse ele – repousa aquela que eu quero ressuscitar. A pobre Lorenza foi uma mulher lindíssima. O seu marido, um velho monstrengo, asfixiou-a com as mãos num acesso de ciúme por tê-lo preterido a um amante jovem e bonito. A história só não veio à tona porque o velho patife, Marco, era parente do doge.

Continuando a conversar, Narayana começou a retirar a pesada tampa do caixão, que cedeu com muita dificuldade, vindo a cair com estrondo sobre o chão. Do caixão, levantou-se uma nuvem de poeira.

Jogando de lado um véu carcomido pelo tempo, Supramati viu o corpo que ali jazia.

Não era um esqueleto, pois a enegrecida e ressecada pele cobria os ossos, desenhando todas as suas depressões; em vez de olhos, anteviam-se apenas cavidades negras; a boca sem lábios fazia arreganhar os dentes, e toda a cabeça, envolta numa massa exuberante de cabelos, tinha o aspecto de crânio nu.

Narayana torceu o rosto.

— Não sobrou muito da beleza de Lorenza! Mas você vai ver agora por que o senhor Marco pode ser perdoado por ter na consciência este crime. O que se preservou espetacularmente é o vestido. Dê uma olhada para este brocado púrpuro! Ele é grosso e resistente feito couro, apesar de mais de três séculos. As fábricas de hoje bem que poderiam copiá-lo.

Supramati apalpou o tecido, de fato bem conservado. Apenas a renda dourada que adornava o corpete de largas mangas tinha enegrecido totalmente.

— Bem, está na hora de iniciar o trabalho! Eu vou até a fonte para pegar água – anunciou Narayana.

Dizendo isso, ele saiu, enquanto Supramati, confuso e perturbado pelos mais diversos sentimentos, recostou-se na parede.

A sua consciência censurava-o por ele ter se decidido a fazer aquela experiência, que, em caso de êxito, seria uma terrível provação para aquele ser; mas em contrapartida a este sentimento juntou-se um outro – a curiosidade extremamente excitada de um "cientista", que lhe abafava os remorsos. Era com impaciência febril que ele se perguntava se aquilo não seria um conto de fadas, idealizado por Narayana. Como poderiam as mãos do esqueleto que seguravam o crucifixo de madeira enegrecido se tornarem mãos de uma pessoa real e esse cadáver decomposto sair de seu caixão?

A chegada de Narayana interrompeu os seus pensamentos alarmantes. Para sua surpresa, o outro trouxe uma xícara de água e uma lamparina antiga que tinha, pelo menos, uns cento e cinquenta anos.

— Aqui estão! – disse Narayana satisfeito, colocando a xícara e a lamparina num dos caixões ao lado.

— Para que a lamparina? Comparada à minha lâmpada, ela não passa de um vaga-lume – observou Supramati.

— A sua esfera de luz viva e ofuscante pode atrapalhar a experiência. Peço-lhe embrulhá-la e guardá-la no bolso assim que você colocar três gotas da essência na xícara – respondeu Narayana.

– Isso eu posso fazer bem até com a lamparina. Mas como é que você a acendeu?

– Assim! – disse Narayana, erguendo a mão.

Imediatamente em sua mão acendeu uma chama tremeluzente, que se apagou tão logo baixou o braço.

Supramati tirou o frasco e pôs três gotas de líquido na água. Imediatamente da xícara subiu uma grande chama vermelha, e a água pareceu se transformar numa massa fundida.

– Jogue todo o conteúdo da xícara no caixão! – ordenou Narayana.

Supramati obedeceu. Ouviu-se um crepitar, como se houvessem jogado água em cal virgem.

– Agora a gente se afasta até aquele canto escuro. De lá nós podemos ver tudo, sem sermos vistos.

Calado, com o coração palpitante, Supramati recostou-se na parede olhando para o caixão, onde alguma coisa estalava, efervescia, e para o alto subia um denso vapor esbranquiçado, sulcado de zigue-zagues ígneos.

A seguir, do teto, paredes e chão começaram a saltar centenas de fagulhas fosforescentes, que feito uma cascata de estrelas cadentes se precipitavam com estalido seco sobre a massa no caixão.

O coração de Supramati acelerou com uma força terrível; devido à perturbação, faltava-lhe o ar. Ele olhou assustado para Narayana em pé ao seu lado, mas não conseguiu ver-lhe o rosto, pois ele, neste instante, havia escondido a cabeça com a capa. Esta estava coberta por uma névoa luminescente que delineava claramente a sua figura na parede escura, e sua mão com dedos finos e delgados, segurando a prega da capa, era de fato a mão de uma pessoa real. Com um tremor involuntário, Supramati virou-se e continuou a olhar para o caixão.

Ali alguma coisa havia mudado. O vapor esbranquiçado transformou-se numa nuvem, vermelha como sangue, que ia se absorvendo rapidamente no interior do caixão. Neste ínterim, do teto desceu, à semelhança de luz errante, uma enorme chama que atravessou com a velocidade de uma flecha a câmara mortuária e mergulhou no caixão, arrastando consigo os restos da nuvem vermelha. Tudo se apagou e ao antigo túmulo, iluminado fracamente pela lamparina, sobreveio um silêncio mortal.

De chofre, no profundo silêncio, algo se moveu e ouviu-se o farfalhar de um tecido de seda. Em seguida, ouviu-se um suspiro humano, tão lamentoso e débil que um tremor glacial percorreu o corpo de Supramati. Então, na borda do caixão, surgiu uma mão branca, depois a cabeça e o torso da mulher, que, com visível dificuldade, se ergueu e se sentou tomando fôlego. O rosto que quinze minutos atrás era um crânio expressava agora um terrível pavor; os olhos vagavam assustados pelo ambiente sinistro.

– Grande Deus! Virgem Santíssima! Então não foi um pesadelo que Marco queria me sufocar? E acharam que eu havia morrido? – balbuciou a voz trêmula.

A mulher endireitou-se rapidamente, ergueu-se e saltou cuidadosamente do caixão. Subitamente ela estremeceu e, levantando o pé, olhou para ele atentamente.

– Quem foi que me colocou estes sapatos rotos?! – exclamou ela num linguajar puramente toscano.

Tomada por repentina fraqueza, ela se sentou no degrau e agarrou a cabeça com as mãos, querendo, provavelmente, juntar as ideias.

Supramati, que a observava avidamente, viu que era uma mulher ainda muito jovem, esbelta, com maravilhosos cabelos negros. Dominada indubitavelmente pelo pavor que lhe sugeria aquele sinistro lugar, a jovem levantou-se e pegou a lamparina.

– Quem poderia ter trazido esta lamparina? Sem dúvida, "ele", sabendo que eu estava viva. Mas... onde é que "ele" está? – sussurrou ela, e em seus lábios esboçou um sorriso de contentamento.

Ela se virou e saiu rapidamente da câmara mortuária.

– Meu Deus, que ser encantador! Mas que será dele? – balbuciou Supramati cheio de dó e admiração. – O que você fez, Narayana, é algo diabólico! Não será você aquele "ele" que ela está esperando? – acrescentou Supramati inquieto.

— Você é a própria encarnação da perspicácia, amigo Ralf! Agora devo-lhe confiar uma grande responsabilidade: a de proteger Lorenza. Espero que Nara não fique com ciúmes, pois você é um marido tão bom e fiel! — pilheriou com riso seco Narayana. — Aliás, mesmo me arriscando a deixar brava a minha ex-metade, eu não posso me dedicar à bela ressuscitada. Não tenho direitos humanos nem espirituais sobre ela; mas ela não vai entender isso, se me vir, e seu amor só causaria problemas. E agora... até à vista! Suba! A coitadinha está no pátio sem compreender as mudanças que ocorreram com o seu palácio. Ofereça-lhe os seus serviços de cavalheiro. A propósito, você poderá voltar ao barco por um caminho mais curto. Na sala onde está a lareira adornada com a cabeça de Apolo existe uma porta à esquerda. Ela sai para a galeria que os levará diretamente para o saguão. Eu lhe deixarei a capa que você me deu. A capa será útil para encobrir o traje de Lorenza, que não está muito em moda.

Um minuto depois, Supramati já estava sozinho no túmulo; Narayana havia desaparecido.

Supramati subiu a escada e viu Lorenza no pátio. Ela, ao que tudo indicava, estava muito assustada, parada indecisa sem ousar ir adiante.

— Senhora! — chamou ele, aproximando-se da jovem. — Permita-me acompanhá-la para um lugar onde a senhora poderá descansar.

Supramati falava em italiano.

Lorenza levantou para ele os grandes olhos negros e com visível desconfiança examinou a figura alta, envolta numa capa escura, portando um grande chapéu de feltro na cabeça. Subitamente ela recuou e assustada murmurou:

— *Bravi*?!

Um sorriso involuntário aflorou aos lábios de Supramati.

— Tranquilize-se, senhora! Eu sou um *nobile* e não um *bravi*. Quero levá-la até a minha esposa. O resto nós discutiremos depois — acrescentou ele, jogando-lhe nos ombros a capa e pegando a lâmpada.

— Entendo! O senhor foi mandado por Narayana. Ele virá ao meu encontro para proteger-me – disse Lorenza, baixando o capuz. – Mas eu não quero ir pela casa: Marco poderá nos ver. Nós podemos sair pela capela.

— Não tenha medo de nada, senhora! Ninguém nos verá ou deterá! A senhora pode confiar em mim!

Visivelmente assustada, Lorenza seguiu-o. Entretanto, quando ela passava pelos quartos vazios e destruídos, foi assaltada por tal pavor, que, agarrando o braço de Supramati, gritou em voz sufocante:

— O que significa tudo isso? A casa toda está saqueada! O que poderia ter acontecido aqui em poucos dias?

— A senhora logo saberá de tudo. Aqui não é um local para uma conversa longa – disse Supramati, arrastando a acompanhante para a saída.

Durante a viagem, nenhuma palavra foi dita; mas, quando Supramati encostou o barco perto de seu palácio, Lorenza gritou em voz surda:

— O senhor pretende me entregar? O senhor está me levando ao palácio de Narayana? Aqui ele jamais me esconderia. Leve-me até ele! Eu quero vê-lo! – acrescentou ela, desatando-se em pranto.

Um sorriso irônico e triste percorreu o rosto de Supramati. Junto com a vida, na alma da infeliz despertara também o amor ao homem traiçoeiro, que fora a causa de sua triste morte e que agora a arrancava do túmulo só para realizar uma "experiência interessante" e provar que ele era capaz de ressuscitar os mortos.

Em palavras curtas mas enérgicas, ele convenceu Lorenza a sair do barco e a levou à sala de estar de Nara, pedindo-lhe que esperasse por ele. Ele foi direto para o aposento da esposa para relatar-lhe o ocorrido.

Nara não estava dormindo. Ela, aparentemente, estava irritada e andava inquieta pelo quarto. Quando o marido entrou, mediu-o com um olhar sombrio.

— E então? Qual vai ser a novidade? Que outra besteira você acabou de fazer? Coparticipante de que novo ato ignóbil fê-lo Narayana?

— Perdoe-me, Nara – disse Supramati pegando-lhe a mão e trazendo-a aos lábios. – É verdade! Eu me permiti entusiasmar-me com uma experiência criminosa; no entanto, a tal ponto extraordinária que...

— Precisou matar um ser vivo e envolver em luto toda uma família para ressuscitar o cadáver, com isso permitindo que Narayana pudesse demonstrar os seus "conhecimentos"?! Sinceramente, não tem fim a raiva diabólica e a impertinência com as quais ele brinca com as vidas humanas, feito peões, criadas para a sua diversão. Você escolheu um mestre perigoso. Ele é um cientista inconsequente. Ele não se utiliza das terríveis forças para algum objetivo útil; não tem bom senso, próprio de um verdadeiro iniciado, mas é negligente em seus atos criminosos.

— Talvez eu tivesse sido insensato, mas fui movido unicamente pela sede do conhecimento. Quero, uma vez por todas, conhecer as propriedades da matéria primeva em meu poder. Você e Dakhir, entretanto, deixam-me na ignorância, medindo-me o conhecimento em gotas, feito remédio – refutou contrafeito Supramati.

— Se você quer estudar seriamente, deve avançar devagar; você, Supramati, apesar de suas boas qualidades, é uma criança terrível! Não o levou hoje a sua curiosidade insensata, que não se detém diante de nada, a praticar um ato cruel e inútil? Qual será o destino da mulher que vocês, pode-se dizer, recriaram? O que ela fará ao se ver em condições estranhas para ela neste mundo, onde ninguém a conhece?

Supramati ruborizou. Atraindo Nara a seus braços, ele a beijou na face.

— Como sempre você tem razão, minha bela e sábia feiticeira! Mas, se o mal está feito, ajude-me a repará-lo nos limites do possível. Eu trouxe a pobre Lorenza para cá. Não podemos abandoná-la na rua. Agora ela está na sua sala de estar e, reconheço, o seu aspecto é desesperador...

— Imagino! Para dizer a verdade, o desespero lhe seria até uma dádiva. Ainda que a boa Lorenza não mereça a minha compaixão e ajuda, mas, já que passou tanto tempo, mais a morte dupla que ela ainda terá que enfrentar, eu a perdoo e tentarei amenizar-lhe a sorte.

— Você chegou a conhecer Lorenza?

— Oh, claro! Casaram-na com um velho, mas um nobre senhor muito rico, que a amava perdidamente até Narayana tê-la seduzido. O relacionamento deles foi tão escandaloso, que acabou descoberto por Marco, e este, num acesso de ciúmes, asfixiou a esposa. Estava ele torturado por remorsos, ou o choque foi muito duro para sua compleição; só sei que depois do crime ele teve um ataque apoplético e seis meses depois faleceu. Quanto a nós, fomos embora de Veneza e toda a história foi abafada.

"Agora eu vou até a morta-viva, enquanto você, 'caçador insaciável da verdade', vai falar com Narayana. Talvez ele lhe ensine como criar um ser humano com o auxílio da essência primeva. Até isso ele sabe fazer. E, se não povoarem um deserto inteiro, na certa vão me arrumar mais uma preocupação com alguma nova vítima de suas experiências."

Sem esperar pela resposta, Nara deu as costas e retirou-se do quarto.

Lorenza estava sentada na sala de estar com o rosto coberto entre as mãos; em sua cabeça havia uma tempestade e um verdadeiro caos de pensamentos; parecia-lhe estar ficando louca.

As evidências mostravam que a partir do momento em que ela ficara inconsciente, até aquele instante onde se vira no túmulo, ocorrera uma extraordinária mudança em tudo que a cercava.

Ela lembrava-se claramente quando estava retornando para casa de gôndola, cheia de flores que Narayana lhe atirara em profusão durante o corso no Grande Canal.

Era a muito custo que ela escondia a paixão pelo sedutor Narayana, um estrangeiro só na origem, mas que, pelos trajes, maneiras e devoção cristã, não se distinguia dos senhores venezianos, com exceção, talvez, de sua generosidade de sátrapa.

Com que criatividade sutil ele sempre encontrava uma maneira de cobri-la com presentes desde que se tornara o seu amante!

Após aquela maravilhosa tarde, sobreveio uma noite medonha. O marido fez uma cena violenta. Ela recordou-se trêmula do seu rosto transfigurado, dos olhos injetados de sangue que a fitavam com ciúme selvagem e dos dedos gélidos de Marco, que, feito uma tenaz, apertavam-lhe a garganta.

Tudo aquilo se passara há apenas alguns dias atrás, no entanto, o magnífico palácio transformara-se em ruínas, as ruas tinham mudado de aspecto, os trajes dos transeuntes diferiam daqueles a que ela estava acostumada, e até este quarto, para onde a trouxera o estranho protetor, respirava algo novo, desconhecido. Tudo lhe era estranho ali, desde o fogo que ardia em alguns tubos de vidro, até a inusitada mobília revestida em cetim.

Uma dor aguda comprimiu-lhe o crânio, e ela, alquebrada, deixou cair a cabeça sobre a mesa.

Um toque da mão de alguém fez com que Lorenza estremecesse. Ela se aprumou e pôs-se de pé.

— Senhora Nara! É a senhora? — balbuciou ela, e imediatamente se calou perplexa.

— Sim, sou eu, senhora Lorenza! Vamos ao meu quarto, onde poderemos conversar.

Constrangida, Lorenza dirigiu-se obedientemente ao *boudoir* de Nara, onde, sobre uma mesinha, tinha sido preparada uma refeição, consistindo de legumes, leite e pão, e até mesmo uma taça de vinho.

— Antes de tudo coma para fortalecer-se — disse Nara fazendo sentar-se a sua visitante.

A visão da comida excitou o apetite de Lorenza. Ela tomou o vinho e experimentou de todos os pratos. Quando quis iniciar as explicações, Nara a deteve.

— Antes de começar com as explicações, a senhora precisa tomar um banho e trocar o vestido. Ninguém deverá vê-la nesse traje. Assim, vamos ao meu banheiro.

Lorenza obedeceu calada, sentindo-se exausta e sem condições de refletir. Ela despiu-se obedientemente e imergiu na banheira, onde Nara colocou um líquido de um pequeno frasco. Enquanto a sua visita se lavava prazerosamente, Nara trouxe de seu guarda-roupa algumas roupas e um robe, pois não queria acordar a camareira.

O banho refrescou Lorenza e, quando vestiu as peças íntimas de cambraia e o largo robe de seda, com acabamento de renda, sentiu-se completamente bem.

– Agora você deve tirar uma soneca – disse sorrindo Nara.

– Antes eu gostaria de agradecer-lhe por sua bondade. Eu a mereço tão pouco e sou muito culpada diante da senhora – murmurou Lorenza enrubescendo e baixando os olhos.

– Todas as suas faltas diante de mim estão esquecidas e perdoadas, pois aos mortos não se julga. Como primeira explicação de muitas coisas que lhe parecem incompreensíveis, devo dizer-lhe, marquesa, que a sua letargia durou por muito mais tempo do que a senhora imagina. Nesse ínterim, Narayana morreu...

Lorenza empalideceu e gritou em voz surda:

– Narayana morreu e eu estou viva?

Cobrindo-se de lágrimas, ela prosseguiu em voz entrecortada:

– Por que Deus quis que eu sobrevivesse a ele? Por mais pecaminoso que seja o meu amor, ele nos une com todas as fibras do meu ser. Por ele eu seria capaz de tudo!

Ao ver que Nara estava quieta, olhando triste e pensativamente para ela, Lorenza murmurou, tentando sufocar o choro e dominar o desespero:

– Perdoe-me este desafogo da minha infelicidade, que para a senhora equivale a uma ofensa. A minha única desculpa é que não se pode ordenar ao coração, e o próprio Narayana me disse que havia se separado da senhora, que não o amava mais, e o fato de ele amar outra mulher era indiferente para a senhora. Isso é verdade? Seria possível não amar uma pessoa assim como ele?

– É verdade. Eu nem poderia amar Narayana. Afastava-me dele a sua vida desregrada, seus princípios imorais, as traições, a leviandade cruel com que ele desonrava as mulheres. O seu relacionamento com a senhora e seu marido era indigno. Ele se dizia amigo do marquês e aproveitou-se de sua ausência para seduzi-la. A senhora era tão jovem e bonita que instigou facilmente o capricho do estroina. Seu marido, entretanto, tinha um amor sincero pela senhora. Quando a senhora acabou com sua felicidade e honra, ele foi levado a praticar o crime e logo depois morreu.

— Como? Marco também morreu? — balbuciou Lorenza, deixando-se cair na poltrona.

— Sim! Só lhe resta orar por ele e pelo seu sedutor. Deus lhe deu vida para que se arrependa e consagre o resto de seus dias às orações e à purificação da alma.

— Conte-me de que ele morreu e quanto tempo eu fiquei em sono letárgico. Em outras palavras, explique-me tudo o que aconteceu depois que eu... perdi a consciência — pediu timidamente Lorenza.

— Só que não agora; chega de impressões por hoje. Terei de contar-lhe muitas coisas que poderão perturbá-la, mas agora a senhora precisa descansar.

Ao notar que Lorenza se preparava para protestar, Nara disse autoritária:

— Sem objeções! Tome este calmante, deite-se no sofá no quarto ao lado e durma. Amanhã a senhora saberá tudo que quer.

E, de fato, Lorenza não imaginava o quanto estava debilitada. A terrível "experiência" que suportaram sua alma e corpo estava cobrando o seu preço. Assim, mal ela se deitou no sofá, o calmante fê-la mergulhar num profundo sono.

Nara olhou triste e pensativa para o belo rosto que, por séculos inteiros, fora cinzas e agora estava animado por força criminosa. Um suspiro pesado soltou-se do seu peito.

— Infeliz! Que sofrimentos morais aguardam por você após o despertar! Quando é que, Narayana, a justiça celestial vai alcançá-lo? Quando é que você compreenderá a leviandade criminosa de brincar com os terríveis conhecimentos que vieram parar em suas mãos? — balbuciou ela.

– Você me odeia e por isso me julga tão severamente – pronunciou uma voz sonora muito familiar.

Nara se virou, e seu límpido e sereno olhar encontrou-se com os olhos ardentes de Narayana.

– Você veio admirar a sua diabólica obra? Será que a sua consciência não dói por você ter agido tão cruelmente, mais uma vez, com a vítima de seus caprichos? – recriminou Nara. – Mas – prosseguiu ela – , você sabe perfeitamente que eu não o odeio, pois o grau de minha iniciação exclui esse tipo de sentimento maléfico. Eu só tenho pena de você e o censuro pelo fato de que você, tendo em mãos a taça do conhecimento, prefere a ela a taça dos prazeres. Lamento que você não quisesse sacudir de si as cinzas de um homem infame e se utilize dos fragmentos dos conhecimentos adquiridos apenas para fazer o mal ou tolices. Você mesmo sabe que em seu passado há mais maldições que bênçãos.

– Por que é que você sempre acaba fazendo alusões a Lorenza?

– Não só a ela. Lembre-se de quantos abusos ocultos você realizou, esquecendo-se de que a terrível, criadora e destrutiva força geradora foi-nos confiada para que fôssemos seus mudos e fiéis guardiões, e não, absolutamente, para que a utilizemos como divertimento ou satisfação de fantasias pessoais. Os estatutos da irmandade, à qual você já foi filiado, proíbem expressamente a utilização da matéria primeva violando as leis gerais vigentes, como a de ressuscitar os mortos, o que pode ocasionar desordem e complicações inéditas. Se todos nós utilizássemos as conhecidas propriedades da misteriosa essência da forma que você a utiliza, teríamos posto todo o planeta de pernas para o ar.

– Você tem razão, Nara, entretanto também há um equívoco de sua parte. A ressurreição de apenas um único ser não irá incendiar o mundo nem abalará a sábia lei que sentencia à morte tudo o que vive. Da mesma maneira, não trará mal a ninguém se eu tomar algumas gotas da essência da longa vida.

– Para você as consequências serão muito duras.

— Eu mesmo vou arcar com elas. Mas poderá você, sabedora das leis a que eu sou submetido, julgar-me tão severamente? É de seu conhecimento que, devido à minha longa vida, o meu corpo astral está demasiadamente impregnado de matéria primeva e que por muito tempo, difícil de ser determinado, não poderei encarnar-me novamente. Assim, eu sou condenado a vagar.

"No entanto, visto eu não ser admitido às esferas superiores, sou obrigado a levar a minha existência no meio mundano, e você compreende bem as desvantagens de tal estado. Que imaginação humana é capaz de inventar um inferno mais medonho que o vagar em torno da terra?! A dança dos mortos, homens e animais; a atmosfera, arena de luta desesperadora de bilhões de seres que buscam o equilíbrio; os lamentos confusos, as cenas de crimes em meio ao turbilhão infernal de mortes e nascimentos... não, existir nestas condições, positivamente, eu já não tenho forças.

"Juntar-me ao exército de Sarmiel eu não tenho vontade. A pobre humanidade já sofre o suficiente sem que eu lhes aumente esse sofrimento. Continuar a existência de um cão errante... também não quero. E assim eu decidi vir, pela metade, ao mundo dos humanos para aqui ficar, longe de ter que desfrutar daquele ambiente fétido da primeira esfera.

"Semiespírito, semi-homem, eu vou morar na Índia, fortificando-me à semelhança de um iogue com os fluidos vitais, sem fazer mal a ninguém, salvo, é claro, a alguns patifes que não merecem outra coisa. Prometo-lhe não me utilizar mais da matéria primeva e só me divertir com a minha dualidade. Imagine só como será engraçado se uma velha dama impossibilitada de me ver pisar no meu pé e eu soltar um 'ai!', ou se eu, por exemplo, faço um 'há-há-há' no ouvido de um conquistador barato que está confessando seu amor à amada."

— E tais tolices o conseguem divertir? Sinceramente, você é digno de pena, Narayana! Meu Deus! Quem haverá de sugerir-lhe o gosto ao verdadeiro conhecimento?! – suspirou Nara.

— Acalme-se! Não vou me dedicar somente às tolices. Assim que me arrumar decentemente – você conhece o meu lema: "se é para viver, tem que se viver bem!" – , eu me divertirei um pouco, ofuscando as pessoas com o meu brilho e intrigando-os com o mistério de que me cerco. Fundarei uma escola de iniciação. Terei alguns discípulos, aos quais ensinarei, se não a magia superior, pelo menos os fenômenos produzidos por um semimago. E você verá que serei respeitado não menos que Supramati, dotado de todas as qualidades para se tornar um mago genuíno, o que reconheço sem nenhuma sombra de inveja. E, agora, até à vista, minha bela ex-esposa! Convido-a, junto com Supramati, a visitar-me. Vocês serão bem-vindos, principalmente você, pois ao renunciar aos direitos de marido e a todos os prazeres a isso conjugados, eu reservo para mim o direito de cavalheiro e tentarei com a polidez do segundo tirar as más impressões do primeiro.

— Palhaço! – concluiu Nara, dando de ombros e rindo involuntariamente.

De volta para o quarto, Nara encontrou Supramati inquieto e alarmado. Ele perguntou-lhe imediatamente sobre Lorenza, e Nara contou-lhe o que havia feito a respeito, acrescentando ter visto Narayana, que a censurou por seu ódio, em função do qual ela, presumidamente, o julgava de forma tão severa.

— Eu também acho que você não tem boa vontade em relação a ele – observou Supramati. – Você ficou possessa só porque eu lhe dei um pouquinho de elixir; no entanto, que diferença isso faz a você?

— Nenhuma, é claro, salvo algumas inconveniências fluídicas, decorrentes dos elos que se formaram entre nós durante os séculos. Eu só acho inútil e temerário deixar que Narayana caia em tentação. Se ele permanecesse em seu estado errante, a aversão a isso o teria empurrado para a frente no caminho da purificação e do trabalho sério. Enquanto agora, ele ficará inerte; vai se divertir e não fazer nada.

— De qualquer forma, estou sinceramente arrependido da minha imprudência – lamentou-se Supramati.

– Lamentar-se agora é tarde! Não, meu amigo, eu estou vendo que você precisa estudar ainda muito antes de adquirir não só os conhecimentos de um autêntico mago, mas também o juízo.

CAPÍTULO 11

    Para Nara principiaram dias difíceis. Ela tinha que explicar para a pobre Lorenza um fato inaudito, ou seja: que ela havia dormido por mais de três séculos e que daquilo que ela conhecia e gostava nada tinha sobrado.

    O mais triste é que o intelecto da ressuscitada se recusava a entender aquilo que ela considerava ser o impossível.

    No início Lorenza teimava em desconfiar de que naquilo havia uma perversa mistificação, mas a realidade nua e crua logo lhe dissipou a última ilusão, e isso motivou um estado tão desvairado que só um sono artificial conseguia interrompê-lo.

    Finalmente, após uma semana de desespero mais tempestuoso – gritos, desfalecimentos e rios de lágrimas – , Lorenza caiu numa profunda apatia. Horas a fio ela ficava deitada no sofá, recusando-se a comer e beber, ou, sentada junto à janela, a fitar o canal com um olhar desconfiado e mal-encarado, como tramando algo desesperador.

Nara a vigiava preocupada; Supramati estava totalmente abatido com as consequências de sua "experiência científica". Para ambos, o estado de espírito da ressuscitada era ainda mais penoso pelo fato de que se aproximava o dia da partida deles para a irmandade, e eles não queriam deixar Lorenza antes que passasse aquela perigosa crise moral.

Com a anuência de Dakhir, decidiu-se levar Lorenza para a Índia e instalá-la numa comunidade de mulheres, cujo destino era idêntico ao dela. Lá tentariam desenvolver-lhe a mente e criar novas condições de existência, voltadas para o estudo e o trabalho. Se ela fosse considerada incapaz de encontrar a felicidade e a paz nessa orientação, então se poderia tentar casá-la, assim que ela adquirisse a devida tranquilidade para reingressar na sociedade com um novo nome, sem revelar-se o segredo de seu estranho e extraordinário passado.

Certa manhã, Nara dirigiu-se ao quarto de sua paciente para tentar incutir-lhe a sensatez. Sem dar atenção ao semblante sombrio e preocupado de Lorenza, Nara sentou-se ao seu lado e, em tom severo, com que jamais conversara com ela, observou que uma cristã autêntica, imbuída de fé e confiança, teria se submetido aos desígnios da Providência, por mais inexplicáveis que eles lhe parecessem.

Ao perceber o rubor e o constrangimento de Lorenza, a mentora relembrou-lhe o terrível pecado que precedia a sua letargia – que ela estivera morta, isso permaneceria em segredo –, e que Deus, ao puni-la, fora tão misericordioso que a unira a Nara, que ela já conhecia, e assegurara-lhe um novo futuro. Acrescentou ainda que Supramati lhe daria um patrimônio bastante substancioso, que a livraria de quaisquer preocupações financeiras. Assim, ela, com base em sua decisão, poderia retornar à sociedade e casar-se sob um novo nome ou partir com eles para a Índia e descansar entre amigos até se acalmar o suficiente para decidir sobre o seu futuro.

A conversa teve seus frutos. A segurança de não ser pobre acalmou, pelo visto, Lorenza, e por fim ela expressou a vontade de ir a uma igreja para orar. Nara presenteou-a com um dote completo e em seguida a levou para a igreja de São Marcos.

Assistir à missa, celebrada como nos velhos tempos, fortaleceu a pobre mulher. A partir deste dia Lorenza tornou-se mais sensata e expressou o desejo de acompanhar Nara e o seu marido a Benares. O tempo que lhe restava antes da partida ela dedicou para visitar igrejas e procurar os túmulos de seus contemporâneos, junto aos quais orava longamente. Permaneceu por muito tempo rezando junto ao mausoléu do marido, que, no fim das contas, conseguiu achar.

Duas semanas depois, todos partiram de Veneza e foram parar em Chipre, onde instalaram Lorenza na casa de Tourtoze. Lá ela deveria esperar por eles.

A jovem estava triste e séria, mas calma. Agora já não se receava por sua indiscrição, pois ela havia compreendido que o seu passado não era daqueles que poderia falar.

Numa noite escura e tempestuosa, do porto saiu um pequeno barco. Nele estavam três imortais que não temiam ondas nem tempestades, dirigindo-se corajosamente para o mar aberto. Assim que as últimas lâmpadas do porto sumiram no nevoeiro, diante deles surgiu um navio-fantasma, esperando com as velas içadas os seus passageiros.

Quanto tempo durou a viagem, Supramati não tinha nenhuma condição de dizer. Diversos sentimentos agitavam-lhe a alma, quando eles atracaram a uma escarpa perdida no oceano; em suas entranhas de granito ela ocultava os mistérios mais íntimos.

A cerimônia de recepção foi igual à da vez anterior, e logo depois todos se retiraram aos seus quartos.

No dia seguinte, vestido em túnica alva, sério e visivelmente preocupado, Supramati dirigiu-se para assistir à cerimônia religiosa, cuja solenidade o impressionou sobremaneira.

O velho Sumo Sacerdote que realizava o ofício, da mesma forma que meio século atrás, chamava um por um os presentes e ungia suas cabeças com algumas gotas de líquido misterioso que carregava num cálice. Supramati, Nara e Dakhir eram os últimos.

O ancião ordenou-lhes que ficassem aos pés dos degraus e levou o cálice para o altar. Retornando, ele abraçou Supramati e o beijou calorosamente.

— Eu estou feliz, meu irmão, em saudá-lo aqui como um membro útil e digno de nossa irmandade. Você cumpriu aquilo que prometera. As riquezas não o ataram ao mundo material, não o arrastaram com seus prazeres e não o fizeram insaciável em relação às banalidades mundanas que sempre continuam as mesmas, com este ou outro nome, imperdoáveis até para os seres que vivem e morrem feito insetos, mas que para um imortal não passam de delitos e infortúnios. Você retorna a nós sem estar maculado por paixões impuras; trabalhou bem e passou pelos primeiros degraus do conhecimento. Agora está pronto a iniciar o difícil, porém glorioso, caminho da iniciação superior. Mas eu noto em sua alma o medo e a inquietação diante do imenso campo de trabalho e conhecimento que terá de enfrentar.

"Tranquilize-se, meu irmão! Por mais duro que seja o caminho, o desejo e a força de vontade fazem superar todas as dificuldades, porquanto um trabalho febril obriga a esquecer o tempo. Após cada mistério revelado, depara-se com uma nova porta fechada, cuja chave deve ser achada. É dessa forma, passando de um campo a outro, que se consegue subir pela escada da luz que leva ao centro ignoto, onde reina o Ser Impecável: o Criador do infinito. E, quanto mais você subir, tanto mais a sua alma se preencherá de harmonia, adquirindo o poder.

"Ao nosso irmão, Ebramar, nós confiamos a tarefa de orientá-lo no estudo da magia superior, e ele lhe ensinará como utilizar os conhecimentos adquiridos. As provações de um mago só terminam quando ele for capaz de criar algo útil para o bem-estar de todos e conseguir se utilizar conscientemente das grandiosas forças geradoras do Universo. Lembrem-se, irmãos reunidos aqui, que a *imortalidade* é um fardo pesado, e o nosso objetivo é minorar a agonia do nosso velho e moribundo mundo e colonizar um novo planeta. Então, que a conscientização desta responsabilidade o ampare, Supramati, e o arme de coragem e persistência, as quais não podem ser abaladas por nada!"

O ancião fez a Nara um sinal para ela se aproximar.

– Você também, minha filha, trabalhou bem! Purificou-se, e o turbilhão de ímpetos carnais, ao qual foi lançada por uma descuidada união com Narayana, não tem mais sobre você qualquer efeito. Um trabalho muito importante a aguarda sob a direção de Ebramar. Execute-o com probidade e diligência, e subirá mais um degrau.

"E por fim, para você, Dakhir, eu tenho uma boa notícia. A última das maldições, que pendia sobre você, obliterou-se. Suas antigas vítimas o perdoaram e tornaram-se seus amigos; os espíritos sombrios, que insistem em seu ódio, são impotentes diante de você. O fluido destruidor que deles emana acaba caindo sobre as próprias cabeças. Puro e livre de qualquer ligação com o seu passado criminoso, você atravessará o limiar da iluminação superior."

Radiante e renovado de felicidade, Dakhir prostrou-se de joelhos e beijou a ponta da túnica cintilante do Sumo Sacerdote. Este impôs a mão sobre sua cabeça abaixada e abençoou-o. Cerca de um minuto permaneceu ainda Dakhir de joelhos, imerso numa oração ardorosa. Levantando-se, perguntou indeciso:

– E a minha vítima Lora? Durará muito ainda a sua punição? A sua sina oprime o meu coração feito uma rocha pesada.

O ancião deu um sorriso.

– Que esta preocupação não atrapalhe sua ascensão à luz. Já há muito tempo o ódio de Lora se transformou em amor. As reflexões, as orações e a submissão ao destino fizeram o resto para a sua purificação. Ela está ávida por segui-lo, mas como em sua missão se exclui qualquer relacionamento, salvo o espiritual, Lora também se dedica ao trabalho e estudos. Sob a orientação de Nara, ela passará por iniciação que a capacitará para se tornar sua companheira de trabalho e discípula fiel no momento em que na terra terão início duras provações e terríveis cataclismos. Eles prepararão a humanidade cega em sua leviandade insensata. Assim, meus amigos, descansem aqui o quanto quiserem. Depois, Dakhir, o seu navio-fantasma o levará ao local estabelecido, e seus amigos serão seus últimos passageiros.

Três meses inteiros passou Supramati com a esposa e Dakhir no misterioso abrigo de Graal. Harmonia indescritível e paz celestial reinavam naquele ambiente feérico; agora Lora morava com eles. Ela estava feliz e triste ao mesmo tempo; seu amor terreno a Dakhir ainda retinia dolorosamente em sua alma. No entanto, o convívio fraterno e afeição do jovem adepto, assim como as primeiras instruções no campo de conhecimento que ele lhe desenvolvia, abriram para ela novos horizontes límpidos. Atraída por eles, os insignificantes sentimentos terrenos perderam o brilho e desapareceram.

Quando Dakhir se preparava para partir com os amigos, despedir-se de Lora já não foi tão difícil como da primeira vez. Lora quis acompanhá-lo, mas o Superior da irmandade ordenou-lhe que ficasse para a execução do ritual da purificação. Ela seria levada para a Índia depois.

Os nossos viajantes não passaram por Chipre. Supramati enviou uma mensagem a Tourtoze, ordenando-lhe viajar com Lorenza a Calcutá e, lá, aguardá-los no palácio.

O navio-fantasma levou os nossos amigos a um pequeno porto da ilha de Ceilão.

Não era sem um vago sentimento de tristeza que Dakhir abandonava o convés do navio, testemunha de seus crimes e expiação. De pé num pequeno bote, ele não desgrudava os olhos de seu antigo companheiro, oscilando nas ondas. De chofre, o navio embaciou-se, como se as luzes de São Elmo – conforme dizem os marinheiros – houvessem percorrido a cordoalha, e, em seguida, tudo se diluiu e desapareceu no ar.

Suspirando pesadamente, Dakhir sentou-se num banco e mergulhou em pensamentos. Os amigos não o perturbaram. Só quando saíram para a margem, ele passou a mão pela testa como se querendo espantar um pensamento indesejável e começou a falar da viagem.

A partir deste momento, os nossos viajantes se utilizavam de meios normais para chegarem a Calcutá, onde Supramati tinha que acertar alguns assuntos antes de partir para Benares.

No transcorrer daquela viagem, a todos voltou o bom humor, um pouco abalado com a permanência no navio-fantasma. Eles tentaram esquecer o passado, conversando sobre o futuro e o trabalho que tinham pela frente.

– Estudar sob a orientação de Ebramar é um deleite – observou certo dia Nara. – Ele explica tão claramente os mais complicados assuntos, que eles parecem simples e fáceis. Devo admitir que é muito rigoroso e, sobretudo, exige muita disciplina da mente, a ponto de considerar imperdoável qualquer negligência quanto ao ato do pensar ocioso. Mas a isso você pouco a pouco vai se acostumando. Além disso, a noção do poder de uma reflexão disciplinada e consciente, que só pode ser comparada a um elemento da natureza, impõe a responsabilidade de ser sempre um senhor desta terrível arma, que pode fulminar feito um relâmpago. Você e Dakhir ainda terão muito que trabalhar para adquirir esta faculdade, mas o ambiente em que vocês ficarão facilitará sobremaneira esse trabalho.

– Você tem razão, Nara! Eu me recordo com satisfação da época em que estive com Ebramar. Naquele ambiente de paz completa e harmonia indescritível, a alma parece ir amealhando forças e você se sente como se lhe crescessem asas. É um verdadeiro antegozo da bem-aventurança celestial.

Em Calcutá, os nossos heróis permaneceram só por alguns dias para instalar Lorenza numa comunidade feminina, dirigida por uma iniciada. A comunidade logo iria se transferir para os arredores de Benares, para ficar mais perto dos sábios misteriosos que habitavam os esconderouros do Himalaia.

À medida que Supramati se aproximava de Benares, ficava cada vez mais inquieto. O motivo disso era que no palácio, para o qual ele levava Nara, morava Nurvadi e seu filho, transformado por ele num imortal. O filho deveria contar agora 42 anos.

Como confessar a Nara que sob o mesmo teto iria viver com ela a ex-amada dele, a mesma de quem ele esquecera por mais de dois anos, a sua esposa legal?

Quando o trem deixou a penúltima estação e se aproximava rapidamente da cidade sagrada dos hindus, a aflição de Supramati atingiu seu clímax.

Debruçada sobre a almofada, Nara observava em silêncio a expressão de diferentes sentimentos que se alternavam no rosto inquieto do marido.

Por fim, ela se levantou, colocou a mão sobre o ombro de Supramati e disse com um olhar malicioso:

— Chega de se atormentar por causa de seus velhos pecados! Naquela época você estava livre e até que se aproveitou da liberdade. Eu seria ingrata se ficasse brava com tais tolices. Conheço a história de Nurvadi e, do fundo da minha alma, tenho dó daquela infeliz criatura que tem por você um amor tão puro. Eu não quero que ela fique constrangida nem enciumada. Assim, diga-lhe, por favor, que sou sua irmã. Terei chance de conversar com ela. A infeliz é imortal e seria um pecado deixá-la subsistir em sua total ignorância. Quero tentar desenvolver a sua mente e abrir-lhe o caminho para o conhecimento.

Supramati encostou aos lábios as duas mãos de Nara. Ele estava contente, ainda que meio sem jeito.

— Sinto-me mal em passar sua magnânima mentira — balbuciou ele.

— Será apenas uma meia mentira, pois nós nos devotamos à iniciação suprema, que não admite qualquer relação terrena. O nosso amor é transfigurado na fusão pura de almas, e esta afeição, livre de tudo que é material, torna-se eterna e indestrutível — concluiu ela com olhar carinhoso.

Eles chegaram a Benares após o meio-dia. Depois de se banharem, Nara mandou o marido visitar Nurvadi.

– Vá, vá! Seja bom e carinhoso com ela; ela merece isso! E, depois, traga-a para o jantar e apresente a seus irmãos – acrescentou ela, rindo sinceramente diante do aspecto confuso do marido.

Ainda sob o efeito de um sentimento misto de constrangimento e decepção, Supramati dirigiu-se aos distantes aposentos do palácio, onde morava Nurvadi. Por uma criada ele soube que Nurvadi estava no terraço e que ali mesmo se achava um jovem príncipe que acabara de retornar de uma viagem do Himalaia para se encontrar com o pai.

Supramati ficou surpreso. De que forma o seu filho soubera de sua chegada? Só se Ebramar o houvesse prevenido! Mas ele jamais lhe falara sobre aquela relação.

Ele percorreu rapidamente uma série de quartos familiares, dirigindo-se ao terraço; os tapetes macios abafavam-lhe os passos. Ao entrar no quarto favorito de Nurvadi, contíguo ao dormitório, de imediato viu a jovem mulher. Ela estava no terraço, de costas para ele, e abraçava um menino que, pela aparência, não tinha mais que dez anos.

Supramati estacou emocionado. Milhares de recordações faziam seu coração bater mais acelerado. Sua voz tremeu levemente quando ele chamou baixinho:

– Nurvadi!

A outra virou-se rapidamente e com um grito de louca alegria lançou-se nos braços de Supramati.

– Você voltou! Eu o vejo de novo! Oh, se eu pudesse morrer de tanta felicidade!

Supramati abraçou-a e beijou-a na testa, mas nesse beijo ia uma tranquila afeição de irmão e não a paixão de um amante – e Nurvadi compreendeu isso. Ela se aprumou e temerosa fitou os límpidos e brilhantes olhos de Supramati a olhá-la com carinho.

– Veja, ali está a nossa criança – disse ela confusa e hesitante, apontando para o menino, que estava ao lado com os olhos abaixados.

Supramati aproximou-se do filho, abraçou-o e cobriu-o de beijos apaixonantes. A seguir, afastando-o de si, começou a examiná-lo com um misto de alegria e tristeza. Ainda que a beleza angelical do menino saltasse aos olhos, ele ainda era uma criança e não um homem, apesar da idade que tinha.

— Sandira! Seu aspecto me alegra e também me amargura. Você não é aquela pessoa adulta que eu esperava encontrar...

O menino levantou para ele os grandes olhos negros, e seu olhar fez Supramati estremecer. O pensamento que brilhava naqueles olhos aveludados era o de um homem maduro, desenvolvido, forte de espírito e vontade.

— Eu o compreendo, pai! Mas o que você vê é uma obra sua. Eu não gostaria de entristecer com uma crítica o nosso primeiro encontro, mas, já que foi você o primeiro a falar do meu aspecto externo, que nem de longe corresponde à minha idade real, permita-me adverti-lo de que foi extremamente irrefletido de sua parte ministrar a um organismo não desenvolvido uma substância tão perigosa. Sem dúvida, o que o norteou foi o amor e o receio de me perder; ademais, você ignorava os sofrimentos a que estava me condenando. Se não fosse Ebramar e seus divinos conhecimentos, eu ainda seria, por longos séculos, uma criança de colo.

— Como? Você conhece Ebramar? — exclamou Supramati.

— Sou seu discípulo e passei sob a sua direção um longo caminho da iniciação. Somente graças a um regime especial e ao trabalho ininterrupto eu cresci um pouco. Mas deixe-me saudá-lo agora e transmitir-lhe que o nosso mestre comum nos aguarda.

Supramati ouvia as palavras sem tirar os olhos daqueles pequenos lábios rosados.

— Você está coberto de razão, meu filho! Agi com uma inconsequência criminosa quando me utilizei da terrível força, sem medir as consequências do meu ato. Perdoe-me por eu ter causado tantos sofrimentos imerecidos. O meu único consolo é que aquele comportamento insensato o levou a ter a proteção de Ebramar. Eu gostaria de agradecer-lhe por ele ter reparado o mal que fiz. Aliás, talvez você tenha lucrado ao ter evitado todas as tentações terrenas, toda aquela lama carnal e espiritual com que se enfrenta um homem no mundo. Nada impede agora a sua ascensão para o conhecimento supremo.

Sandira sorriu.

– Deus me dera que estivesse certo! É necessário ainda percorrer uma longa distância, e nós só conhecemos o ponto de partida. O objetivo do caminho ainda se perde no oceano da sagrada mas impenetrável luz do centro, protegido por sete gênios da esfera. Lá, pela derradeira vez, se erguerá a dúvida e sussurrará no ouvido do labutador incansável que alcançou os portões do santuário: "Que recompensa você terá por seu duro trabalho, por ter atravessado com tanta coragem o caminho espinhoso das trevas e desgraças?" Ó, pai! Às vezes eu fico atordoado e me questiono: onde está aquela límpida paz? Que força terrível e inexorável nos impele para a frente?

O olhar do jovem estava fixo no espaço, e suas mãozinhas apertavam convulsivamente as mãos do pai.

Supramati olhou para ele com tristeza. Em sua recordação, Sandira continuava sendo um bebê, que ele carregava no colo; enquanto o filho que ele via agora era um estranho desconhecido – uma criança externamente, mas um pensador pelo desenvolvimento mental, atormentado por grandes problemas existenciais.

Supramati sentou-se no sofá e fez Sandira sentar-se a seu lado. Entre eles se entabulou uma longa conversa sobre o passado e o futuro.

Ao se aproximar a hora do jantar, Sandira anunciou aos seus interlocutores que os levaria até seus irmãos, que queriam conhecê-los.

Era tal a impaciência de Supramati em ver Ebramar que ele expressou sua vontade de viajar já no dia seguinte.

Nurvadi pediu permissão para acompanhá-lo. Ela não queria se separar tão rápido dele e do filho. Mas bastou a Nara algumas horas de conversa para dominar por completo a mente de Nurvadi.

Ela explicou a Nurvadi os motivos de sua estranha existência e da necessidade de criar um objetivo mais sério na vida do que o de viver exclusivamente para dormir e embelezar-se.

Nara participou a Nurvadi que não longe do local onde habitava o sábio, mentor de Sandira, havia uma escola para mulheres, da mesma forma sentenciadas a uma vida longa; e lhe propôs que ela ali ingressasse – o que foi aceito com alegria.

Após alguns dias de uma viagem agradável através do país montanhoso com vistas maravilhosas, os nossos viajantes chegaram finalmente ao misterioso palácio onde habitava Ebramar.

Aparentemente eles estavam sendo aguardados, pois a porta da entrada estava aberta e o mesmo administrador, que recebera Supramati quarenta anos atrás, recepcionou-os alegre e respeitosamente.

Sandira anunciou que ele mesmo levaria todos ao gabinete de trabalho do mago.

Ebramar recebeu-os junto da porta e abraçou calorosamente Supramati e Dakhir; a seguir, com carinho fraternal, estendeu as mãos para Nara, que o fitou com o olhar límpido e cheio de reconhecimento.

Ao serenarem as primeiras emoções, todos se sentaram e entabulou-se uma conversa genérica. Ebramar cumprimentou Supramati pela rápida conclusão da primeira iniciação, e Dakhir pelo rompimento de todos os vínculos que o uniam a seu triste passado. Ele anunciou que lhes concedia alguns dias de liberdade e descanso antes de iniciarem os estudos. Depois, virando-se para Nara, acrescentou sorrindo:

– Para você, minha irmã, eu guardei o lugar de Vairami, que deseja se voltar exclusivamente ao culto da magia, retirando-se à esfera da meditação. Sendo assim, você dirigirá a escola de mulheres e as primeiras aulas das neófitas: Nurvadi e Lora, que ali acabam de ingressar. A primeira será imediatamente entregue a Vairami.

Atendendo à ordem do mago, Sandira foi buscar a Sumo Sacerdotisa. Supramati, que ouvia tudo atentamente, perguntou:

– Como, mestre? Você ainda tem uma escola para mulheres? Nunca teria imaginado!

– Oh! Aqui há muita coisa que você ainda não viu. Eu lhe mostrarei tudo no dia em que você for examinar os seus domínios – respondeu sorrindo Ebramar.

Supramati balançou a cabeça.

– Não, mestre! Aqui, onde tudo respira sua sabedoria e bondade, nada me pertence, salvo sua amizade e proteção. Bem-aventurada é a casa onde habita um sábio como você! Bem-aventurados são todos aqueles que podem morar aqui, sob a sua orientação, para alcançarem a luz do conhecimento supremo! O que me são os milhões depositados em todos os bancos do mundo na conta de Supramati?! Ao atravessar esta soleira, deixei para trás tudo que me unia com a azáfama terrena. Eu só trago uma partícula de conhecimento e a vontade ardente de trabalhar com todas as forças para ascender à luz pelo caminho perigoso do qual não há retorno, pois na frente irá luzir o ignoto objetivo misterioso e atrás de mim se escancarará o sorvedouro.

– Fique firme em sua decisão louvável, e você não parará no meio do caminho. Tenho certeza de que um dia terei a felicidade de colocar em sua cabeça a coroa cintilante do mago – assegurou Ebramar, apertando-lhe fortemente a mão.

A conversa foi interrompida pela chegada de Sandira e uma jovem e bonita mulher em vestes brancas, envolta num comprido e largo véu de gaze.

Em suas regulares feições repousava uma serena expressão, e os negros olhos aveludados ardiam de exaltação. Cruzando as mãos no peito, ela fez uma reverência diante de Ebramar.

– Eu mandei chamá-la, Vairami, para anunciar-lhe sobre a iminência de atender-lhe o seu desejo de se entregar ao isolamento. A nossa irmã, Nara – ele apontou para a jovem – , irá assumir a direção de suas alunas. Devido a diversas razões, eu não posso marcar o dia em que lhe passarei a nova tarefa; mas, por enquanto, Vairami, confio-lhe uma nova neófita, Nurvadi. Fique com ela e a acomode com você. Enquanto você, minha filha, despeça-se de seu filho. Você o verá somente nos feriados. Quanto ao futuro dele, pode ficar tranquila.

Nurvadi corou. Seus olhos encheram-se de lágrimas; não obstante dominou corajosamente a emoção. Ela abraçou Sandira e Nara, apertou a mão de Supramati e beijou a mão de Ebramar.

Vairami agradeceu efusivamente a seu mestre. A seguir, tirou de si o véu, cobriu com ele a cabeça de Nurvadi e retirou-se com ela do terraço.

– Diga-me, mestre, há muitas mulheres imortais na escola que será dirigida por Nara? – interessou-se Supramati.

– Há cerca de duzentas pupilas, e todas são imortais. É por isso que nós as iniciamos em conhecimento superior. As pequenas comunidades, semelhantes àquela onde vocês colocaram Lorenza, têm um caráter totalmente diferente e perseguem outros objetivos – respondeu Ebramar.

– Ó, grande Deus! Mais de duzentas imortais! Quem foi esse ser tão irresponsável para constituir essa quantidade de imortais? – exclamou Supramati.

Nara balançou a cabeça.

– Você se esquece, meu amigo, de que antes de se tornarem magos todos aqueles que transformaram aquelas mulheres em imortais eram pessoas comuns. O mesmo sentimento que o motivou a dar a essência primeva ao seu filho orientou também os outros. Ali há mulheres que foram muito amadas; mães, filhas e irmãs, das quais na época eles não queriam se separar. Lembre-se de como você mesmo queria dar o elixir da longa vida ao visconde de Lormeil. Quem sabe quantos pecados dessa espécie estariam na sua consciência, se você vivesse mais tempo neste mundo. De qualquer forma, a lista das vítimas de Narayana é bem extensa.

– Chegará a hora em que nós não vamos achar-nos por demais numerosos. Ao desabarem os cataclismos, haverá trabalho para todos. Quando em volta de nós todos sucumbirem, mal bastaremos para povoar uma cidade – observou em tom triste Ebramar.

CAPÍTULO 12

Passaram cerca de dez dias desde a chegada dos nossos heróis ao palácio de Ebramar.

No início, o tempo corria como num sonho. A harmonia que reinava em todos os cantos exercia um efeito benigno sobre todos, e as conversas com Ebramar produziam uma impressão deleitosa.

Mas eis que já fazia dois dias que Dakhir e Supramati estavam sozinhos. O mago tinha se retirado, alegando que precisava de alguns dias para se concentrar. Nara também se ausentara e se preparava com Vairami para a sua nova função de dirigir a escola de iniciação.

Os amigos sentiam-se sós e tristes. Sentados no terraço anexo ao aposento de Supramati, eles lembravam o passado e teciam planos para o futuro.

A noite já havia caído fazia tempo e a lua cheia iluminava vivamente o quadro mágico em torno deles.

– Sabe, Dakhir, Narayana nos enganou! Ele prometeu se comunicar conosco, entretanto não nos dá qualquer notícia – disse inesperadamente Supramati, recostado no corrimão.

– É! Ele é uma pessoa extremamente instável. Talvez tenha mudado de ideia e não queira revelar-nos o seu refúgio – acrescentou Dakhir.

– Eu gostaria de saber o que estará fazendo aquele estranho e enigmático espírito, uma mistura de vícios e virtudes, ciência e leviandade. Só que tenho vergonha de perguntar isso a Ebramar.

Um barulho de asas fê-los virarem-se.

Calados e surpresos, olharam para um magnífico pavão branco que pousou na balaustrada, abrindo coquete a sua cauda branco-prateada, como se salpicada por pedras preciosas multicolores. O topete dourado sacudia-se em sua cabeça. Os olhinhos negros fitavam Supramati com um olhar inteligente, quase humano.

– Meu Deus! Que ave maravilhosa! Nunca vi uma igual! – exclamou Dakhir.

O pavão bateu as asas, pulou para o jardim e começou a revirar a cabeça como que convidando para ser seguido.

– Posso jurar que ele é um mensageiro de Narayana! – disse Dakhir.

O pavão inclinou rapidamente o seu topete fosforescente e começou a correr pela alameda como se quisesse se certificar de que o estavam seguindo.

Supramati foi atrás da ave misteriosa, mas Dakhir deteve-se pensativo.

– Talvez o estejam convidando sozinho – hesitou ele.

O pavão soltou um grito baixo e balançou impaciente duas vezes a cabeça.

– Palavra de honra, ele nos entende! Não vamos fazê-lo esperar – exclamou rindo Supramati, agarrando a mão de Dakhir e arrastando-o consigo.

O pavão movia-se rápido para a frente. Eles atravessaram o jardim, uma comprida e quase escura alameda, e foram dar num descampado coberto de grama densa e alta. Não era sem dificuldade que avançavam. Em seu caminho, serpentes se levantavam sibilando, jogando-se imediatamente para trás, pois nenhum animal se atrevia a atacar os imortais. Preocupados em não perder de vista o pavão, os jovens já não davam qualquer atenção aos répteis asquerosos.

No fim do vale havia um fundo desfiladeiro, que eles desceram através de uma íngreme trilha quase invisível; embaixo estava totalmente escuro, mas o pavão que corria na frente desenhava-se na escuridão em nuvem branca. A ave parou diante de uma rocha negra, coberta de musgo, e esgueirou-se devagar para dentro de uma fenda estreita, coberta por arbustos.

Dakhir e Supramati, sem se deterem, foram atrás e encontraram-se num estreito corredor que deu, inesperadamente, numa gruta alta e estreita, iluminada por uma luz azulada, e que formava uma espécie de abóbada sobre um canal ou rio subterrâneo.

As margens do canal eram altas e abruptas. Os degraus, esculpidos na rocha, levavam até a água, onde um barco parecia esperar por eles. Era uma espécie de piroga comprida e estreita, com proa alta, decorada com pavão dourado e equipada com uma lâmpada elétrica no dorso, cujos raios brincavam nas estalactites da abóbada.

Dakhir pegou os remos, Supramati assumiu o leme, enquanto o pavão se instalou na proa atrás da lâmpada, com o dorso voltado para eles.

À medida que seguiam em frente, diante de seus olhos se abriam estranhas e maravilhosas paisagens.

O rio subterrâneo corria em curvas; ora de um lado, ora do outro, escancaravam-se grutas profundas. Algumas delas pareciam galerias e perdiam-se de vista, outras consistiam de imensas cavernas, todas iluminadas por luzes multicolores muito suaves. Algumas grutas, envoltas em névoa esverdeada, pareciam gigantescas esmeraldas; outras estavam inundadas por luz rósea de rubi pálido, mas a maioria delas estava imersa em luzes azuis de safira, que predominavam no canal principal, e eram tão fortes que a luz elétrica diante deles perdia o brilho. De onde vinha aquela luz – era difícil de saber. Podia-se pensar que ela se infiltrava por entre as paredes da montanha.

Os amigos contemplavam como enfeitiçados aquela paisagem mágica, extraordinariamente diversificada. Ora da escarpa se lançava jorrando uma corrente que parecia rubi fundido, ora na superfície lisa azul-escuro da água surgiam impressionantes flores aquáticas umas vezes azul-turquesa, outras, brancas, com estames dourados ou vermelhos como corais. Por vezes, as numerosas ramificações do rio deixavam os amigos num impasse quanto à escolha do caminho, mas o pavão estava atento e sempre avisava com um grito quando eles estavam prestes a se desviar do caminho certo.

– É evidente que o nosso guia está nos levando até Narayana. Se a morada dele for parecida com o caminho que nos leva até lá, então o nosso incorrigível estroina irá provar-nos mais uma vez o seu incomparável bom gosto – observou Supramati.

Neste instante, ouviu-se uma gargalhada estentórea e escarninha, cujo eco se repetiu sob as abóbadas; ressoou tão perto que ambos involuntariamente se viraram e começaram a procurar Narayana com os olhos, mas este permanecia invisível. Apenas o pavão abriu a sua cauda colorida e soltou um grito penetrante que soou feito uma gargalhada.

Neste ínterim, a abóbada ficou mais baixa, o canal estreitou-se e fez uma curva fechada. Agora o barco deslizava através de uma passagem baixa e estreita; a lâmpada se apagou e os amigos encontraram-se numa escuridão quase completa. Subitamente uma forte correnteza suspendeu o barco, e este, como uma flecha, precipitou-se pela passagem escura e reta, indo parar inesperadamente num enorme lago, em cujas águas prateadas reverberavam alegremente os raios do sol nascente.

Esta mudança deu-se tão rápido que os jovens, ofuscados pela corrente de luz, fecharam por alguns instantes os olhos, e ao abri-los soltaram em uníssono um grito de admiração e surpresa.

A água sobre a qual oscilava o barco era tão transparente que se podia enxergar qualquer irregularidade e cada seixo em seu fundo. Os peixes cintilavam ao sol com as escamas prateadas, douradas ou vivamente coloridas. As margens do lago eram altas, escarpadas, cobertas por mata e cingidas por altas montanhas. Bem em frente deles, numa ilha ou península – no momento era difícil distinguir– , encerrados numa exuberante vegetação esmeraldina, viam-se os muros e o telhado de um palácio.

Impulsionado por forte remador, o barquinho voou pela superfície lisa do lago e, minutos depois, encontrava-se junto à escadaria de mármore, decorada na parte inferior com duas esfinges de bronze. Em cima, divisava-se um largo pórtico com colunas.

A recepção do barco ficou por conta de quatro jovens esbeltos. Portavam túnicas brancas, cingidas com cintos de fivela em ouro, *klaftas*[1] e colares no pescoço. Eles puxaram e amarraram o barco. No mesmo instante, o pavão soltou três gritos agudos, abriu a cauda e desapareceu.

Dakhir e Supramati saltaram para os degraus da escada. Mas, antes que eles pudessem alcançar a plataforma superior, surgiu Narayana em pessoa – alegre, sorridente e ainda mais belo do que nunca.

Ele vestia um traje longo, cingido por cachecol, que lhe delineava o porte esbelto; um turbante leve cobria-lhe a cabeça.

– Bem-vindos, caros amigos, à minha humilde cabana! – saudou ele, abraçando efusivamente as visitas.

– Palhaço! – retrucou rindo Supramati. – Um palácio mágico, e ele chama de humilde cabana!

– Se for do gosto de vocês, podem ficar o tempo que quiserem, ou melhor, tanto tempo quanto lhes permitir o seu severo mestre Ebramar – disse Narayana, fazendo entrar os seus amigos no palácio.

Atravessaram uma série de salas de magnífica arquitetura, mobiliadas com luxo imperial. Era evidente que Narayana tinha

---

[1] "Adorno de cabeça dos antigos egípcios."

predileção por aquele refúgio em qualquer tempo que fosse, pois, ao lado de obras de origem oriental, havia trabalhos modernos de escultura e telas de artistas cuja visão naquele palácio indiano produzia uma estranha impressão.

Narayana parou numa imensa sala decorada à moda oriental, com sofás baixos.

— Fiquem à vontade, meus amigos, como se estivessem em suas casas. Ao lado há um quarto de banho e sugiro que vocês se refresquem. Depois nós teremos um repasto, descansaremos um pouco, quando o calor diminuir, e eu lhes mostrarei a minha casa de ermitão.

Ao fazer um gesto amistoso com a mão, Narayana desapareceu. Supramati e o seu companheiro foram ao quarto contíguo, que se verificou ser uma imensa sala com uma banheira no centro. A banheira era tão espaçosa que nela caberiam facilmente duas pessoas. Ali, esperavam-nos dois empregados, que os despiram e, após o banho, vestiram-nos em largas e leves túnicas brancas, acompanhando-os a seguir a um salão que dava para o jardim. Ali, junto a uma mesa luxuosamente servida, aguardava-os Narayana.

— Sentem-se, amigos! Uma vez que vocês ainda são seres humanos de verdade, precisam comer — disse o estranho anfitrião, sentando-se à mesa e apontando para as cadeiras.

O cardápio consistia de legumes, maravilhosamente preparados, diversos tipos de biscoitos e frutas, vinho, leite e mel.

Dakhir e Supramati estavam esfomeados e renderam a devida homenagem ao desjejum. Quanto a Narayana, este se restringiu a um pequeno copo de leite e um pedacinho de pão do tamanho de um ovo.

Supramati, que o estava observando, indagou com um leve sorriso:

— O que está acontecendo? Está de regime ou as condições ímpares de sua existência lhe impõem uma severa dieta?

— É, a época de bons pratos e jantares lautos acabou desde que eu me privei voluntariamente da vida material — respondeu Narayana, torcendo o rosto. — Aliás, eu não posso me queixar:

não sinto fome e me utilizo somente de substâncias indispensáveis para a renovação do fluido vital que corre em minhas veias. O elixir da longa vida é uma substância material e não espiritual; assim sendo, para o seu equilíbrio, ela exige uma espécie de combustível no organismo.

– Cada vez mais eu me conscientizo do enorme campo de trabalho que representa o estudo da matéria primeva. Se pegarmos só você, Narayana, em seu estado atual, você já é um enigma complicado. Se nós contássemos a algum de nossos contemporâneos a sua ou a nossa história, seríamos chamados de doidos – observou Supramati.

Narayana pôs-se a rir.

– Pudera! Esses míseros insetos vagueiam na Terra uns sessenta anos, mas vangloriam-se como se tivessem vivido séculos. Tão logo eles se deparam com algo desconhecido, uma lei ou fenômeno que lhes pareça inusitado, imediatamente gritam: "Isto é um milagre!", "Isto é impossível!", "Isto contraria as leis da natureza!", "Isto é um contrassenso!" O raio da luz, ao brilhar inesperadamente, cega um cientista autômato. Ele teme aquele fenômeno novo que derruba todas as suas ideias preconcebidas; ele se defende, esconde-se atrás dos velhos textos, fecha os olhos diante das evidências e prefere inventar as mais inverossímeis suposições e hipóteses para não admitir a mais simples e clara verdade, que se contrapõe às suas concepções estreitas. Não! Não é para essas pessoas que nós poderíamos relatar a nossa verdadeira história. Mesmo as grandes descobertas, por pouco não vingaram devido à cegueira da turba e teimosia obtusa dos cientistas oficiais.

– Você tem razão! Por mais estranho que pareça, todas as verdades supremas, assim como as grandes descobertas, sempre se aceitaram com hostilidade. Talvez isso se deva ao fato de que os sábios das pirâmides e dos pagodes ocultavam o conhecimento superior sob o véu do segredo – observou Dakhir.

– Sem dúvida, e era uma decisão inteligente. Quanto aos oráculos das modernas religiões, eles perderam a chave dos mistérios e fundamentam a sua autoridade em fé cega. Eles é que são cegos e se remetem aos gritos ao "demônio" e à "heresia" toda vez que a ciência ou a humanidade dá um passo para a frente – completou Narayana num esgar de riso.

Animando-se subitamente, ele prosseguiu:

– Mas para aquele que lançou um olhar além do véu de Ísis não existe o *impossível*. Tudo aquilo que possa imaginar a mente humana – todos esses fenômenos são possíveis e realizáveis para aquele que sabe e consegue acionar as leis que ele controla. Cristo proferiu uma grande verdade ao dizer que a *fé* (convicção, força de vontade) pode remover as montanhas.

Supramati, que observava pensativo o inquieto e expressivo rosto de seu estranho anfitrião, indagou inesperadamente:

– Diga, Narayana, como você, com sua inteligência e conhecimento de grandes mistérios, tem-se preocupado tão pouco com seu aperfeiçoamento moral e agora condenou a si mesmo a esse estado de imobilidade?

O rosto de Narayana anuviou-se, mas dando uma risada sonora e penetrante ele disse:

– Acredita você que mover-se para frente é uma grande felicidade? Duvido! Veja: eu vivi por longo tempo e, de tédio, cheguei a estudar muito, não tanto para o meu aperfeiçoamento espiritual, quanto para aprender a utilizar na prática os poderes adquiridos. Tive minhas horas de depressão, quando eu estava prestes a fazer uma visita ao santuário inacessível do próprio céu para saber, enfim, se, ali, encontraria a paz para aquela pobre centelha, torturada e dilacerada, que nós chamamos de *alma* e que foi criada pela vontade absolutista, sem perguntar se ela queria ou não viver. O que haveria lá, atrás daquele muro ígneo onde reina o triunfo total sobre a matéria escravizada, onde tudo é perfeição, onde borbulha a irreconhecível força criadora que esconde Aquele que deve ser o nosso soberano, o qual nós chamamos de Deus e Quem dirige nossos destinos e nossos sofrimentos...

O olhar de Narayana ardia e seus punhos cerravam-se furiosamente, enquanto ele prosseguia após uma breve pausa:

– Sim! Não foi uma única vez que eu tentei entrar à força para saber o que lá havia, dominado por desespero total, dúvida e horror desse vaivém de ascensões e quedas, com ímpetos de me lançar naquele santuário fulgurante. Não chega de lá o menor barulho, não se manifesta a menor atividade visível, e os sete gênios, que ficam de guarda em volta daquele misterioso centro, estão mudos.

"Você se surpreende, Supramati, dizendo que eu quero estagnar num mesmo lugar? Não pensa que a ascensão é uma bem-aventurança tão grandiosa? É verdade, o caos e a tempestade da luta e dos sofrimentos, em que se agita no início a centelha inteligente, amainam com o tempo; mas, quanto mais alto você se eleva, mais aumenta o horror do silêncio impingido. Os mestres deixam de guiá-lo e você é obrigado a se orientar com os conhecimentos que tem. A necessidade empurra-o para a frente, e a inexorável lei da atração impele-o para aquele centro misterioso de onde você saiu e no qual deverá afundar. Com que objetivo; qual é a sorte e o futuro que o aguardam? – isso ninguém sabe! E desta forma, vagando entre a ignorância do protoplasma e o silêncio do arcanjo, nós realizamos essa gloriosa ascensão pela qual você anseia e que me assusta...

Voltando novamente ao seu tom de troça, Narayana acrescentou:

– Mas, como há tempo de sobra, eu prefiro dar uma parada e gozar um pouco de descanso num lugar como este palácio, onde me sinto bem e do qual não espero separar-me tão cedo.

Seguiu-se um longo silêncio. Ao ver que as visitas estavam quietas e pensativas, Narayana levantou-se e propôs que fossem visitar o palácio e os jardins, o que foi aceito com visível prazer.

Primeiro foram ver a casa, que era um verdadeiro museu, e depois saíram para o jardim. Ali, a arte e a natureza se fundiram, criando um autêntico paraíso.

O que conferia uma peculiar originalidade àquele pequeno parque era, primeiro, a diversidade da vegetação: ao lado das palmeiras, cresciam pinheiros e outras espécies de florestas setentrionais; depois, em meio da densa vegetação, foram espalhados pequenos pavilhões que, por seu estilo e arrumação, lembravam as diversas épocas da vida passada de Narayana. Assim, por exemplo, por entre os ciprestes e loureiros, via-se uma minúscula vila grega; uma outra construção, que se refletia nas águas do lago, lembrava um palácio veneziano. Por todos os cantos reinava um luxo requintado e viam-se reunidas, com gosto apurado, maravilhosas obras de arte.

Por fim, eles se detiveram diante de um grupo de palmeiras, acácias e diversas espécies de árvores, cuja densa folhagem formava uma abóbada verde, impenetrável para os raios solares. Os jatos prateados que esguichavam do chafariz de mármore espalhavam um agradável frescor.

Todos se sentaram num banco de mármore, e a conversa girou em torno daquilo que eles tinham acabado de ver.

— Meu Deus! Como tudo aqui é maravilhoso! Como se fosse num conto mágico! — exclamou Dakhir.

— Por consequência, aqui é justamente o lugar mais adequado para vocês, pois nós somos príncipes mágicos, seres legendários e fantásticos. Os séculos vão passando, saturando aos poucos as nossas almas; nós perdemos a genuína alegria de viver; a dúvida torturante e o futuro infinito vão minando dolorosamente os nossos nervos. Assim, é bem justo que nos cerque e que torne menos penoso o nosso surpreendente destino esta beleza natural, da qual nunca nos fartamos.

As palavras de Narayana fizeram voltar os pensamentos dos presentes aos assuntos que foram abordados durante o desjejum; e reiniciou-se então a discussão das leis que regem o progresso, sobre a justiça celestial, o bem e o mal, e sobre outros problemas ainda não resolvidos.

— Justiça celestial é o emprego das leis implacáveis que habitam a alma e que se vingam por sua violação ou recompensam por qualquer esforço — brandiu Supramati.

— Justiça! Recompensa! Quem não gostaria de se utilizar do benefício de um e regalar-se do outro?! Só que é difícil capturar essas duas filhas do céu, tão esquivas e enganadoras como a irmã delas, a esperança! — arrematou Narayana num esgar de riso. – Se vocês quiserem, meus amigos, eu lhes contarei uma lenda hindu que justamente ilustra a questão de seu interesse.

Narayana concentrou-se por um minuto e depois, em tom propositadamente empolado, começou:

Era uma vez, diz a lenda, vivia um tolo que sonhava com o céu, a tal ponto que não mais enxergava a terra. A sua fé na justiça de Brahma era inabalável, e ele suportava submisso todas as injustiças e ofensas que lhe eram causadas por pessoas ricas, autoritárias e felizes, divertindo-se sempre em poder mostrar o seu desprezo em relação às mentes ingênuas. Por fim, o tolo morreu de fome nos degraus de um pagode, dirigindo ameaças aos seus opressores com a justiça de Brahma e profundamente convicto de receber a recompensa por sua submissão e paciência.

Leve e radiante, ascendia ele ao espaço. Seu corpo astral respirava luz e calor. Olhou com desprezo para seus pobres restos mortais humanos que abandonara; ele se sentia feliz, pois tudo em sua volta era paz e silêncio.

Ele falava consigo: "Eis-me aqui no caminho do céu. Só preciso saber onde fica o palacete celestial onde preside Brahma, praticando a justiça, punindo os pecaminosos e recompensando os justos".

Vagando à procura do caminho ao paraíso, ele topava com multidões de seres que se turbilhonavam na atmosfera – eram seres asquerosos, cobertos de úlceras morais. Todos eles blasfemavam e queixavam-se. Nenhum deles conseguiu responder à pergunta de Vaidkhiva – como era chamado o nosso herói.

Os pobres espíritos, sofredores e atormentados, nada sabiam da justiça de Brahma e ignoravam o lugar onde Ele ficava. Eles só ouviram falar que Ele reinava nas alturas acima das estrelas e que os mais dignos e puros poderiam comparecer diante de Seu fulgurante trono. Ondas de forças misteriosas carregam os justos até o semblante de Brahma e as mesmas lançam os criminosos e os insatisfeitos no sorvedouro da expiação.

Feliz e cheio de confiança, Vaidkhiva exaltava glórias a Brahma, à sua justiça e poder. Agarrado pelas ondas da harmonia, foi levado para a límpida esfera superior, onde se encontrou com a mesma espécie de justos, radiantes e sábios, que também louvavam Brahma e a Sua justiça.

Vaidkhiva perguntou a um de seus colegas para onde eles iam tão rápido.

– Para o mesmo lugar que você – responderam-lhe. – Para o trono de Brahma, buscar a recompensa pelas injustiças sofridas, pelo nosso trabalho e nossa fé.

Trabalhando incansavelmente, Vaidkhiva subia, e outros subiam com ele. Repletos de fé e obstinação, eles dirigiam louvores à glória, à sapiência e à misericórdia de Brahma. Mas, quando eles indagavam onde ficava o Seu domicílio celestial, recebiam a resposta:

– Continuem o caminho! É mais adiante!

E Vaidkhiva subia e subia. Agora ele era imagem apenas de uma nuvem luminosa. Seu conhecimento era imenso e os poderes quase ilimitados; mas ele continuava aguardando pela justiça celestial e recompensa por seu trabalho.

E assim, passando de uma esfera a outra, ele alcançou, finalmente, o centro do Universo. Ali se erguia um muro de luz ofuscante, formada inteiramente de uma série de sóis; seus limites pareciam infinitos ou, pelo menos, incomensuráveis. Somente a perfeição, adquirida por ele, permitia a Vaidkhiva contemplá-lo, e diante dele, feito uma visão nebulosa, reverberando todas as cores do arco-íris, estava um dos gênios-guardiões da muralha sagrada.

– Já estamos junto aos portões do palácio de Brahma! – exclamaram Vaidkhiva e os justos que acompanhavam a sua falange. – Deixe-nos passar, abra os portões do céu, gênio das esferas, guardião da entrada sagrada! – diziam eles. – Nós merecemos a felicidade de comparecer diante do semblante radioso de Brahma. Nós suportamos pacientemente todas as injustiças e ofensas, trabalhamos incansavelmente para abrir o caminho até aqui, nossa fé jamais fraquejou em provações e sofrimentos, e, mesmo em situações de dificuldade suprema, entoávamos cânticos à glória e à generosidade de Brahma, apoiando os fracos, animando os ignorantes e persuadindo os descontentes. Nós triunfamos sobre a dúvida que nos torturava e impedia o nosso caminho. Agora, exaustos com a longa ascensão, queremos prostrar-nos diante do trono de Brahma, regozijar-nos da paz anunciada e conseguir a punição justa de nossos perseguidores.

O gênio continuava mudo; a muralha fulgurante permanecia fechada e debalde eles repetiam o seu pedido – não havia resposta, pois, nos lábios do gênio, estampava-se o selo dos mistérios que ele guardava.

Estupefatos e inquietos, os justos entreolharam-se sem entender aquele silêncio; mas eis que detrás do muro soou uma voz desconhecida, poderosa como trovão e ao mesmo tempo harmônica feito o som de harpa:

– Vão e trabalhem mais, pois as palavras de vocês comprovam que ainda não estão prontos para comparecer diante do trono de Brahma. Vocês acabaram de pedir a justiça e a recompensa, sem terem entendido que tanto uma como a outra já lhes foi concedida. Olhem para as suas vestes claras, avaliem a sua paciência infinita, os conhecimentos adquiridos, instintos domados e desejos sufocados. Tudo isso vocês obtiveram pela benevolência e misericórdia de Brahma, que os apoiou e recompensou por todo o esforço com o degrau superior da perfeição. Aqueles que os ofenderam, maltrataram e obrigaram a sofrer seguem atrás, acusando, por sua vez, os outros por injustiças e crueldades, sem compreenderem, da mesma forma como vocês, que da matéria só se liberta através do sofrimento. O mundo em que vocês outrora viveram já não existe mais, pois passaram mais de cinquenta milhões de anos desde o dia em que Vaidkhiva morreu na escada do pagode.

"Tudo já lhes foi concedido pelos poderes e justiça de Brahma, mas vocês procuram por paz, sem entender que ela não existe e que a suprema bem-aventurança consiste da atividade constante. Vocês não amadureceram para atravessar os portões do céu e contemplar o semblante radioso de Brahma. Vão, trabalhem e entoem cânticos em Sua glória!"

A voz misteriosa calou-se. Uma parte dos justos baixou a cabeça em submissão e mergulhou em oração. Mas a alma de Vaidkhiva encheu-se de fúria alucinada. A dúvida, que não o largou até à entrada do paraíso, apesar da perfeição, murmurava-lhe com o maledicente escárnio:

– Bem, e agora? Quem estava certo?

Possesso, Vaidkhiva lançou-se sobre a muralha reluzente, tentando galgá-la e gritando feito um louco:

– Cumpra a justiça prometida! Julgue meus opressores e recompense-me pelo trabalho feito!

Um silêncio profundo veio-lhe como resposta. Ele se arremessou de novo para a frente, proferindo maldições, quando, de repente, as estrelas que lhe encimavam a cabeça desintegraram-se com um estrondo trovejante, soltando colunas de fumaça negra; toda a atmosfera estremeceu e detrás da muralha misteriosa cintilou um relâmpago brilhante atingindo o coração de Vaidkhiva. Seu corpo transparente desintegrou-se em bilhões de átomos, e os elementos desenfreados do caos primevo agarraram-no e o arrastaram com silvos para dentro do furacão ígneo, que calcinou suas vestes claras, matou-lhe a memória e tirou seus conhecimentos e poderes.

Feito uma folhinha seca, levada por um pé de vento, voava ele ao abismo insondável, até que um terrível solavanco fez paralisar inesperadamente o seu voo desvairado.

Alquebrado, dilacerado por dores horríveis, Vaidkhiva conscientizou-se, a muito custo, de que estava enclausurado numa enorme rocha. De sua luz radiante sobrou apenas uma pequena centelha purpúrea, que reluzia feito uma luz errante. Ele tinha dificuldade em pensar. De todo o seu conhecimento e poder, sobrou apenas uma vaga recordação sobre aquilo que ele fora e a consciência de que agora ele era alguma outra coisa, como uma simples pedra.

Subitamente, um canto desafinado quebrou a sonolência em que se encontrava o gigante decaído. Ele viu uma multidão de pessoas quase nuas, cobertas por peles de animais, que se aproximavam trazendo nas mãos ramos e frutas. Eles as depuseram na rocha e as incendiaram; prostraram-se de joelhos – oh, que horror! – e iniciaram um cântico glorificando a justiça de Brahma. O canto despertou inesperadamente a memória de Vaidkhiva. Ele foi tomado por tal desespero, que a rocha rachou e de seu âmago jorrou uma fonte, transparente como brilhante.

– As lágrimas do justo serão a recompensa dele – proferiu uma voz, consolando a alma confusa de Vaidkhiva.

A ignara e ingênua turba endeusou a fonte maravilhosa. De todos os cantos confluíam a ela doentes, inválidos e cegos, obtendo a cura em sua água medicinal, uma vez que junto com as lágrimas inesgotáveis que jorravam do coração petrificado de Vaidkhiva fluía a própria essência da natureza. Nas gotas cristalinas da fonte concentrava-se todo o poder adquirido pelo mago, a sua habilidade de governar as correntes astrais e as radiações benéficas que dele emanavam – o que não pôde ser totalmente eliminado.

Os miseráveis, os deserdados e os pobres de espírito compreenderam isso e, através das lágrimas do justo, aliviavam os seus sofrimentos.

Com as suas próprias mãos, eles trouxeram material e construíram um pagode para preservar a fonte. Cada um que imerge em suas águas exalta a glória de Brahma e dirige louvores à sua sabedoria.

Narayana calou-se. Seus interlocutores também ficaram por algum tempo em silêncio, depois do qual Dakhir observou calmamente:

– A sua lenda é bem poética, mas é repleta de paradoxos. Enquanto nós estamos embaixo da escada da perfeição, a nossa mente fraca não tem condições de abarcar o nosso destino em todo o seu gigantesco volume; sobretudo apresenta-se-nos como um mistério impenetrável o seu objetivo final. Não obstante, temos certeza de uma só coisa, ou seja, a de que a lei inexorável nos impele para a frente e que nesse caminho qualquer parada é fatal. Por isso é pusilânime e inútil lamentar-se, duvidar e julgar uma força tão poderosa, que enfrentá-la seria tão insensato como um nadador enfrentar as ondas do oceano durante uma tempestade.

— Além disso, permita-me acrescentar — interferiu Supramati — que Vaidkhiva, apesar de toda a sua perfeição e de louvores à glória de Brahma, era muito inconsequente. De que forma, ao alcançar a harmonia, ele conseguiu preservar o espírito rancoroso? Por que, detentor de um poder quase ilimitado, ele mesmo não julgou, neste caso, os seus inimigos? A sua fúria, quando ele obteve a resposta justa, é totalmente incompreensível.

— A moral da minha lenda é que a busca da perfeição é um empreendimento muito arriscado e que nunca se pode ter uma certeza quanto a alcançar o seu objetivo, pois o instinto humano está a tal ponto incrustado na alma que é praticamente impossível estabelecer quando ele desaparecerá por completo.

"O herói da minha lenda, provavelmente, purificou-se no transcorrer de sua longa ascensão; seu ser parecia uma única onda de harmonia. Todo o seu pensar transformou-se em força de vontade e governava as leis cósmicas que ele compreendeu e das quais sabia se utilizar; apenas em seu íntimo se conservou uma partícula de 'homem', ou seja, um átomo da dúvida e do egoísmo. Essa partícula rebelou-se e incinerou toda a maravilhosa edificação."

— Para mim mesmo — concluiu Narayana — , tiro desta lenda, seja ela falsa ou verdadeira, a seguinte moral prática: uma vez que ninguém nos apressa e nós temos tempo de sobra, é mais sensato gozarmos o presente e protelar, o quanto possível, aquele minuto perigoso, quando teremos de comparecer diante dos misteriosos portões celestiais e dos guardiões mudos: os gênios das esferas.

— Você está dizendo tolices, Narayana! Você sabe demasiadamente para não compreender todo o fardo da ignorância, e está próxima a hora em que você derramará lágrimas amargas por ter sentenciado a si esta inatividade – interrompeu-o Supramati.

– Isso não me assusta! Eu me sinto bem aqui e pretendo ficar o máximo que puder. Eu irei observar de longe como vocês, esvaindo-se em suor de sangue, irão rastejar pelo íngreme e ingrato caminho da perfeição, atrelados à biga da ignorância.

– Você se esquece de que com cada esforço, com cada passo para a frente, a carga da ignorância vai diminuindo e a subida torna-se mais fácil – observou sorrindo Dakhir.

– E não terão vocês imaginado que esta talvez seja a melhor recompensa misteriosa que os aguarda? Bem, será que já não basta de falarmos disso? Nesta questão, a gente nunca irá concordar um com o outro. Acho melhor eu mostrar-lhes a ilustração para a lenda de Vaidkhiva: a rocha onde está enclausurada a alma do sábio, chorando a sua queda.

– E você tem aqui essa pedra legendária? É evidente que eu quero vê-la! – exclamou Supramati curioso.

– Sim, no fundo do meu jardim. Vamos, eu lhes mostrarei! – prontificou-se animadamente Narayana, levantando-se.

Através de uma longa alameda emoldurada por árvores frondosas, eles atravessaram todo o jardim e saíram num pequeno bosque. Após andarem por cerca de dez minutos, deram num pequeno prado, no centro do qual se erguia um pequeno pagode.

No interior do pagode, numa agradável penumbra, delineava-se claramente uma grande estátua a Buda, instalada num alto pedestal.

Aos pés da estátua, divisava-se uma grande pedra cinzenta, rachada de cima a baixo; de suas entranhas, jorrava murmurejando um fio de água cristalina, caindo num reservatório que, ainda que estivesse cheio, não transbordava. Para onde ia aquela água – era difícil de determinar, pois não se via em lugar algum um orifício de escoamento.

Em torno do reservatório, estavam sentados sobre tapetes, em diferentes poses, sete homens nus, extremamente magros.

Uma expressão de êxtase congelara-se em seus rostos e as poses indicavam o seu estado cataléptico.

– São os faquires-meditadores, guardiões voluntários da fonte miraculosa. Eles ficam anos a fio sem se moverem deste lugar até morrerem, quando então são substituídos por lunáticos da mesma espécie. Eu assumi a responsabilidade de cuidar deles. Uma vez por dia, trago, para cada um, um punhado de arroz, que eles engolem maquinalmente; dou-lhes de beber a água da fonte e molho os seus corpos ressequidos. Isso é suficiente para manter a vida física; quanto a seus espíritos, eles, sob o efeito do êxtase, pairam no éter, esquecidos de seu invólucro carnal.

– Sim, sim! As irradiações carnais, o significado da vida dessas vítimas da violência científica servem para manter e prolongar a existência de algum cientista inescrupuloso, ao condená-los ao sofrimento inútil, enquanto, nesse ínterim, ele goza dos prazeres de uma vida de opulência, disfarçada com o trabalho mental – disse Dakhir em tom grave, olhando penalizado e com simpatia para aqueles esqueletos vivos, sentados de forma tão imóvel e apática como a pedra sagrada que eles protegiam.

– Bem, esta pedra não é para a minha horta! A matéria primeva por mim absorvida libera-me da necessidade de buscar a força vital de um organismo estranho – gracejou Narayana, dizendo a seguir: – Entretanto, está ficando quente! Voltemos para casa, meus amigos, para vocês descansarem. Na hora do jantar nos encontraremos.

Eles retornaram ao palácio, onde Narayana os deixou. Mas, ao invés de dormir, eles começaram a examinar as valiosas obras de arte de todas as épocas e, depois, a folhear os manuscritos raros.

O tempo passava rápido e o sol já havia alcançado o zênite, quando, por fim, eles se deitaram exaustos no sofá e adormeceram.

Narayana despertou-os.

– Vamos jantar! O sol já baixou e o ar está fresco e aromático. Metade da vida que eu levo já seria ótimo – disse ele em tom alegre. – Mas, antes de tudo, tomem um banho: isso refresca.

Meia hora depois, um dos belos efebos que servia no palácio levou Dakhir e Supramati a um salão a céu aberto com vista para o jardim. Através da arcada de colunas finas, viam-se conjuntos escuros de árvores, por entre as quais cintilava a superfície lisa do lago.

Uma suave luz azul-celeste iluminava a sala, no centro da qual estava a mesa luxuosamente servida.

Com a entrada das visitas, Narayana levantou-se do sofá onde estava deitado e todos se sentaram à mesa. O jantar foi tão maravilhoso como o desjejum. Da mesma forma como de manhã, o dono da casa limitou-se a servir-se de leite e pão; ele estava alegre e inesgotável em assuntos, de modo que a refeição passou em meio a grande animação.

Já era noite quando eles se levantaram da mesa e foram ao terraço. Bilhões de estrelas cintilavam no azul-escuro do firmamento, e a lua ascendente iluminava tudo com meiga e suave meia-luz.

Ao notar que as visitas tinham mergulhado na contemplação da feérica paisagem, Narayana bateu no ombro de Supramati e disse:

– E aí?! Você ainda acha uma "tolice" e "crime" o meu desejo de descansar um pouco neste maravilhoso ambiente, gozando o presente em vez de almejar um objetivo desconhecido e uma felicidade duvidosa que, de qualquer forma, serei obrigado a alcançar algum dia, querendo ou não?

– Pare de confundir a alma de Supramati justamente numa hora em que ele se prepara para entregar-se a um duro e exaustivo trabalho de *iniciação superior*, que exige, antes de mais nada, uma total tranquilidade e concentração de todas as faculdades mentais – observou contrariado Dakhir.

– Pelo contrário. Justamente nesta hora em que ele se prepara a realizar uma grande tolice, querendo se enterrar vivo, deve-se ajuizá-lo e mostrar-lhe todas as delícias da vida, às quais ele quer renunciar, sem tê-las gozado até se fartar.

– Eu não lamento nem um pouco as trivialidades da vida, seus prazeres vazios e absurdos. Estou mais interessado em novos horizontes que vão me abrir os estudos de grandes problemas – retrucou sorrindo Supramati.

– Estou vendo que você é incorrigível! Eu, pelo contrário, gosto dos prazeres que você tanto abomina e, estando você aqui na qualidade de minha visita, faço questão de que compareça ao concerto e balé que serão apresentados esta noite em homenagem a vocês.

– Pelo visto você tem uma corte bem organizada, uma vez que dispõe até de orquestra e corpo de balé. Gostaria de assistir tanto um como outro. Ainda que eu não busque os divertimentos mundanos, não obstante não os desdenho, e o seu gosto refinado irá garantir-nos um espetáculo interessante – assegurou Supramati, risonho.

Narayana soltou um suspiro.

– Infelizmente eu não disponho mais daqueles recursos que tinha antes; mas, no espaço, é sempre possível arrumar bons músicos. No fundo do lago, repousam muitas bailarinas bonitas que se afogaram, para a grande infelicidade dos brâmanes, seus protetores.

– Narayana, por tudo que é santo, não pense em ressuscitar essas defuntas! Eu me recuso a assistir a esse tipo de espetáculo – gritou assustado Supramati.

O anfitrião alegre deu um leve sorriso zombador.

– Não grite e se acalme! Não vou ressuscitar ninguém. A questão é uma simples materialização, que proporcionará tanto prazer aos espíritos invocados quanto a nós, e, ao alvorecer, todos os artistas retornarão ao mundo do além. Por conseguinte, você poderá, com a consciência tranquila, deliciar-se com o concerto e o balé.

Narayana virou-se e bateu no gongo de bronze em cima da mesa.

Imediatamente apareceram dois jovens criados: um com uma trempe e outro com um escrínio, que colocaram junto da balaustrada.

Narayana tirou do escrínio um frasco e uma caixinha. Entoando à meia-voz a invocação, ele verteu sobre o carvão algumas gotas de líquido vermelho e jogou um pouquinho de pó.

Imediatamente se levantou uma densa fumaça; em seguida, cintilaram feixes de faíscas, espalhando-se em zigue-zagues ígneos em todas as direções, surgindo finalmente esferas vermelho-sangue que se lançaram para cima feito foguetes e explodiram com o estrondo de trovão. Algumas delas caíram no lago, cuja água parecia entrar em ebulição. A seguir tudo silenciou por algum tempo.

Mas eis que das paredes, da escuridão do bosque e do ar começaram a surgir nuvens brancas, agrupando-se de um lado do terraço. Parado, com a mão erguida e olhar flamejante, Narayana parecia mandar sobre elas, dirigindo os seus movimentos. Após alguns minutos, a metade do grande terraço ficou separada por uma cortina branco-cinzenta tremulante, salpicada de faíscas. Em seguida, ouviu-se uma estranha música, mistura de vozes humanas e sons de instrumentos desconhecidos. Não era um canto definido nem sons de orquestra; antes eram ondas de vibrações harmônicas, surpreendentemente suaves e fortes. A melodia executada era original e estranha como o próprio método de execução da orquestra misteriosa.

Supramati, como enfeitiçado, ouvia admirado aquela música, quando de repente sua atenção foi chamada para um retumbar surdo que vinha do lago.

Ele viu como à tona subiu uma onda espumosa que correu para a margem e, quando ela se quebrou nos degraus da escada, surgiram algumas figuras femininas de contornos indefinidos, que antes parecia deslizarem do que andarem pelo terraço.

Narayana lançou mais uma pitada de pó sobre o carvão, e a fumaça levantada, em vez de subir, começou a se aproximar em redemoinho dos vultos aéreos que vinham vindo. Esses parecia absorverem a fumaça, perdendo a sua transparência, e, alguns minutos mais tarde, seis mulheres com a aparência de pessoas reais aproximaram-se de Narayana, cruzaram os braços no peito e o saudaram com mesura.

Eram belíssimas jovens indianas no resplendor da vida. As túnicas bordadas de gaze mal cobriam as suas formas esbeltas.

As gemas preciosas que adornavam as suas cabeças, braços e cinturas fulgiam em luzes multicoloridas.

Narayana disse algumas palavras em hindu e depois se sentou no sofá, fazendo acomodarem-se junto de si os seus amigos.

Neste instante, nos globos rosados acenderam-se as lâmpadas elétricas inundando o terraço com luz forte. As dançarinas começaram a dançar. Leves, graciosas e cheias de vida, elas rodopiavam ou formavam grupos maravilhosos e plásticos, ao mesmo tempo provocantes e lascivos como a própria sedução.

Quando as dançarinas fizeram uma nova mesura, com isso dizendo que a apresentação havia terminado, Narayana levantou-se e fez um sinal para que elas se aproximassem.

– Devemos mimosear as nossas maravilhosas dançarinas com um bom jantar. São raras as vezes que elas têm uma oportunidade de regalar-se com estas iguarias, e essa é a única recompensa que nós podemos oferecer-lhes – disse alegre. – Somos em três, e elas estão em seis, então é natural que cada um de nós assuma a responsabilidade por duas beldades.

Balançando a cabeça e rindo, Supramati e Dakhir pegaram, cada um, as mãos de duas mulheres e seguiram atrás de Narayana à sala de jantar. A mesa estava posta, mas, em vez de pratos vegetarianos, ali havia carne com sangue, pão e vinho quente, muito aromático.

Ávidas, lançaram-se as visitas do além sobre aquela comida com tal estranha voracidade que Supramati mal tinha tempo de repor-lhes nos pratos mais comida e encher-lhes as taças.

À medida que as dançarinas se saciavam avidamente, seus rostos pálidos iam adquirindo uma coloração rosada. Seus olhos brilhavam de curiosidade e paixão olhando para Dakhir e Supramati. Quanto a Narayana, eles exprimiam total indiferença e desprezo.

– Vejam só! As ingratas menosprezam e ofendem o seu benfeitor – observou em tom de escárnio Narayana. – E é patente que Supramati goza de maior sucesso. As canalhas pressentem que ele é o menos santo de nós.

De fato, os olhares mais ardentes eram lançados para Supramati. Uma dançarina, em particular, fazia de tudo para desconcertar-lhe a tranquilidade. Agora ela já dançava só para ele, recorrendo a todos os atributos de sua beleza. Todo o seu ser parecia fulgir em algo demoníaco e tentador – o que inebriava, submetia e perturbava a mente e o coração.

Apesar da rigorosa disciplina da primeira iniciação, que lhe ensinara a dominar os ímpetos instintivos e submeter o corpo à vontade da mente, Supramati, sem percebê-lo, entregava-se aos perigosos encantos da criatura. Seus grandes olhos escuros ardiam de admiração; um rubor leve tingiu-lhe as faces. Esquecendo tudo em volta, ele seguia os movimentos da dançarina, que ia se aproximando imperceptivelmente, tornando-se cada vez mais sedutora e lasciva. Num salto gracioso, ela caiu de joelhos diante de Supramati e abraçou-o apaixonadamente.

– Dê-me algumas gotas da essência vital que você possui! Conceda-me a dádiva divina da existência terrestre – murmurou ela com olhar suplicante.

Supramati tentou empurrá-la, mas simpatia e pena em relação àquela criatura juvenil, para sempre atirada ao mundo do além, faziam-no fraco.

Subitamente o rosto da dançarina perdeu o brilho; a mão, que repousava na mão de Supramati, ficou fria, e um tremor percorreu todo o seu corpo delicado.

– Ah! Eu estou desaparecendo! A vida e as forças estão me abandonando! – gritou ela, agarrando-se com força a Supramati. – Cruel! Será que você tem dó de uma gota de vida que eu lhe suplico?

Na voz fraquejante da infeliz soava tal desespero, que, dominado por pena, Supramati, esquecendo de tudo, começou a procurar febrilmente o frasco com a essência vital que ele normalmente trazia consigo. Mas o bolso estava vazio – ele esquecera de pegar o frasco. Aliás, já seria tarde. A morte triunfante apossou-se de sua presa. O corpo gracioso da dançarina que jazia diante dele parecia derreter-se e diluía-se rapidamente.

Logo sobrou apenas um vago vulto que, em seguida, transformou-se em uma nódoa esbranquiçada, desaparecendo no ar.

Como se sob o efeito de um pesadelo horrível, recuperando com dificuldade o fôlego, Supramati passou a mão pela testa e olhou em volta: na sala não havia ninguém, além de Dakhir e Narayana.

– Você ainda não se acostumou a recusar os pedidos tolos. É um imortal ainda muito inocente; inflama-se e se entrega ao sentimento de pena com demasiada facilidade – zombou Narayana. – Você estava tão absorto que nem ao menos viu como nós, Dakhir e eu, declinamos de tais súplicas.

– Tem razão! Não estou acostumado a esse tipo de jogo cruel e espero nunca encontrar algum prazer nele. Mas você, Narayana, pertencente aos dois mundos, não deveria zombar da morte e da vida!

Neste instante, ouviu-se um leve tilintar de sininho de prata.

– Ebramar está chamando por nós – disse Dakhir, levantando-se apressadamente.

– Não vou segurá-los. Eu mesmo irei acompanhá-los, pois vocês não conhecem todos os meandros do labirinto subterrâneo – disse Narayana, apertando-lhes a mão.

Logo eles alcançaram o barco.

Mal os primeiros raios do sol ascendente douraram o horizonte, eles entraram no jardim em anexo ao palácio de Ebramar.

Passaram cerca de duas semanas e não aconteceu nada de especial. Conversavam, liam, passeavam e gozavam da paz agradável. Certa noite, depois do jantar, Ebramar disse, levantando-se da mesa:

– Está na hora de iniciarmos o trabalho, meus filhos! Amanhã vou levar Nara para o seu novo local e depois vocês começarão os seus estudos sob a minha direção. Despeça-se de sua companheira, Supramati! Ao alvorecer vocês se separarão e vão se ver muito raramente.

Supramati empalideceu. Chegara a hora que ele tanto temia – a hora da separação da mulher que ele ainda amava com um sentimento terreno. Seu coração apertou-se de medo e infelicidade. Seu olhar entristecido procurou com angústia o olhar de Nara. Mas nos olhos límpidos da jovem lia-se uma afeição tão pura e profunda, uma energia tão latente, que a coragem e a tranquilidade retornaram a ele.

Supramati aproximou-se de Nara, abraçou-a e a beijou fortemente.

– Seja o meu apoio, ainda que de longe, se eu fraquejar em meu caminho espinhoso, pois eu sinto que em mim ainda está muito vivo o homem "terreno" – balbuciou ele.

– Vamos nos ver mais vezes, se possível. Os meus pensamentos jamais o abandonarão. Quanto mais as nossas almas forem se libertando da matéria, tanto mais elas ficarão próximas uma da outra, e maior será o indestrutível amor que nos une – disse Nara, olhando para ele meigamente e o beijando.

Fazendo com a mão um amistoso sinal de despedida, ela saiu do quarto.

No dia seguinte, antes do amanhecer, Sandira veio buscar o pai. Ele trouxe-lhe uma comprida túnica branca, com uma faixa laranja costurada a ela, e um cachecol da mesma cor, que deveria servir-lhe de cinto e uma espécie de *klafta*.

– São as vestes dos discípulos de iniciação superior – acrescentou ele, ajudando Supramati a vestir-se.

Em seguida, Sandira levou-o a um pequeno quarto, onde Dakhir já estava vestido com traje semelhante.

Praticamente ao mesmo tempo chegou Ebramar, saudando todos amistosamente. A seguir, ele os levou pelo mesmo caminho que tomaram para irem se encontrar com Narayana.

Como antes, desceram ao desfiladeiro, passaram por um corredor estreito, esculpido na escarpa, e saíram para o canal onde por eles esperava um barco. Ebramar pegou no leme.

Logo viraram para uma galeria lateral que, por sua vez, tinha inúmeros braços. Após uma viagem bastante longa, divisaram-se os degraus que atravessavam o canal em toda a sua largura.

Ao encostarem o barco, Supramati viu-se diante da monumental entrada de um templo subterrâneo, decorado com colossais figuras simbólicas. O interior era uma espécie de gruta ou sala de dimensões gigantescas, com colunas dispostas irregularmente. As paredes, de cima a baixo, estavam cheias de esculturas de magnífico trabalho e originalidade surpreendentes. Uma luz azulada extremamente suave, apesar de seu forte brilho, iluminava a enorme gruta.

– Que obra magnífica! Mas quem foram os gigantes que conseguiram executar tal trabalho e quantos séculos eles precisaram para isso? – balbuciou admirado Supramati.

– Foi a raça negra, no apogeu de seu brilho intelectual e produtivo, que criou este mundo subterrâneo que inclui muitas maravilhas inimagináveis para você – respondeu Ebramar em voz baixa.

Ordenando que os discípulos ficassem parados e esperassem por ele, Ebramar desapareceu atrás de uma enorme cortina purpúrea que escondia o interior do templo.

Supramati curioso começou a examinar o ambiente. Agora ele conseguia distinguir que dos dois lados da cortina havia galerias pouco iluminadas que se perdiam na escuridão longínqua. Viu também que, nas depressões das paredes, estavam instaladas altas trempes com carvão em que os jovens acendiam incensos; um aroma agradável e vivífico encheu a gruta.

De súbito, sua atenção foi chamada por um canto vindo de longe e que, sem dúvida, se aproximava. Logo, de uma das galerias saiu um coro de mulheres, trajadas em vestes brancas e envoltas em véus. Liderando, vinham Vairami e Nara, levando no meio Nurvadi. Quando, ao terminarem o hino, elas silenciaram, ouviu-se um coro masculino, e uma nova procissão saiu da outra galeria, formando um segundo semicírculo.

Iniciou-se um profundo e solene silêncio. A cortina entreabriu-se e por detrás dela saiu Ebramar em companhia de alguns homens, vestidos, como ele, em alvos trajes reluzentes. Ebramar trazia um cálice, parecido com aquele que tinha visto nas mãos do superior do Graal. Do cálice subia um vapor dourado.

Nara e Vairami aproximaram-se do mago e prostraram-se de joelhos. Dois dos companheiros de Ebramar tiraram o longo véu da sacerdotisa e cobriram com ele a cabeça loira de Nara.

– Vá e trabalhe, minha filha, não só para você, mas também para as suas companheiras de vida tão longa, que as teria deixado desesperadas, se não fosse preenchida por estudos e coroada por aquela clareza que lhes confere o conhecimento – disse Ebramar, oferecendo o cálice à jovem.

Esta umedeceu os lábios no vapor dourado e mergulhou em prece profunda. Instantes depois, de seu corpo começou a desprender-se uma luz esbranquiçada, que a envolveu feito auréola.

Então Ebramar dirigiu-se a Vairami:

– Seu desejo está atendido. Você pode se entregar à meditação até que eu a chame.

Ele, então, deu-lhe também o cálice. Quando Vairami tomou dele, com ela repetiu-se o mesmo fenômeno que com Nara, mas de forma mais intensa. A luz alva concentrou-se com tal força sob a fronte de Vairami que parecia uma chama iluminando as feições da jovem, aparentemente em estado de êxtase. Subitamente, ela pareceu oscilar, levantou-se no ar e desapareceu numa densa nuvem que a envolveu e, arrastando-a para cima, sumiu no ar.

Então Nara retornou para junto das mulheres, ocupando a posição de liderança, e, cobrindo a cabeça de Nurvadi, perdeu-se com o seu cortejo na galeria subterrânea.

Os homens também se retiraram, e logo na imensa gruta ficaram somente Dakhir e Supramati.

– Vamos voltar para casa – disse Dakhir. – Provavelmente veremos Ebramar só amanhã, quando ele nos apontará o local de nosso novo trabalho de iniciação.

Ao retornarem para casa, cada um se recolheu a seu quarto, quieto e preocupado.

Supramati deitou-se no sofá e apertou a cabeça com as mãos. Um verdadeiro caos de ideias e sentimentos tempestuava-se nele. Havia muito tempo que o seu estranho destino não o oprimia como naquele momento. A separação de Nara causava ao seu coração uma dor quase física. Ele se sentia sozinho, abandonado e infeliz. O trabalho gigantesco que tinha pela frente assustava-o, e a vida infindável, da qual ele não podia se separar, sugeria-lhe aversão e desespero.

Lágrimas quentes jorraram por suas faces, mas, neste minuto, pareceu-lhe que uma mão afagou a sua testa e a bem familiar e querida voz sussurrou-lhe no ouvido:

– Pense no futuro em vez de pensar no passado! Você não está sozinho: nós não nos separamos, pois a minha alma o vê e o ouve. Trabalhe, vá em frente com coragem, meu amado, e logo lhe será concedida a mesma alegria. Você vai poder me ver e falar livremente comigo. A matéria rude já não nos separará.

A voz calou-se, mas Supramati sentia-se surpreendentemente acalmado e fortalecido. Respeitoso e conformado, pôs-se de joelhos e numa oração ardente suplicou que o Criador lhe desse apoio e forças para suportar dignamente o misterioso destino que lhe fora reservado.

Quando se levantou, já lhe havia retornado o autodomínio. Sentou-se ao lado da janela e começou a apreciar a paisagem mágica que se lhe abria à frente. Conforme lhe havia sugerido Nara, ele começou a pensar no futuro.

Com o passado estava tudo terminado. Sua vida mundana, com suas alegrias e tristezas, sumira na lonjura nevoenta. Quando ele retornasse na próxima vez para o meio das pessoas, ter-se-iam passado anos, ou, talvez, séculos inteiros. Valeria a pena lamentar-se sobre a infelicidade e sofrimentos das efêmeras criaturas criminosas, cegas de paixões, elas próprias atraindo para si a *ira Divina*?

Não! Mil vezes não! Ele estava feliz, pois diante dele se estendia um vasto horizonte e abria-se-lhe o caminho aos campos claros da *ciência pura.*

– Então, adeus, meu passado, sombrio apesar das alegrias passageiras. Avante, em direção à luz! – murmurou ele.

Continuação no romance A Ira Divina.

A NOITE DE SÃO BARTOLOMEU

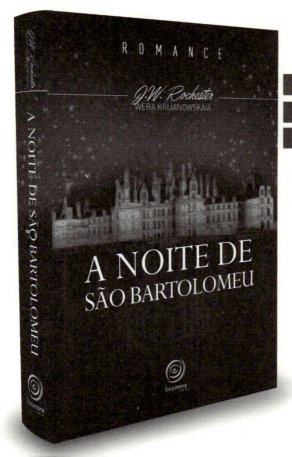

Novo Formato
Nova Diagramação
Nova Capa

Wera Krijanowskaia
ditado por
J. W. Rochester

16x23 cm | 432 páginas
Romance Histórico

Nessa obra, Rochester mostra todo um cotidiano de intrigas, fofocas, delações e traições que estiveram por trás de alguns acontecimentos. Narra o casamento de Henrique de Navarra (protestante) com Margarida de Valois (católica, filha de Catarina de Médicis, rainha-mãe) que foi usado como isca para atrair protestantes (hunguenotes) numa cilada. Uma história que fala de fanatismo bárbaro.

Catanduva-SP 17 3531.4444 | boanova@boanova.net | São Paulo-SP 11 3104.1270 | boanovasp@boanova.net
Sertãozinho-SP 16 3946.2450| novavisao@boanova.net | www.boanova.net

CAMÉLIAS DE LUZ

Cirinéia Iolanda Maffei
ditado por Antonio Frederico

Romance
Formato: 16x23cm
Páginas: 384

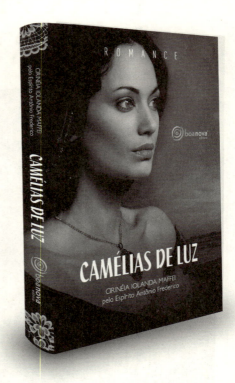

No Brasil do final do século XIX, três mulheres têm suas existências entrelaçadas novamente... Seus amores, paixões, derrotas e conquistas... Uma história real, lindamente narrada pelo Espírito Antônio Frederico, tendo como cenários as fazendas de Minas Gerais e o Rio de Janeiro pré-abolicionista... Pairando acima de tudo, as camélias, símbolos da liberdade!

O amor restabelecendo o equilíbrio. Mais do que isso, o autor espiritual descerra aos olhos do leitor acontecimentos que fazem parte da história de nosso país, abordando-os sob o prisma espiritual. As camélias do quilombo do Leblon, símbolos da luta sem sangue pela liberdade de um povo, resplandecem em toda a sua delicadeza. Uma história que jamais será esquecida...

 www.boanova.net

 www.facebook.com/boanovaed

 www.instagram.com/boanovaed

 www.youtube.com/boanovaeditora

Entre em contato com nossos consultores e confira as condições.
Catanduva-SP 17 3531.4444 | São Paulo-SP 11 3104.1270 | Sertãozinho-SP 16 3946.2450

ROMANCE

Os sinos tocam

Célia Xavier de Camargo
ditado por Erick

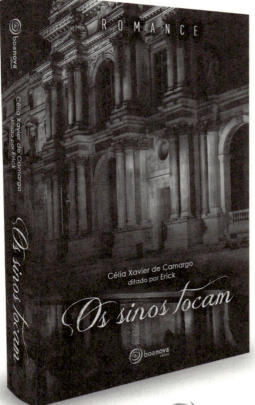

A trajetória evolutiva do Espírito é sempre longa, difícil e dolorosa. Como seres imortais, estagiamos desde as formas mais primitivas de vida, atingindo a condição de criaturas humanas, embora rudes, desprovidas de sentimentos e guiadas pelos instintos. Todavia nos espaço e no tempo que medeia esses milhões de anos, quanto sofrimento, quanta dor, quanto mal causamos ao próximo e a nós mesmos.
Na época de Carlos IX houve na França um trágico episódio que ficou conhecido como 'Noite de São Bartolomeu'. Ainda hoje, quando os sinos tocam, repercutem desagradavelmente no íntimo, daqueles espíritos que participaram do trágico acontecimento, lembrando-os as torturas e os crimes praticados naquela terrível noite. Esperamos que as experiências aqui relatadas sirvam de exemplo e alerta para todos que os que vierem a ler esta obra escrita com muito amor e dedicação.

boanova editora

Entre em contato com nossos consultores e confira as condições.
Catanduva-SP 17 3531.4444 | São Paulo-SP 11 3104.1270
Sertãozinho-SP 16 3946.2450

Conheça mais a Editora Boa Nova

 www.boanova.net

 www.facebook.com/boanovaed

 www.instagram.com/boanovaed

 www.youtube.com/boanovaeditora

Instituto Beneficente Boa Nova
Entidade coligada à Sociedade Espírita Boa Nova
Av. Porto Ferreira, 1.031 | Parque Iracema
Catanduva/SP | CEP 15809-020
www.boanova.net | boanova@boanova.net
Fone: (17) 3531-4444